企业社会责任创新与发展丛书

企业社会责任理论与实践

——基于内蒙古自治区的研究

Theory on Social Responsibility of Enterprises and Inner Mongolian Enterprises Practice

王香茜◎著

经济管理出版社
ECONOMY & MANAGEMENT PUBLISHING HOUSE

图书在版编目（CIP）数据

企业社会责任理论与实践——基于内蒙古自治区的研究/王香茜著. —北京：经济管理出版社，2018.2

ISBN 978-7-5096-4522-2

Ⅰ.①企… Ⅱ.①王… Ⅲ.①企业责任—社会责任—研究—内蒙古 Ⅳ.①F279.272.6

中国版本图书馆 CIP 数据核字（2016）第 187828 号

组稿编辑：王光艳
责任编辑：许　兵
责任印制：黄章平
责任校对：王淑卿

出版发行：经济管理出版社
（北京市海淀区北蜂窝 8 号中雅大厦 A 座 11 层　100038）
网　　址：www.E-mp.com.cn
电　　话：（010）51915602
印　　刷：北京玺诚印务有限公司
经　　销：新华书店
开　　本：710mm×1000mm /16
印　　张：14.25
字　　数：248 千字
版　　次：2018 年 3 月第 1 版　　2018 年 3 月第 1 次印刷
书　　号：ISBN 978-7-5096-4522-2
定　　价：68.00 元

联系地址：北京阜外月坛北小街 2 号
电话：（010）68022974　　邮编：100836

前　言

企业社会责任的概念最早产生于西方，随着时间、环境的发展变化，其不断受各国政府、企业、社会和消费者的关注。企业社会责任理论进入中国是在改革开放之后，并经历了激烈的讨论过程，其面临着什么是社会责任、中国企业是否要承担社会责任、社会责任是法律责任还是道德责任、不同的企业治理结构对承担社会责任的影响以及社会责任与企业绩效的关系等系列问题的考问。

随着对外经济往来的增多以及对社会责任认识的不断深入，在学术界、媒体、消费者、非政府组织和政府的多方推动下，我国企业开始逐步参与承担社会责任的活动，并涌现出一些优秀的企业。

内蒙古自治区在改革开放之后，尤其是随着西部大开发战略的实施和逐步深入，涌现出大批成长性较高的企业。这些企业不但为本地区乃至全国的经济发展做出了巨大贡献，也在社会责任推进方面起到积极的作用，无论是站在世界的舞台，还是区域经济发展的舞台，其都在用心谱写着对消费者、员工、供应商、经销商、社区、股东、政府、媒体等承担社会责任的篇章。它们坚持以先进文化引领企业的发展，诚信经营、热心公益，为地方经济增长、市场繁荣、社会进步做出了卓越成绩。

企业是社会责任的主体。企业家承担社会责任从最初只对股东负责，发展到今天对消费者、对环境、对社会等的整体责任。由于经营环境的变化，企业家承担社会责任的内容越来越丰富。企业家要为社会创造财富，正所谓利之得，人心聚，利之丰，企业强，利之多，社稷兴；企业家要有质量意识，要提供丰富、优质的产品和服务，以满足广大消费者日益增长的物质和文化要求；企业家在经营过程中要爱护资源、保护环境，重视安全、珍惜生命，还要创造条件扩大就业，融入当地、服务社区，助弱济贫，共同富裕。

同时，我们也要认识到企业在发展的不同阶段对社会责任的关注点是有所不同的。企业在创业阶段，首先，对所有者利益可能会关注更多一些；其次，逐渐关注员工利益；再次，关注那些和企业发生各种联系的群体（上下游产业链及社区）的利益；最后，企业经营者才对社会整体负责。当然，这也不是一个绝对的规律，取决于消费者、社团组织及政府的力量或意向。

"内蒙古自治区最具社会责任感企业"已经评选了两届，从各行各业中涌现出一批具有社会责任感的优秀企业，它们代表着内蒙古自治区不同行业企业履行社会责任的最佳状况。随着社会经济的发展，企业承担社会责任是一种必然趋势，无论什么样的企业，无论企业发展到什么阶段，都要承担更多的社会责任。因此，企业应当将社会责任纳入企业的经营理念和发展战略规划中，规范行为，合法经营，强化企业社会责任的自我道德调控。

一个组织的有效性在于对目标的共同认同，并建立在此基础上的为组织做贡献的意愿以及顺畅的信息沟通渠道。切斯特·巴纳德（Chester I. Barnard）认为，若没有这三个条件的存在，就不能形成有效的组织。企业如果只强调经济利益，不承担经济之外的任何社会责任，那么相应地就会导致其员工也追求薪资最大化，这样的员工也不会产生事业的使命感和成就感，仅仅是为了谋生而已。他们只会被动地应付工作，而不会主动开拓创新，因此，也很难从内心深处激发员工的积极性和创造性，其潜能很难发挥，就更难取得真正的成就。只有员工从内心深处真正认同企业的目标，才能激发出使命感和成就感，使其真心诚意为企业做贡献。

企业家在承担社会责任方面起决定性的主导作用。正如戴维斯·凯斯（Davis Keith）所言，企业家自身的影响力能够推动企业社会责任的发展。企业家对企业的经营管理负有直接责任，对社会责任的认知也直接影响企业社会责任的行为。

本书是在前期系列课题及调研基础上完成的，力求客观评价内蒙古自治区企业社会责任实践的现状及发展趋势，为政府的管理监督、方法措施提供参考依据，也为企业管理者提供决策依据。同时，也为广大相关研究人员提供参考。

全书分为上、下两篇，共十四章。上篇　企业社会责任理论共包括五章，分别是企业社会责任概述、企业社会责任在中国的发展、社会责任与公司绩效、社会责任与商业道德、社会责任与公司治理。下篇　内蒙古自治区企业社会责任实践共包括九章，分别是内蒙古自治区企业社会责任实践概述；善用资

源 服务建设——乌兰察布中联水泥有限公司社会责任、承担社会责任 抓住环境发展机遇——赤峰中色锌业的环境社会责任、健康中国责任体系构建——内蒙古伊利实业集团股份有限公司企业社会责任、蒙牛传情 草原圆梦——内蒙古蒙牛乳业（集团）股份有限公司企业社会责任、关爱生命 善待自然——亿利资源集团有限公司企业社会责任、百年伊泰 绿色能源——内蒙古伊泰集团有限公司社会责任、品牌建设 引领企业发展——内蒙古鄂尔多斯投资控股集团有限公司社会责任、民族品牌发展中的折翼——曾经内蒙古小肥羊餐饮连锁有限公司企业社会责任思考。

内蒙古自治区的企业用自己的社会责任实践，谱写了一首和谐社会之歌，正如最具社会责任感获奖企业负责人在颁奖仪式上说的，他们将“珍惜荣誉，继续发扬成绩、积极作为，在促进全区企业自觉履行社会责任、实现企业发展和社会共赢中更好地发挥示范带头作用”。

本书将小肥羊餐饮连锁有限公司也收纳其中，主要是基于作者对小肥羊餐饮连锁有限公司割舍不下的情怀。其实在内蒙古自治区企业国际化的进程中，企业被兼并的事情难免会再次发生，在此诚祝内蒙古自治区的企业基业长青！

内蒙古自治区和企业在履行社会责任方面缺失的也有很多，即使是社会责任履责不错的企业，在其发展过程中有时也会存在一些问题。本书对这些问题没有深究，其中一些企业通过对其存在的社会责任履行问题危机事件中吸取了教训，并以负责的态度努力使企业成为有担当、敢负责的组织。

由于作者水平有限，本书难免有疏漏之处，敬请广大读者批评指正。如果作者对书中的企业认识有失偏颇之处，望包容批评，一颗拳拳之心，唯爱不及。内蒙古自治区许多企业在社会责任履行方面都做出了重要成绩，但基于作者的能力所限，本书仅记录了十之一二。

从十几年前作者首次在教材中接触社会责任概念（当时仅仅是几页），到之后多个与社会责任相关课题的立项及论文的发表，再到如今能够成书出版，非常感谢内蒙古财经大学的帮助及相关机构的资助！非常感谢企业的支持，尤其是亿利资源集团的罗梦媛女士！乌兰察布中联水泥有限公司的张部长！也非常感谢我的老师及同事们的帮助！借此机会，谨致谢忱。

王香茜

2017 年 6 月 15 日

目　录

上篇　企业社会责任理论

下篇　内蒙古自治区企业社会责任实践

上篇　企业社会责任理论

第一章 企业社会责任概述

企业社会责任的概念最早产生于西方，并不断受各国政府、企业、社会和消费者的关注。随着人们对企业社会责任认识的不断提高及社会环境的改变，企业社会责任的概念和内涵也随之发生变化，在经历了复杂的发展过程后，形成了现代企业社会责任理念。

一、企业社会责任的含义

1924 年，美国学者奥利弗·谢尔顿（Oliver Sheldon，1924）在他的《管理哲学》（*The Philosophy of Management*）一书中最早提出“企业社会责任”的概念①，随后围绕这个问题学者们进行了激烈的讨论。在企业社会责任（Corporate Social Responsibility，CSR）发展的过程中，CSR 的定义和范式结构一直广受争议（Bowen，1953；Carroll，1979；Clarkson，1995；Brown and Dacin，1997；Carroll，1999）。虽然定义 CSR 很困难，但是并不意味着不能定义（Van Marrewijk，2003），从要求企业主动进行道德实践到要求企业提高社会福利涉及方方面面的问题，以至于在有些人看来 CSR 是空的，而有些人则认为所有的定义都是合适的，因为每一种定义都是从利益相关者的角度出发提出来的。

霍华德·鲍恩（Howard R. Bowen，1953）是最早对 CSR 进行定义的学者之一，并且他早期的定义对今天 CSR 理论和实践的研究仍具有重要的影响。他

① Oliver Sheldon. The Philosophy of Management [M]. London: London Siraae Pimanand Sons Ltd., 1924.

在《商人的社会责任》（*Social Responsibilities of the Businessman*）一书中指出，商人应该按照社会目标和价值的要求，做出相应的决策，采取相关的行动。企业的决策不仅影响企业本身，而且会对整个社会产生影响[①]。他的观点是 CSR 的目的不在于解决特定的企业和社会问题，而是要作为一种有效的机制来协助企业的发展，霍华德·鲍恩被称为“企业社会责任之父”（Archir B. Carroll，1999）。

20 世纪 60 年代，CSR 的定义迅速增多，戴维斯·基思（Davis Keith）、弗雷德里克·威廉（Frederick C. William）、约瑟夫·麦奎尔（Joseph W. McGuire）、沃尔顿和布洛姆斯特伦（Walton and Blomstrom）等学者都提出了相关定义。戴维斯·基思（1960）认为，企业家自身的影响力能够推动 CSR 的发展，他首次提出企业的社会责任应该与其所具备的权利达到对等的关系，权利越大的企业对社会责任投入就应该越多，逃避社会责任最终将会导致其社会权利的逐步丧失[②]。弗雷德里克·威廉（1960）从资源论出发，认为社会的经济资源和人力资源不仅要用于实现某个人或者某个企业的利益，还要用以促进社会整体发展的需要。弗雷德里克不排斥企业追求经济效益，但认为商人在追求经济目标和利益的同时应该考虑提高总体社会福利[③]。约瑟夫·麦奎尔（1963）认为，企业社会责任意味着企业不仅要有经济和法律义务，而且还要有对社会负有超过这些义务的某些责任[④]。

20 世纪 70 年代，对 CSR 的定义在学术研究方面取得了很大的进步，其定义更加具体。约翰逊（Johnson，1971）、斯坦纳（Steiner，1971）、伊尔斯和沃尔顿（Eells and Walton，1974）、塞西（Sethi，1975）、普雷斯顿和普斯特（Preston and Post，1975）认为，CSR 是与道德、经济利益、利益相关者和社会义务相关联的。例如，约翰逊（1971）在《当代社会中的商业：框架与议题》（*Business in Contemporary Society：Framework and Issues，Belmont，CA，Wadsworth*）一书中说，如果一个企业具有社会责任感就必须首先在自身运营过程中考虑雇员、供应商、经销商、当地社区和国家的利益。其次，社会责任的目标是利润最大化，企业可以通过履行社会责任来实现其目标。再次，企业

---

① 霍华德·R. 鲍恩. 商人的社会责任（第一版）[M]. 北京：经济管理出版社，2015.

② Davis，Keith . Can Business Afford to Ignore Social Responsibilities? [J]. California Management Review，1960（2）.

③ Frederick C. William. From CSR1 to CSR2 [J]. Business and Society，1960（2）.

④ Joseph W. McGuire. Business and Society [M]. New York：McGraw-Hill，1963.

实施社会责任的动机是效用最大化。企业不能只设定单纯追求利润最大化的唯一目标，而应该追求多个目标。最后，是“社会责任的词典观点”，即企业具有一系列动态的目标和责任，其选择和实现是根据重要性来排列评估的，企业对此要像有道德的公民一样进行选择①。约翰逊对企业社会责任的诠释为利益相关者对企业社会责任理论的构建提供了基本思路。CSR 更多是一种态度，即一个组织帮助社会实现其基本目标的态度。其他一些学者认为，CSR 不只是创造利润（Backman，1975），它是超越了经济和法律要求的一种自发性的行为（Manne and Wallich，1972），也是一种社会回应的方法（Sethi，1975；Ackerman and Bauer，1976）。

20 世纪 80 年代，CSR 的研究重点转向了企业伦理方面。艾德·弗里曼（Ed Freeman，1984）在《战略管理：利益相关者管理的分析方法》（*Strategic Management：A Stakeholder Approach*）一书中首次明确提出了利益相关者理论。根据弗里曼的观点，利益相关者是指“在企业经营活动、战略决策和企业目标实现过程中具有影响力的个人、群体或者受公司目标所影响的任何群体或个人”②。爱泼斯坦（Epstein，1987）认为，企业社会责任就是指企业决策的结果对利益相关者产生有利而不是不利的影响，企业行为的结果是否正当是企业社会责任关注的焦点③。值得注意的是，爱泼斯坦（1987）认为，社会责任是企业系列行动的结果的体现，而琼斯（Jones，1980）则认为，企业社会责任是一种企业行为的过程体现④。总之，在 20 世纪 80 年代，对 CSR 概念的研究减少了。尽管这一时期相关研究的出版物很多，但是对 CSR 的概念仍不够清晰（Clarkson，1995），此时的主要研究趋势是替代性的概念和主体的出现。CSR 绩效、企业社会回应、商业道德和利益相关者等有关概念和理论发展起来。

20 世纪 90 年代以后，对社会责任的探讨逐渐从传统的观点向战略观点转变。伯克（Burke，1996）和洛格斯登（Logsdon，1996）将企业社会责任和战略管理研究相结合，首次提出“战略性企业社会责任”的概念，从而将传统的企业社会责任和战略性企业社会责任区分开来，为企业社会责任和战略管理研究开辟了一个新领域⑤。琼斯（1997）和卡罗尔（Carroll，2001）认为，战略

---

① 郑若娟．西方企业社会责任理论研究进展——基于概念演进的视角［J］．国外社会科学，2006（3）．

② Ed Freeman. IL Edward. Strategic Management：A stakeholder approach［M］. Boston：Pitman，1984.

③ Epstein. The Corporate Social Policy Process：Beyond Business Ethics，Corporate Social Responsibility and Corporate Social Responsiveness［J］. California Management Review，1987.

④⑤ 杨爱萍．西方企业社会责任概念综述［J］．现代商业，2014（9）．

性的 CSR 虽然会使企业牺牲短期的经济效益，但是会给企业带来长期的收益。杰弗里 · 兰托斯（Geoffrey P. Lantos，2001）从共享价值理论的角度进行分析认为，战略性的企业社会责任为社会带来利益的同时，也能够为企业获取可持续的竞争优势，这是一种“双赢”模式。战略性的企业社会责任是企业通过社会层面、道德层面和环境层面的社会责任行为来创造企业持续发展能力的系统性举措，它解释了企业如何将其资源及能力战略性地应用到企业社会责任的履行中去，并为企业创造价值①。史密斯（Smith，2003）认为，战略性企业社会责任是指企业从战略角度看待并履行社会责任，并将其纳入企业长期发展战略的一部分，把社会责任、战略目标和企业竞争优势联系在一起，而不是屈于外界压力所采取的被迫行为②。霍普金斯（Hopkins，2009）将战略性的企业社会责任界定为一种考量和影响企业行为且保持企业竞争优势的一种战略性的系统方法③。

这一时期，诸多学者在利益相关者理论的基础上对企业社会责任的概念、对象和内容进行了深入的探讨和研究，并将企业社会责任界定为关爱环境、提供社区服务、慈善捐助、保证员工福利、提高企业经济效益等更具体的方面④。麦克威廉斯、西格尔（McWilliams and Siegel，2000），麦基、巴尼（Mackey、Barney，2007）认为，企业社会责任就是“提升整个社会福利和改善环境的行为”，这一概念受到学术界的广泛关注，并得到众多学者的一致认可。瑞伯斯（Robins，2005）认为，“企业不仅要对股东的经济利益负责，还要对社会和自然环境实施的非经济行为结果负责”⑤。而之前的研究发现，环境责任和社会福利的重要程度远不及其他方面的社会责任。随着 21 世纪企业社会责任理论的深入发展，环境责任和社会福利被置于重要的地位⑥。

这一阶段，CSR 无论是在理论研究还是在实践中都体现出了全球化的趋势，成为全球议题。社会营销学可以被看作是此时对 CSR 研究的全新开始，科

① Geoffrey P. Lantos. The Boundaries of Strategic Corporate Social Responsibility［J］. Journal of Consumer Marketing，2001（7）.

② Smith N. C. Corporate Social Responsibility：Not Whether，But How［J］. Center for Marketing Working Paper，2003.

③ Hopkins M. S.，Kruschwitz N. Sustainability and Competitive Advantage［J］. MIT Sloan Management Review，2009.

④⑥ 杨爱萍．西方企业社会责任概念综述［J］．现代商业，2014（9）.

⑤ Robins F. The Future of Corporate Social Responsibility［J］. Asian Business and Management，2005（2）：5-18.

特勒（Kotleretal，2005）指出，在社会营销学概念里，营销人员在制定营销策略时要平衡三方面的关系：公司利润、消费者的欲望和社会利益。同时，供应链 CSR 的研究也开始兴起，该观点认为，CSR 不再是单个企业的社会责任决策和管理，也不是针对某个社会问题的解决，CSR 与整个供应链息息相关。

纵观西方企业社会责任的概念演变我们发现，企业社会责任的概念伴随着社会的发展而不断出现动态的变化。归纳起来，西方学术界对企业社会责任概念的界定主要包括以下四方面观点：第一，企业社会责任的广义观，即将法律责任和经济责任容纳到企业社会责任中。第二，企业社会责任是有别于法律层面的自愿性行为，也就是非强制性的责任。第三，企业社会责任并非只对股东负责，而是对利益相关者负责。第四，企业社会责任的战略观，即将社会责任与企业的持久性发展联系在一起，将其纳入企业长期发展战略中①。

由以上社会责任概念的发展过程可知，CSR 是一个历史范畴，它的发展经历了批判、吸收直至完善的漫长过程，要想全面、深刻地认识把握 CSR 的内涵，我们就需要将其置身于特定的历史背景下，正如萨利姆·辛克（Saleem Sheikh，1966）所言："企业社会责任观是逐步发展的，唯有结合特定的历史背景，才能真正领会企业社会责任的完整意义。"基于此，本书选取了不同时期具有代表性的定义以说明企业社会责任的含义。

总之，随着社会和经济的发展，越来越多的人认识到，企业不能仅仅把目标盯在股东身上，还要照顾消费者、员工、债权人、政府、社区以及社会（包括环境）的利益。社会责任由"股东利益至上"理论向"利益相关者理论"过渡。从西方企业的实践来看，"利益相关者理论"是建立在"股东利益至上"的基础上的。也就是说，企业首要的社会责任是为股东创造价值，其次还要兼顾多方利益。

随着企业社会责任上升至战略性企业社会责任的高度后，其内容更加丰富，CSR 不仅要处理好内部关系（股东、员工关系），还要处理好外部诸多关系，包括顾客（建立持久紧密的关系）、供应商和分销商（建立战略联盟关系）、竞争者（建立竞争合作关系）以及影响者（包括政府和社区）。菲利普·科特勒（Philip Kotler）的"大营销"和"社会市场营销"概念，更是延伸了传统的"4P"（产品、价格、渠道、促销）理论，并加入了公共关系（Public Relations）和政治力量（Power）两个元素，说明企业要处理好与公众、

① 杨爱萍．西方企业社会责任概念综述［J］．现代商业，2014（9）．

政府的关系；他的“社会市场营销”概念认为，企业在市场营销的过程中要考虑环境保护、计划生育、改善营养、使用安全等社会目标，或者说企业的市场营销要兼顾企业利润、消费者价值和社会利益①。随后绿色可持续发展亦进入企业关注的视野范围。

通过上面的分析可以看出，企业社会责任的含义随环境的变化在不断地丰富和发展。截至目前，国际社会对企业社会责任的理解并未统一，国际机构对其定义至少有 200 多种，造成这种状况的原因除了大家对企业社会责任的视角、形式的认识不同外，更重要的是企业社会责任的内涵和外延随着社会经济的发展在不断地变化②。阿奇·卡罗尔（Archie B. Carroll，2000）认为，绝大多数提出的关于企业社会责任的定义具有一定的局限性。因此，要想得到一个大多数人共同认可的企业社会责任定义其困难之处在于所给出的定义对管理能够起作用的思想内容究竟应该包含哪些？这就存在着一个几乎不可能克服的问题，因为不同的企业，在规模、生产的产品类型、盈利能力和资源、对社会和利益相关者的影响等方面都有所不同，因而它们信奉、履行的社会责任之道也就不同③。

二、企业社会责任产生的原因

CSR 作为一种对传统极富挑战性的理念，其理论和实践能够持续受各国学者、社会组织、政府等的关注并非是一个孤立与偶然的现象，而是一系列错综复杂因素交互作用的结果。从 CSR 概念发展的历史来看，当时的发达国家及工业化国家，已经完成了工业化进程，正在由自由资本主义向垄断资本主义过渡，企业的运作体制基本趋于成熟。与这一时期发展相伴随的还有工业事故频发、劳工缺少社会保障、公司滥用其优势地位等一系列社会问题。因此，要求企业遵守一定的经营伦理、承担一定的社会责任有着特殊的意义。具体来说，CSR 的产生主要有三个方面的原因，即企业巨型化、利益相关者的权益维护和经济全球化。

---

① 菲利普·科特勒，南希·李．企业的社会责任（第一版）［M］．姜文波等译．北京：机械工业出版社，2011.

② 孙瑜．国外企业社会责任研究综述［J］．合作经济与科技，2012（1）．

③ Archie B. Carroll，Ann K. Buchholtz. Business and Society：Ethics and Stakeholder Management，4th ed.［M］. Cincinnati Ohio：South-Western Publishing Co.，2000.

1. 企业巨型化引发的社会问题

20 世纪的西方国家企业的并购重组大量发生，导致了企业的巨型化，这也是 20 世纪发生在经济领域中最为引人注目的现象。

西方发达国家的企业并购当以美国最为典型。早在自由资本主义时期和垄断资本主义初期，具有强大集资功能的股份公司得到了广泛运用，企业规模有了扩大化的趋势，但扩张速度仍显缓慢。1897~1904 年，美国经历了历史上的第一次企业合并浪潮，现代大企业占统治地位的经济格局由此初见端倪。1916~1929 年的第二次企业合并浪潮、1965~1969 年的第三次企业合并浪潮、1984~1989 年的第四次企业合并浪潮、1991~2000 年的第五次企业并购，使诸多企业通过内涵式和外延式的扩张而最终演变成为实力更加雄厚的巨型公司①。

企业规模的扩大，一方面，使企业抵御风险的能力以及企业相互之间竞争的力度得以增强，也为企业进行技术革命和技术改造创造了必要的物质条件，同时，大企业将若干生产经营单位纳入同一组织体系之中，使其服务于统一的权威，提高了市场占有率，使企业产生规模效应；另一方面，与企业的巨型化相伴随的则是企业规模扩张引发的日益严重的社会问题。

企业巨型化导致了一系列问题的产生，其主要有以下几方面：

第一，企业日益巨型化所产生的最直接后果是破坏了竞争性的市场结构，形成了滋生垄断和限制竞争的“温床”。

第二，20 世纪初期大企业是主要的就业机会的提供者，随着企业的巨型化也使其成了失业大军直接和间接的输送者。

第三，大企业在为社会创造显著物质文明的同时，也使人们的贫富悬殊被进一步拉大。

第四，企业的日益巨型化离不开大量资源的支撑，由此引起了资源存量的锐减和生态环境的急剧恶化。

第五，与企业的日益巨型化形成鲜明对照的是广大的消费者越来越沦为社会的弱者。

第六，企业的日益巨型化伴随着企业对政治参与的深入。

---

① 朱宝宪，吴洪．美国五次并购浪潮的回顾［EB/OL］．豆丁网：http：//www.docin.com，2013-05-05.

2. 利益相关者的权益维护

20 世纪企业的巨型化引发了一系列的社会问题，导致民众对企业的不满情绪日渐高涨掀起了一轮又一轮的企业社会责任运动。如果把民众旨在敦促企业顾及非股东利益的有组织的活动都视为企业社会责任运动，那么可以认为，企业社会责任运动并非是 20 世纪特有的现象，但是，20 世纪以来的企业社会责任运动无论在发生和影响的广泛性，还是在关注点的多样性上，则皆是与以往任何时期的企业社会责任运动所无法比拟的。

（1）劳动者的维权运动。劳动者为反抗资本家的剥削、改善自身的劳动条件和劳动待遇，一直在做着不懈的努力。从 20 世纪 30 年代的“大萧条”至以后的“滞胀”都使劳资矛盾更加尖锐，在劳资争议中，劳动者的着眼点一度由放在眼前利益和局部经济利益上逐渐转向重视长远与整体利益的保障上，工资、工时、就业保障、职工参与、工会权利、社会保障、福利待遇、职业安全、健康保健，都成为近几十年来工人运动关注的重要事项。

（2）自然资源和环境保护运动。20 世纪前，自然资源和环境保护问题就已经引起一些科学家和开明人士的高度重视，但未成为当时社会普遍关注的热点。到了 20 世纪，具有广泛民众基础的自然资源和环境保护运动频繁涌现。比如，美国首次大规模的自然资源和环境保护运动出现在 1901~1909 年，政府出面组建由政治家、科学家和企业家共同参与的全国自然资源保护委员会，建立自然保护区和森林防护制度等若干重大资源和环境保护措施。而 20 世纪 60~70年代的新环境保护主义运动，使环境问题成为比公民权利更为重要的问题，如 1962 年美国生物学家蕾切尔·卡逊（Rachel Carson，1962）所著的《寂静的春天》（*Silent Sprcing*）一书就被认为是 20 世纪环境生态学的标志性起点。

（3）消费者的维权运动。美国是消费者运动的发源地。1891 年，纽约消费者协会成立。这是世界上第一个以保护消费者权益为宗旨的组织。1899 年美国成立消费者联盟，其也成为世界上第一个全国性的消费者组织。在消费者组织的领导下，消费者首先在与其关系最大、问题最多的食品、药品领域掀起了一场以争取洁净食品和药品安全为目标的斗争，随后延伸到其他许多领域。在《关于保护消费者利益的总统特别国情咨文》（1962-03-15）中，提出了消费者享有的 4 项基本权利，即安全的权利、了解的权利、选择的权利和意见被听取的权利。1969 年，又增加第五项权利：索赔的权利。消费者权利的提出，使消费者运动进入了新的阶段。消费者运动对企业社会责任有很大的推动作用，现存的从事企业社会责任运动的社会标准认证机构大多是在消费者运动的基础上发展而来的。比如，公平劳工协会（Fair Labor Association，FLA）和工人权益联盟（Workers Rights Consortium，WRC）。

3. 全球化对企业社会责任运动的影响

在全球化的浪潮中，跨国公司是全球化最主要的推动者和受益者，同时也成为控制和影响全球经济发展的主要力量，由于其强大的资本扩张能力以及只顾赚钱的行为，使劳资关系处于极度的不平衡状态。全球化使政府和维权组织有时也处于弱势，如在劳动者维权方面，与跨国企业不断增长的势力相比，政府没有办法落实劳动法；企业维权组织有时又迫于成本压力采取规避劳动法的办法，有的甚至做出雇用童工、低于最低工资、欠薪等明显违法的事情。有些地方政府甚至刻意放松应有的监督和制裁，以“保护地方经济”的发展。各种冲突导致劳资矛盾加剧，企业社会责任又被重新提起，并与人权运动、消费者运动、环保运动以及劳工运动互为支援，形成一种颇具规模的追究跨国企业社会责任的运动。

基于此，一些跨国公司开始把社会责任作为提高企业形象和社会地位的重要标志，同时也作为其投资、贸易的重要条件。这些公司在与其他企业做生意时其重要条件不仅要看对方的技术、管理和产品，还要看其履行了多少社会责任。如果企业要想在纽约证券交易所上市，环保指标已经成为其重要的考核标准。许多跨国公司定期到供应商企业来评估其履行社会责任的状况，并作为继续合作的基础。

“企业生产守则运动”则是在全球化下企业社会责任运动最主要的一种操作形式，其最初是在劳工组织和消费者的压力下，跨国公司为保持自己的企业形象而自行设立的有关企业内部劳工标准方面自律性规则①。1999 年联合国提出《全球契约》（*Global Compact*），这样生产守则运动由跨国公司“自我约束”（self-regulation）的“内部生产守则”逐步转变为“社会约束”（social regulation）的“外部生产守则”②，其所关注的问题也更具有广泛性和全局性，除了传统的劳动者、消费者权益保障、生态环境和自然资源保护等项目外，诸如人权、消除贫困、遏制腐败、创造社会公平等都被认为是企业的社会责任。

①② 常凯．经济全球化与企业社会责任运动［J］．工会理论与实践，2003（8）．

三、企业社会责任的代表性理论

关于企业社会责任理论，有四大理论比较具有代表性。

1. 股东利益至上理论（Classical Views，CV）

1970 年 9 月 13 日，美国著名经济学家、诺贝尔奖获奖者米尔顿·弗里德曼（Milton Friedman）在《纽约时报》（*New York Times Magazine*）杂志上发表题为《企业的社会责任是增加利润》（*The Social Responsibility of Business is to Increase Its Profits*）的文章，指出“企业仅具有一种且只有一种社会责任——在法律或者伦理习俗的社会基本规则下实现利润最大化”。如果企业主管人员除为股东尽量赚钱之外再承担社会责任，那么更能彻底破坏自由社会本身的基础，企业的一项也是唯一的社会责任是在比赛规则范围内增加利润。企业是拥有该企业所有权的股东的私产，企业管理当局只应对股东负责，不必承担社会责任。企业只要以“经济人”的观念努力为股东赚取利润就可以了。因为利润越大，企业运用社会资源的效率就越高，对社会的贡献也就越大。

在《资本主义与自由》（*Capitalism and Freedom*）一书中，米尔顿·弗里德曼相信，在完全竞争的市场条件下，市场如同一只看不见的手（亚当·斯密的著名逻辑），会促使企业追求满足私利的利润最大化行为，并引向和谐（一般社会福利）的最终结果。因而，任何企业都私利地追求自身利润最大化，最终会达到市场的一般均衡（或言效率）。所以，企业社会责任局限于追求利润最大化并没有什么错误，这恰恰是一种正确的选择①。

尽管弗里德曼关于企业社会责任仅仅是追求利润最大化目标的著名观点是有缺陷性的，但其影响却是非常深远的。

2. 利益相关者理论（Stakeholder Theory，ST）

利益相关者理论的产生最早可以追溯到 20 世纪 50 年代，霍华德·鲍恩（Howard R. Bowen，1953）在《商人的社会责任》（*Social Responsibility of the Businessman*）一书中指出，企业被各种利益群体，包括股东、社团、顾客、劳工和员工、各级政府、供应者、资金提供者和其他利益集团所环绕。企业除

① 乐嘉春．企业社会责任：三大代表性理论追溯［N］．上海证券报，2008-05-19（A07）．

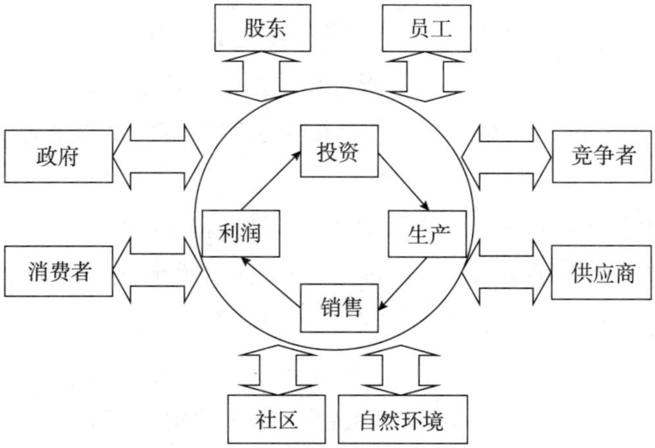

图 1-1 企业社会责任股东利益至上及利益相关者模型

了要为其股东赚取合理利润外，也应为各相关利益群体履行其应担负的社会责任。利润最大化只是企业的第二位目标，而不是第一位目标。随着时代的发展，社会对企业的预期在不断变化，同时企业也日益依赖于社会。因此，企业不只是对股东负责的独立经济实体，也不再仅仅是经济机构，而必须建立和维持更大的社会责任①。

伊戈尔·安索夫（Igor Ansoff，1965）在其著作《战略管理》（*Strategic Mangement*）一书中正式使用了“利益相关者”一词，他认为“要制定理想的企业目标，就必须综合平衡考虑企业诸多利益相关者之间互相冲突的索取权，他们可能包括管理人员、工人、股东、供应商及顾客”。利益相关者理论在北欧首先得到了广泛的发展，北欧利益相关者思想的奠基者是瑞典的埃里克·瑞恩曼（Eric Rhenman），在与拜哥特·斯蒂姆内（Bengt Stymne）合著的《变革世界中的公司管理》（*The Company Management in the Change World*）一书中，瑞恩曼认为，企业是一种社会系统，不同的利益相关者在其中发挥不同的作用（如图 1-1 所示）。

1984 年艾德·弗里曼出版了《战略管理：利益相关者管理的分析方法》，学术界认为，这是利益相关者理论产生的标志，此后利益相关者理论开始被广泛传播。弗里曼给出的定义：“利益相关者是指那些能影响组织的经营目标，并被组织经营目标实现过程影响的所有个体和群体”。爱波斯坦（1987）说：

① 王凯，黎友焕．国外企业社会责任理论研究综述［J］．WTO 经济导刊，2007（1）．

“企业社会责任就是要使企业决策的结果对利益相关者有利而不是有害的影响，企业行为的结果是否正当是企业社会绩效关注的焦点。”① 1994 年，克拉克森（Clorkson）认为，企业的目标是为所有利益相关者创造财富和价值的，是由利益相关者组成的系统，其与为企业活动提供法律和市场基础的社会大系统一起运作。

早期的利益相关者理论是作为企业战略管理的一种有用工具，之后的许多研究文献将利益相关者理论与企业社会责任联系起来。企业的环境被视为是改善企业与其利益相关者之间的关系，并试图建立起企业的“社会”与经济绩效之间的相关性的因素，认为企业的“社会”表现应当是与其经济绩效相关的。利益相关者理论与 CSR 的结合对 CSR 理论和实践的研究发展做出了重要的贡献，其主要表现在以下几方面：

（1）明确了 CSR 的对象。企业对谁承担责任明确，改变了以往将“社会”作为代词的抽象性，让企业的履责对象更加具体。

（2）明确了 CSR 的内容。在对象确定的前提下，CSR 的内容就是利益相关者的利益诉求。

（3）明确了 CSR 的层次。在卡罗尔提出了 CSR 的“金字塔”模型中，CSR 由经济责任、法律责任、伦理责任和道德责任四部分构成，并且按照从低到高依次排列，但在现实研究中，这样的排序比较粗略。而按照利益相关者框架，企业社会责任的层次更加清晰、具体。按照各利益相关者与企业的相关性、利益相关者的要求以及要求的实现程度和方式，可以为企业在承担社会责任时提供更加明确的指导和方向。

（4）保持动态性。如果按照卡罗尔的模型，企业就必须按照从经济责任—法律责任—伦理责任—道德责任的顺序依次承担社会责任，此时社会责任是静态的，但是在利益相关者的框架下，随着时间、空间的变化，CSR 实现了动态性。

利益相关者理论认为，企业是与相互影响的利益相关者（股东、雇员、顾客、供应商、债权人、政府和社区）相互联系的一个结合体，它有责任和义务为利益相关者和社会创造财富。所以，企业社会责任不仅是要为股东谋求利润最大化，而且也要为其他的利益相关者创造有益的利益。

---

① Epstein, Edwin M. The Corporate Social Policy Process: Beyond Business Ethics. Corporate Social Responsibility and Corporate Social Responsiveness [J]. California Management Review, 1987 (3).

许多学者将 CSR 的履行与企业声誉联系起来，用来说明企业履行社会责任的动力机制。魏格尔特（Weigelt）认为，企业履行一定的社会责任能够帮助其建立诚实可靠的声誉①。马格南（Maignan）等对企业声誉的影响进行了研究，结果表明，企业的社会责任对企业声誉产生一定的影响②。布拉默（Brammer）等以英国 227 家上市公司作为样本，对企业声誉与企业社会责任的关系进行了实证研究，得出了与前两者相同的结论③。

近几年，利益相关者理论与企业资源基础理论的结合为 CSR 的经济学解释奠定了新的基础。如弗里曼认为，利益相关者由于所拥有的资源不同，对企业产生的影响不同。掌握企业优质资源的利益相关者将最终决定企业的发展，因此形成了许多以不同利益相关者为核心的 CSR 动态模型；如以企业员工为核心的“原则—过程—结果” CSR 模型；以“机构性所有者”为核心构建的 CSR 模型；将消费者作为核心构建的“企业社会责任表现和企业财务绩效”（CSP-CFP）模型；近年来兴起的以 CEO 为核心的 CSR 模型。

由此，企业社会责任被视为是企业对待利益相关者的一种行动，利益相关者理论也成为探讨企业社会责任中非常有影响力的理论。

3. 三重底线理论（Triple Bottom Lines Principle ，TBL）④

三重底线理论最初由英国学者约翰·埃尔金顿（John Elkington，1995）提出，但直到他的《用叉的加勒比人：21 世纪企业的三重底线》（*Cannibals with Forks：The Triple Bottom Line of* 21st *Century Business*）一书问世后，这一术语才被广泛接受。他认为一个企业能够持续发展立于不败之地的最重要的原因，不应该只想着如何实现盈利的最大化，而是要始终坚持三重底线原则，或称作三重盈余，即企业盈利、社会责任、环境责任三者的统一。三重底线概念的产生与早期生态及环境思想发展密切相关，《布莱兰德报告》（*Bly Rand Report*）和《里约热内卢环境及发展宣言》（*Rio DE Janeiro Declaration of Environment and Development*），也称《地球宪章》（*Earth Charter*）就是很好

① Weigelt K., Camerer C. Reputation and Corporate Strategy：A Review of Recent Theory and Application [J]. Strategic Management Journal，1988 (9).

② Maignan I., Ferrall O. C. Nature of Corporate Social Responsibilities Perspectives from American，French，and German Consumers [J]. Journal of Business Research，2003 (56).

③ Brammer S., Pavelin S. Building a Good Reputation [J]. European Management Journal，2004，22 (6).

④ 乐嘉春. 企业社会责任：三大代表性理论追溯 [N]. 上海证券报，2008-05-19 (A07).

的例证。

约翰·埃尔金顿的三重底线理论认为，企业不能只关注增加的经济价值，还要关注企业增加或破坏的环境和社会价值。从狭义上讲，三重底线理论可以被视为一种分析框架，用以衡量和评价与企业的经济因素表现相对应的社会和环境因素表现；从广义上讲，这一术语被用来关注企业必须陈述的一整套有关企业价值、企业问题和企业行为的过程，以便减少任何企业行为所造成的有害效果，并创造出经济、环境和社会价值。所以，三重底线理论包含了企业的意图和考虑利害相关者（股东、消费者、雇员、合作伙伴、政府、地方社区和公众）的不同需求。

三重底线理论之所以会获得广泛认同，一个重要的原因是由于荷兰皇家壳牌石油公司和英国石油公司等跨国公司都沿用这一标准。

从根本上讲，三重底线理论不是计算利益得失的一套方法，更是一种哲学。任何企业行为至少应该达到经济、社会和环境三重底线的基本要求。研究企业效益应从传统的“成本—效益”分析的经济层面推广至社会和环境层面，不仅要计算企业的社会成本和环境成本，还要计算企业的社会效益和环境效益。只有企业按照上述要求做出的相关投资决策，才会符合企业社会责任的规范要求。

这一理论推动了许多企业重新定位其经济、社会和环境表现或绩效之间的相互关系，并将环境保护和社区健康等作为获得更大利润的一种有用工具。

4. 社会契约理论（Social Contract Theory，SCT）

社会契约理论最早由霍布斯（Hobbes）提出，其是近代社会契约理论的奠基人，他认为臣民之间的契约是国家政治的起源。洛克（Locke）发展了霍布斯的契约理论，他认为政府的权力来自人民权利的自然让渡，人民权利让渡的有限性决定了政府权利的有限性①。有限政府理论成为洛克社会契约理论的逻辑结论和现实归宿。卢梭（Roussea）是社会契约理论的集大成者，他认为主权在民，社会契约赋予政治共同体以支配它的各个成员的绝对权力，正是这种权力，当其受公意所指导时，就获得了主权这个名称②。人民主权是公意的运用。霍布斯、洛克、卢梭等以自由主义的思想完善了社会契约理论，虽然他们

① 约翰·洛克．政府论（下篇）［M］．叶启芳，瞿菊农译．北京：商务印书馆，2005.

② 卢梭．社会契约论［M］．何兆武译．北京：商务印书馆，2002.

的观点有所不同，但是均认为社会契约是人与人、人与社会关系的高度抽象化。社会契约理论产生之初主要是源于西方近代形成和发展的关于国家政权起源与性质的政治学说。

1937 年，寇斯（R. H. Coase）将社会契约理论引入企业管理领域，在其发表的《企业的性质》（*The Nature of the Firm*）一文中将企业定义为一系列契约的组合。他认为企业为了降低交易成本而将原来的短期契约关系升级为稳定的长期契约。寇斯对企业的定义为其他研究者以契约理论研究 CSR 奠定了基础①。1953 年，霍华德·鲍文提出了“公众化企业”的概念，认为企业活动涉及顾客、员工、社会等多方面的利益，并依存于这些客体，所以企业应当承担社会责任②1975 年，伏戈尔（Vogel）承认企业活动明显影响企业外部环境，但外部环境无法约束企业行为，所以外部环境相关者应与企业缔结契约，规定彼此的权利和义务。托马斯·唐纳森和托马斯·邓菲（Thomas Donaldson and Thomas Dunfee，1982）认为，在任何一个时点上，企业与社会之间都存在一种基本的约定——社会契约。这个社会契约反映了企业与社会之间的各种关系，有的以法律的形式表现出来，有的是其他形式的契约。企业与社会的这种约定会随着经济社会结构和思想意识的改变而改变③。比如，半个世纪以前，企业唯一的社会责任就是以合理的价格为社会提供产品和服务，从而实现股东利益的最大化，但是今天企业要对社会公平和利益相关者的生活质量负责。对企业来说，社会契约并不像面临的经济和法律制度一样清晰，CSR 比较复杂，在这种复杂的契约关系中，契约的主体是一系列目标不同且可能发生冲突的利益相关者，企业成为其实现利益目标的契约载体④。在实际生活中，CSR 要根据利益相关者要求的不断变化进行调整，企业要承担哪些社会责任取决于与企业密切相关的利益相关者的期望，取决于企业和社会、企业与利益相关者之间力量的博弈以及最终达成的共识。

企业在履行社会责任时往往表现出被动性，其深层次的原因在于企业与社会关系的错综复杂性，要解决这一矛盾就要实现各方面利益的统一，尤其是企业利益与社会需求的高度统一，探求企业与社会发展的结合点，使 CSR 不再是企业额外的负担，而真正转变为推动企业发展的核心竞争力。管理大师帕德

---

①②　于立新．基于社会契约理论的企业社会责任研究［J］．科技创新导报，2012（36）．

③　托马斯·唐纳森，马克·O. 温克尔曼．有约束力的关系——对企业伦理学的一种社会契约论的研究［M］．上海：上海社会科学院出版社，2001.

④　李丰团．基于契约理论的企业社会责任解析［J］．商业时代，2011（2）．

(Powter) 指出，CSR 行为绩效低下的原因：一是将企业与社会对立起来看待，而这两者事实上是依存的；二是企业只是泛泛而谈公益事业，从未将其与自身的战略需求相结合。企业只有找到与社会共同发展的契合点，才能真正踏上可持续发展的道路。

20 世纪 80 年代之后，越来越多的学者将社会契约理论应用于对 CSR 的研究，以期得到企业社会责任的合理解释。1982 年，唐纳德（Donald）概括地介绍了与企业及其活动有关的个体集合间的默契关系，认为该契约理论关系以及伦理关系形成企业的约束力，并使企业主动承担社会责任。诺曼·鲍伊(Norman Bowie) 以经济时间为纽带分析了企业与外部环境之间的责任关系。1986 年，戴维·海夫海欧（David Highhill）发表了《基于协议的道德》，该文以经济理性重新定义了契约关系，认为契约关系是道德和利益的一种假设协议。

国内学者在借鉴国外学者研究的基础上，也从契约的角度分析了 CSR。刘长喜（2005）以社会契约理论和利益相关者理论分析了 CSR 边界问题。郭全林（2007）从契约的角度分析了消费者对企业履行社会责任的影响机制。同年，李淑英总结了国内的契约理论，提出了企业的每个经济环节都会产生一定的契约关系，社会关系对契约的缔结产生影响的观点①。刘建秋（2011）以可持续发展为标准衡量了 CSR 的履行范围、层次等问题②。社会契约的存在回答了企业为什么要履行社会责任的问题。

四、企业社会责任的内容

1. 企业社会责任内容

企业社会责任的具体内容涵盖以下几点③：

（1）生产消费者放心的产品，维护社会正常生产秩序。企业要根据自身的特点，生产让消费者信得过的产品，要在产品设计、加工制造、销售、宣传等方面满足人民日益增长的物质文明需要，改善人民生活水平；企业不能为获

① 李淑英．社会契约理论视野中的企业社会责任［J］．中国人民大学学报，2007（3）．

② 刘建秋．企业社会责任契约的层次、范围与边界研究——基于可持续发展背景［J］．河北经贸大学学报，2011（11）．

③ 王香茜．试论构建和谐社会中企业的社会责任［J］．内蒙古财经学院学报，2006（1）．

利，生产、销售假冒伪劣产品，甚至是国家明令禁止的产品，损害消费者的身心健康；更不准许企业通过巧取豪夺、坑蒙拐骗、欺行霸市、走私犯私牟取暴利。

（2）满足消费需求，保障消费者权益。为消费者提供质优价廉、安全、舒适和耐用的商品，满足消费者的物质和精神需求是企业的天职。企业对消费者的重要责任集中体现在对消费者权益的维护上，按照消费者权益保护法，消费者有四方面的权利：安全的权利、知情的权利、自由选择的权利和听证的权利，如果企业在这些方面侵犯了消费者的权利，使消费者的利益受到损害，企业的行为就是不负责任的行为。

（3）尊重股东权益，保持企业长久发展。在市场经济条件下，企业与股东的关系事实上是企业与投资者的关系，这是其内部关系中最主要的内容。目前，投资的方式越来越多元化，股东的队伍越来越庞大，企业与股东的关系渐渐演变为企业与社会的关系，其对股东的责任也具有了社会性。企业对股东最基本的责任是对法律所规定的股东权利的尊重及对股东的资金安全和收益负主要责任。企业不得拿着股东的钱去做违法的、不道德的事情，更不能用股东的钱任意挥霍，企业有责任向股东提供真实的经营和投资方面的信息，以使投资人了解公司的经营品种、经营业绩、市盈率、资产收益率、资产负债率等情况。公司必须保证公布的信息是真实的、可靠的，任何瞒报、谎报企业信息，欺骗股东的行为都是不道德的，企业对此要负道德和法律双重责任。

（4）以人为本，营造良好的工作环境。企业对包括职工的福利、安全、教育等方面在内的权益应承担相应的责任和义务，要公平地分配企业利润，保障员工的合法收入，创造良好的工作环境，教育职工在行为上符合社会公德，在生产方式上符合环保要求。企业要发展，关键靠员工，尊重员工，以人为本，是一切企业工作的出发点。企业对员工负责，员工就会信任企业，就会有工作的安全感和幸福感。只有员工感觉到自己在企业的存在价值，才会全身心地投入企业的生产经营，企业因此才能获得长久发展的动力。

（5）保护环境，使社会可持续发展。目前，我国的江河湖泊及近海水域污染严重，企业作为环境的子系统，既要适应环境的发展和变化，又要对环境的发展和变化做出自己应有的贡献。企业要坚持“善待环境，护佑人类健康生存”的理念，将环保—健康—安全提升至战略发展的高度；要在推动环保技术的应用方面发挥示范作用，积极采用生态生产技术，使整个生产过程保持高度的生态效率和环境的“零污染”；企业要以“绿色产品”为研究和开发的主要对象，推动“绿色市场”的发育；企业要治理环境，严格实施清洁生产，强化源头控制，“三废”处理要达标，污染环境的企业应采取切实有效的措施来治理环境，“谁污染，谁治理”，不能推诿，更不能采取转嫁生态危机的不道德行为。

（6）为一方造福，做社会好公民。企业与社区之间是一种相互交叉的你中有我、我中有你的关系，二者相互影响，不可分离，建立和谐的企业与社区关系对企业的生存发展和社区的进步繁荣具有重要意义。企业应积极主动参与社区的建设活动，利用自身的产品优势和技术优势扶持社区的文化教育事业，吸收社区的人员就业、救助无家可归人员、帮助失学儿童等。这不仅为社区建设做出了贡献，而且也为企业的发展打下了良好的基础。企业为社区建设做出的努力，会变成无形的资本对企业的经营发展起到不可估量的作用。企业积极参与社区活动履行了企业“社会公民”的职责，为社会的和谐、进步和发展尽一分力量。

（7）支持政府，营造良好的外部环境。企业应按照有关法律、法规的规定，合法经营、照章纳税及承担政府规定的其他责任义务，并接受政府的干预和监督。加快企业发展，为社会创造更多的财富，实现“产业报国”；支持政府的社会公益活动、福利事业、慈善事业，服务社会。

（8）增加就业，维护社会安定。企业为社会创造财富，提供就业机会，促进社会发展是社会安定的基础。目前，我国还有许多下岗职工，企业要尽可能吸纳其就业，帮助政府安排这些下岗职工的工作，为社会稳定做贡献。

2. 企业社会责任的三种境界

企业家承担社会责任主要有三种不同的境界：社会义务、社会响应、社会责任。

企业应该在守法的前提下逐利，但又不应该仅仅逐利。一个企业当它遵守了经济和法律责任时，就已经履行了其社会义务，达到了法律的最低要求。社会义务是一个企业参与社会的基础①。

社会响应是企业管理者对社会变化的敏感反应，它不是建立在长期对社会有益的基础上，而是以社会的流行作为企业行事的社会准则，并改变其社会参与方式，从而对变化的社会状况做出积极的反应。社会响应是把企业的整个运

① 周三多．管理学（第一版）［M］．北京：高等教育出版社，2001.

营同其社会价值观协调起来，放在同一层面进行衡量①。

社会责任是企业追求有利于社会长远目标的义务。对于大多数企业而言，是否追求社会目标要看社会目标对其经济目标的促进程度。对于行业的领头企业要自觉从事使社会变得更美好的事情，不做有损于社会的事情。通过这些领头企业的努力，使道德发挥巨大的力量，并促使行业整体道德水平向前发展，引领行业及社会前行②。

社会责任是社会义务和社会响应的最高境界。

企业社会责任的本质是在经济全球化背景下企业对其自身经济行为的道德约束，它既是企业的宗旨和经营理念，又是其用来约束内部包括供应商生产经营行为的一套管理和评估体系。企业仅有技术和资金，没有一种道德、一种对社会负责的精神气质是不行的。真正伟大的企业，都是在运作层面上高度理性，在核心理念和价值准则方面非常崇高的。企业的出发点是生产优质产品，目标是创造美好生活、培育人文关怀和环境意识的升华③。

五、有关社会责任的国际协议与运动

1. 联合国全球协议④

联合国是推动企业发挥社会责任的重要机构。联合国秘书长安南上任后，曾提出“社会规则”（Social Rules）、“全球协议”（Global Compact），并于2000年7月在联合国总部正式启动。该协议号召企业遵守在人权、劳工标准、环境和反腐败方面的十项基本原则，其内容如下：

（1）人权原则。人权原则有两点：

1）企业界应支持并尊重国际公认的各项人权。

2）绝不参与任何漠视和践踏人权的行为。

（2）劳工原则。劳工原则有四点：

1）企业界应支持结社自由，并切实承认集体谈判权。

2）消除各种形式的强迫和强制性劳动。

3）消灭童工。

---

①②③ 周三多．管理学（第一版）［M］．北京：高等教育出版社，2001.

④ 陆致英．商业利益与社会责任［M］．北京：新华出版社，2010.

4）杜绝任何在用工和行业方面的歧视行为。

（3）环境原则。环境原则有三点：

1）企业应支持对环境挑战的未雨绸缪的措施。

2）采取主动行动增加对环保所承担的责任。

3）鼓励开发和推广环境友好型技术。

（4）反腐败。反腐败有一点：企业界应努力反对一切形式的腐败，包括敲诈和贿赂。

分析这十项原则，从企业内部看，就是要保障员工的尊严和福利待遇；从外部看，就是要发挥企业在社会环境中的良好作用。总起来说，企业的社会责任可分为经济责任、文化责任、教育责任、环境责任等几方面。就经济责任来说，企业主要为社会创造财富，提供物质产品，改善人民的生活水平，就文化责任和教育责任等方面来说，企业要为员工提供符合人权的劳动环境，教育职工在行为上符合社会公德，在生产方式上符合环保要求。用“全球协议”的标准来对照中国企业，可以看到很多差距，中国企业的发展目标距离国际标准还差得很远。

2. 企业公民①

企业公民（Corporate Citirenship，CC）与企业社会责任有关，优秀的企业公民应该是指那些自觉而又圆满地履行社会责任的企业。2003 年，世界经济论坛认为，企业公民包括四个方面。

（1）好的公司治理和道德价值。公司治理和道德价值主要包括遵守法律、现存规则以及国际标准，防范腐败贿赂，遵守道德行为准则以及商业原则。

（2）对人的责任。对人的责任，主要包括员工安全计划、就业机会均等、反对歧视、薪酬公平等。

（3）对环境的责任。环境责任，主要包括维护环境质量，使用清洁能源，共同应对气候变化和保护生物多样性等。

（4）社会发展的广义贡献。社会发展的广义贡献主要指广义的对社会和经济福利的贡献，比如，传播国际标准、向贫困社区提供要素产品和服务，如水、能源、医药、教育和信息技术等，这些贡献在某些行业可能成为企业核心

① 企业公民. 企业公民定义［EB/OL］. 中国企业公民网. 理论研究 . http：//www.china－cccc.org.，2012－03－03.

战略的一部分，也成为企业社会投资、慈善或者社区服务行动的一部分。

美国波士顿学院给出的企业公民定义是“企业公民是指一个公司将社会基本价值与日常商业实践、运作和政策相整合的行为方式。如果一个企业公民认为公司的成功与社会的健康和福利密切相关，因此，它就会全面考虑公司对所有利益相关人的影响，包括雇员、客户、社区、供应商和自然环境”。

英国的“企业公民”定义：企业是社会的一个主要部分；企业是国家的公民之一；企业有权利，也有责任；企业有责任为社会的一般发展做出贡献。

3. 国际劳工协议①

国际劳工组织成立于1919年，是联合国机构中唯一具有“三方性”机制的组织，由政府、工人、雇主三方组成。国际劳工组织主要活动之一是制定国际劳工标准。国际劳工标准一般是指国际劳工大会通过的公约和建议书以及其他达成国际协议的具有完备系统的关于处理劳动关系和与之相关的一些关系的原则、规则。这是发达国家实行贸易保护和非关税壁垒的工具，因而其目的是确立和保障世界范围内的劳工权益。劳工权益是指法律所规定的处于现代劳动关系中的劳动者在履行劳动义务的同时所享有的与劳动有关的社会权益。

劳工协议主要内容有四方面：①消除剥削性童工；②废除强迫性劳动；③就业无歧视；④自由结社和集体谈判。

4. 生产守则

生产守则（Corporate Codes of Conduct）是指国际大企业制定的具有一定约束力的内部行为准则，是包括企业自身在内的供货商、经销商都要遵守的劳动标准和环境标准，也是应付消费者抵制活动的一种手段。20世纪70年代以来，跨国公司对发展中国家的投资日益增加，随之而来的社会问题也不断增加，如1984年12月的美国联合碳化物公司（Union Carbide）在印度的毒气泄漏事件、1993年5月泰国那坤巴统省的开达（Kader）玩具厂大火及11月中国深圳致丽玩具厂大火等都造成了巨大的人员伤亡，其主要原因是企业漠视工业安全和工人价值。1991年，美国牛仔裤品牌商列维·施特劳斯（Levi Strauss）在被攻击其产品是在“血汗工厂”生产之后，率先制定生产守则。此后，劳动密集型产业，尤其是服装、运动鞋与玩具制造业中的品牌制造商与零售商，如耐克

---

① 余云霞，王祎．国际劳工标准（第一版）［M］．北京：中国劳动社会保障出版社，2007.

(Nike)、阿迪达斯(Adidas)、锐步(Reebok)、沃尔玛(Wal-Mark)、迪士尼(Disney)、盖璞(the Gap)、兰迪(land)、凯西·李(Kathy Lee)等,也分别制定了本公司的生产守则。

显而易见,跨国公司"内部"生产守则的最大弊端在于缺乏来自外部的独立监督。因此,在20世纪90年代中期以后,出现了包括跨国公司、工会组织、消费者组织、非政府组织、人权组织在内的生产守则多边机构,即由该多边组织认可的机构对跨国公司整个商品供应链的生产行为进行独立的社会监督,可称为"社会约束"(Social Regulation)。在全球性的消费者运动压力下,以跨国公司"自我约束"为特征的"内部"生产守则与以"社会约束"为特征的"外部"生产守则出现了兼容与合流的趋势。

与跨国公司的"内部"生产守则相比,"外部"生产守则通常具有以下特点:以联合国和国际劳工组织的"基础性条约"为蓝本,但具有更为详尽细致的规定;以"国际自由工会联盟"(ICFTU)于1997年12月通过的基本守则(Basic Code)为基本框架;引入了独立认证的原则与机制;引入了工人及第三方表达意见的机制;建立了改善违反守则规定公司状况的补救机制。

这类生产守则主要包括英国的"道德贸易基本守则"(Ethical Trading Initiative Base Code);欧洲的"洁净衣服运动"(CCC)发起的"成衣业公平贸易约章"(The Fair Trade Charter for Garments);美国"国际社会责任"组织(SAI)发起的"社会责任8000认证";美国"公平劳工协会"(FLA)通过的"工作场所生产守则"(Workplace Code of Conduct)。

经济合作与发展组织(OECD)的统计数据显示,至2000年,全球共有246个生产守则,它们绝大多数都是在20世纪90年代制定的,其中118个是由跨国公司独自制定及实施,92个由工业和贸易协会制定,32个由多边机构共同制定,另外4个守则的制定者是国际政府组织,在守则的内容方面有37个涉及纺织和成衣工业。这些生产守则的制定者主要分布于美国、英国、澳大利亚、加拿大、德国和瑞士等国家。

生产守则的核心内容主要包括国际公约中有关社会保障、劳动者待遇、劳工权利、劳动标准等方面。相关的国际公约有100多个,包括《男女同工同酬公约》《儿童权利公约》《经济、社会与文化权利国际公约》等。我国有《经济、社会与文化权利国际公约》,是诸多条例中最为著名的,该公约明确规定工人应享有获得公正和良好的工作条件权、组织和参加工会权、社会保障权、受教育权、获得相当的生活水准和健康的权利,参与和享受科技进步和社会发展的机会以及男女平等和同工同酬、禁止雇用童工等。

生产守则是跨国公司承担社会责任的一种形式，是企业的一种自律行为措施，也是一种企业内部规定，同时也是全球化运动的结果①。

5. ISO9000②

ISO9000 质量管理体系不是一个标准，而是一族标准的统称，是国际标准化组织（International Organization for Standardization，ISO）1987 年提出的概念。根据 ISO9000-1：1994 的定义"ISO9000 族是由 ISO /TC 176 制定的所有国际标准"。

ISO9000 族标准是 ISO 于 1987 年颁布的在全世界范围内通用的关于质量管理和质量保证方面的系列标准（ISO9000：1987、ISO9001：1987、ISO9002：1987、ISO9003：1987、ISO9004：1987 共五个国际标准，与 ISO8402：1986 一起统称为 ISO9000 系列标准）。1994 年，国际标准化组织对其进行了全面的修改，并重新颁布实施。由于 1994 版 ISO9000 族基本标准（ISO9000-1、ISO9001、ISO9004）存在缺陷，造成 ISO9000 族中指南性标准数量迅速膨胀。1994 版 ISO9001 标准的重点是保证提供合格产品的能力，未明确规定满足顾客的需要和期望。2000 年，ISO 对 ISO9000 系列标准进行了重大改版。

应用 ISO9000 可强化品质管理，提高企业效益；增强客户信心，扩大市场份额，在产品品质竞争中获得优势；提高全员质量意识，改善企业文化；第三方认证，提供最广泛的认可，节省第二方审核的精力和费用；可有效地避免产品责任；获得国际贸易"通行证"，消除国际贸易壁垒；法律责任减免：更容易的许可、更少的检查以及简化的报告要求等。提高企业公众形象，为消费者选择提供信心。

作为企业可依据 ISO9000 标准建立、实施和改进其质量体系，同时也是咨询机构的认证咨询依据。该系列标准目前已被 90 多个国家等同或等效采用，是全世界最通用的国际标准，在全球产生了广泛深刻的影响。

---

① 周长征．跨国公司行为守则与中国劳动标准［J］．武汉大学国际法评论，2003（7）．

② 中华人民共和国国家质量监督检验检疫总局，中国国家标准化管理委员会．质量管理体系基础和术语［S］．GB/T 19000—2008、ISO9000：2005 代替 GB/T 19000—2000，2009-02-01．

6. ISO14000①

ISO14000 环境质量管理系列标准是为促进全球环境质量的改善而制定的。它是通过一套环境管理的框架文件来加强企业的环境意识、管理能力和保障措施，达到改善环境质量的目的。它目前是企业自愿采用的标准，是企业的自觉行为。在我国是采取第三方独立认证的方式，来验证企业所生产的产品是否符合要求。

ISO14000 的目标是通过建立符合各国的环境保护法律、法规要求的国际标准，在全球范围内推广 ISO14000 系列标准，达到改善全球环境质量、促进世界贸易、消除贸易壁垒的最终目标。

ISO14000 认证系列标准要求企业对产品设计、生产、使用、报废和回收全过程中影响环境的因素加以控制，其内容包括环境管理体系、环境审核、环境标志、生命周期分析等国际环境管理领域内的许多焦点问题，其目的是指导各类企业采取正确的环境行为。

7. SA8000②

SA8000 全称为社会责任国际标准（Social Accountability 8000 International Standard，SA8000），其自 1997 年问世以来，受到公众极大的关注，在欧美工商界引起了强烈反响。专家们认为，SA8000 是继 ISO9000、ISO14000 之后出现的又一个重要的国际性标准，并迟早会转化为 ISO 标准。通过 SA 8000 认证将成为企业在国际市场竞争中的又一重要武器，有远见的企业家应未雨绸缪，及早检查本组织是否履行了公认的社会责任，在组织运行过程中是否有违背社会公德的行为，是否切实保障了职工的正当权益，以把握先机，迎接新一轮的世界性的挑战。现在有关企业道德宣传的内容逐年增多，这一现象表明，社会各界对社会责任的需求日益增大。

SA8000 包括以下四个方面的内容：

（1）劳工标准。劳工标准涉及以下内容：

1）童工。公司不应使用或者支持使用童工，应与其他人员或利益团体采

---

① 中国标准出版社第二编辑室．GB/T 24000—ISO14000 环境管理系列标准汇编［M］．北京：中国标准出版社，2004.

② 柯章勇．组织如何实施 SA8000 社会责任管理体系及内审员教程［M］．北京：中国标准出版社，2007.

取必要的措施，确保儿童和应受当地义务教育的青少年的教育，不得将其置于不安全或不健康的工作环境和条件下。

2）强迫性劳动。公司不得使用或支持使用强迫性劳动，也不得要求员工在受雇起始时交纳“押金”或寄存身份证件。

3）自由权。公司应尊重所有员工结社自由和集体谈判权。

4）歧视。公司不得因种族、社会阶层、国籍、宗教、残疾、性别、性取向、工会会员或政治归属等对员工在聘用、报酬、训练、升职、退休等方面有歧视行为；不能干涉员工行使遵奉信仰和风俗的权利和满足涉及种族、社会阶层、国籍、宗教、残疾、性别、性取向、工会会员和政治从属需要的权利；公司不能允许强迫性、虐待性或剥削性的性侵扰行为，包括姿势、语言和身体的接触。

5）惩戒性措施。公司不得从事或支持体罚、精神或肉体胁迫以及言语侮辱。

（2）工时与工资。对工时与工资的规定如下：

1）工时。公司在任何情况下都不能经常要求员工一周工作超过 48 小时，并且每 7 天至少应有一天休假；每周加班时间不超过 12 小时，除非在特殊情况下及短期业务需要时不得要求加班，且应保证加班能获得额外津贴。

2）工资。公司支付给员工的工资不应低于法律或行业的最低标准，并且必须足以满足员工的基本需求，并以员工方便的形式如现金或支票支付；对工资的扣除不能是惩罚性的；应保证不采取纯劳务性质的合约安排或虚假的学徒工制度以规避有关法律所规定的对员工应尽的义务。

（3）健康与安全。公司应具备避免各种工业与特定危害的知识，为员工提供安全健康的工作环境，采取足够的措施，降低工作中的危险因素，尽量防止意外或健康伤害的发生；为所有员工提供安全卫生的生活环境，包括干净的浴室、洁净安全的宿舍、卫生的食品存储设备等。

（4）管理系统。公司高管层应根据本标准制定符合社会责任与劳工条件的公司政策，并对此定期审核；委派专职的资深管理代表具体负责，同时让非管理阶层自选一名代表与其沟通；建立适当的程序，证明所选择的供应商与分包商符合本标准的规定。

SA8000 标准的问世，是全球经济发展史上的一件大事，它标志着人类社会从只重视资本、科技的发展，转到了以人为本、以社会责任为己任的发展上来，要求企业在赚钱的同时必须承担对环境和利益相关者的责任，其宗旨是确保供应商所供应的产品必须符合社会责任标准的要求，这无疑是人类社会发展史上的一大进步。

8. ISO26000①

2010 年 11 月 1 日，国际标准化组织正式发布了《社会责任指南》国际标准（ISO26000：2010，Guidance on Social Responsibility，以下简称 ISO26000）。作为 ISO 将标准制定视角从传统的工程技术领域转向国际社会政治经济和伦理道德领域的里程碑性标准，该标准的意义可见一斑。

ISO26000 的主要内容包括与社会责任有关的术语和定义；与社会责任有关的背景情况；与社会责任有关的原则和实践；社会责任核心主题和问题；社会责任的履行；处理利益相关方问题；社会责任相关信息的沟通。

ISO26000 突出的特点是用社会责任（SR）代替企业社会责任（CSR）；适用于所有类型的组织；不是管理标准，不用于第三方认证；提供社会责任融入组织的可操作性建议和工具；前所未有的利益；发展中国家的广泛参与；和多个组织建立合作关系；差异性原则。

国际标准化组织开发 ISO26000 社会责任标准，其宗旨是帮助组织通过改善与社会责任相关的表现，与利益相关方达成相互信任。主要目的是明确社会责任的定义和内涵、统一社会各界对社会责任的理解、为组织履行社会责任提供可参考的指南②。

2011 年，企业社会责任在 ISO26000 的指引下，在全球呈现出标准化和规则化的新趋势。据统计，该标准已经翻译成了 11 个国家的指标、8 个认证标准，被译成 18 种文字，已有 36 个国家采用和将其转化为自己国家的标准，15 个国家正在准备采用。

① 黎友焕，文志芳．国际标准 ISO26000 解读［M］．西安：西北工业大学出版社，2011.

② 熊明华．SA8000 与 ISO26000 社会责任标准之比较分析［J］．对外经贸实务，2012（11）.

第二章
企业社会责任在中国的发展

一、企业社会责任在中国受关注的原因

随着改革开放及加入世界贸易组织，我国经济已经全面融入全球化浪潮，与此相对应的是我国与国际市场竞争规则的联系也前所未有地密切起来。在20世纪末企业社会责任运动已经成为我国不能回避的现实问题，究其原因，大体包括以下三个方面：

1. 我国全球劳动密集型产品的主要生产基地

跨国公司的资本流动以市场与利润为最大目标。在20世纪末期，我国已经成为欧美国家的主要贸易伙伴和跨国公司的最主要采购中心，而我国外贸出口的产品主要集中在劳动密集型产品方面，处于全球产业链的最末端。劳动密集型产业历来是劳工权益保护的薄弱环节，也是企业社会责任运动关注的重点。

2. 我国的劳工权益保护状况存在诸多问题

《中华人民共和国劳动法》实施以来，我国的劳工权益保护状况有了一定的改善。但总体上说，我国在劳工权益保护方面仍然存在相当严重的问题；再加上国外某些敌对势力的恶意攻击，必然导致全球企业社会责任运动的矛头集中指向我国。

3. 全球企业社会责任运动的关注

面对我国经济的持续高速发展，引来全球企业社会责任运动的关注。同时通过对质量管理体系（ISO9000）、环境管理体系（ISO14000）、劳工标准（SA 8000）等社会责任标准的了解，也使其成为中国企业了解国际经营环境、跨国公司最新动向及参与国际经营的平台。

二、社会责任与产品质量

ISO9000 族是 ISO 颁布的关于质量管理和环境管理方面的系列标准，其质量认证原理被世界贸易组织普遍接受。我国于 1988 年等效采用 ISO9000 标准，1992 年等效采用改为等同采用，1994 年等同采用 ISO9000 族标准版本。根据我国法律规定和国务院赋予的职能，国家质量技术监督局依法统一管理我国质量认证工作。

1. 中国关于 ISO9000 的内容

我国关于 ISO9000 的具体内容：ISO9000 族标准中有关质量体系保证的标准有三个：ISO9001、ISO9002、ISO9003。

ISO9001 质量体系标准是设计、开发、生产、安装和服务的质量保证模式；ISO9002 质量体系标准是生产、安装和服务的质量保证模式；ISO9003 质量体系标准是最终检验和试验的质量保证模式。

2. 我国的质量认证制度

我国的认证机构主要开展两方面的认证业务：一是产品品质认证，其包括合格认证和安全认证两种；二是品质管理体系认证①。

产品质量认证制度是商品经济发展的产物。随着商品经济的不断扩大和日益国际化，为提高产品信誉，减少重复检验，削弱和消除贸易技术壁垒，维护生产者、经销者、用户和消费者各方权益，于是产生了第三方认证。这种认证不受产销双方经济利益支配，以公正、科学的工作逐步树立了权威和信誉，现已成为各国对产品和企业进行质量评价和监督的通行做法。

---

① 柴邦衡 . ISO9000 质量管理体系（第二版）[M]. 北京：机械工业出版社，2010.

英国是开展质量认证最早的国家。1903 年，英国工程标准委员会用一种“风筝标志”，即“BS”来表示符合尺寸标准的铁道钢轨；1919 年，英国政府制定了商标法，规定要对商品执行检验，合格产品也标有“风筝标志”。从此，这种标志开始具有“认证”的含义，并沿用至今，其在国际上享有很高的声誉。

受英国的影响，世界各发达工业国家也争先采用质量认证制度。国际标准化组织为此于 1980 年成立了专业技术委员 ISO /TC176，该委员会经过 7 年的艰苦努力，于 1987 年正式发布了第一部管理标准——ISO9000 质量管理和质量保证系列标准，适用于不同的企业，包括制造业、服务性商业、建筑业等。它的出现极大地促进了各国质量认证制度的发展，并在以后不断补充完善。

改革开放以来，我国开始实行有计划的商品经济，国内市场和国际贸易都得到迅速发展，但由于我国没有建立符合国际惯例的认证制度，自己的一些产品监督形式得不到国际上的承认，在国际贸易中我国企业面临着在经济上蒙受损失和受国际标准所设置的技术壁垒的限制。由于我国的工业企业不了解各国认证制度的要求，导致许多出口商品打不进国际市场，即使能够进入国际市场，其价格也远远低于所在国通过认证的产品。另外，一些了解认证制度的企业每年也不得不花费大量外汇去申请国外认证，由国外认证机构出具检验报告。所以，建立我国的认证制度，开展产品质量认证和体系认证工作是我国质量认证工作的当务之急，是最终消除我国与其他国家之间存在的技术壁垒的根本途径。

我国从 1991 年起正式开展认证工作。1991 年 5 月，国务院颁发了《中华人民共和国产品认证管理条例》，其标志着我国产品质量认证工作从此走入法制轨道，并由此逐步建立了符合国际惯例的认证制度。对我国企业而言，通过公正独立的第三方认证机构获得质量认证证书，是产品质量信得过的证明，是产品、服务进入国际市场的通行证。企业在获得认证证书后，将向国内外公告。

质量认证证书可以为企业带来诸多益处①：

第一，提供满足顾客一般或特定需要的产品或服务，开拓占领市场，充分利用非价格因素提高竞争力。

第二，扩大销售渠道和销售量，实现优质优价，获得更大利润。

---

① 姚根兴．如何进行 ISO9000 质量管理［M］．北京：北京大学出版社，2004.

第三，有助于树立全球经济意识，提高企业发展战略的基点，抓住机遇，赢得未来。

第四，促进建立体系化的、严谨的经营管理模式，优化组织结构，完善经营管理，建立减少、消除，特别是预防质量缺陷的机制。

第五，带动服务和产品的结构调整，推动技术改造，增强自身实力。

第六，表明尊重消费者和对社会负责任，提高企业、产品和服务的信誉，树立良好的企业形象。

第七，打破国际贸易中的技术壁垒，进入国际市场，扩大出口。

第八，有助于形成名牌，保护企业合法权益。

第九，避免重复抽查和检验，节省用于检验的时间、人力、物力和财力。

三、社会责任与环境保护

全球性环境的不断恶化，引起了人们的深刻反思。要遏制日益严重的环境污染和生态破坏问题，选择可持续发展战略，走可持续发展道路，已经是一个必然而且刻不容缓的问题。

1. 清洁生产与环境管理体系 ISO14000

1992 年，巴西里约热内卢联合国环境与发展大会确立了“可持续发展的环境战略和发展模式”，承认清洁生产为可持续发展的先决条件，是工业企业达到环境改善，同时保持竞争性及可营利性的核心手段之一。

联合国环境规划署对清洁生产下的定义：“清洁生产是指将综合预防的环境战略持续应用于生产过程、产品和服务中，以便减少对人类和环境的风险性。”① “对生产过程而言，清洁生产包括节约原材料和能源，淘汰有毒原材料并在全部排放物和废物离开生产过程以前减少它们的数量和毒性。” ② “对产品而言，清洁生产战略旨在减少产品整个生命周期过程中，从原材料的采用到产品的最终处置对人类和环境的影响。” ③ “对服务而言，清洁生产就是将预防性的环境战略纳入服务设计和提供的服务活动中。” ④清洁生产强调清洁的能源、清洁的生产过程、清洁的产品或清洁的服务。

ISO14000 系列标准是世界环境管理领域的最新经验和实践于一体的先进体

---

①②③④ 梁健，鲁树基. 环境管理体系教程［M］. 北京：中国标准出版社，2016.

系。ISO14000 环境管理体系旨在指导并规范企业（其他所有组织）建立先进的体系，引导其建立自我约束机制和科学管理的行为标准。它适用于任何规模的组织，也可以与其他管理要求相结合，帮助企业实现环境目标与经济目标。

清洁生产与 ISO14000 环境管理体系是从经济—环境协调可持续发展的角度提出的新思想、新措施。

2. 中国企业积极加入全球环境治理工作

在党中央、国务院及地方各级党委、政府的高度重视和正确领导下，经过坚持不懈的努力，我国的环境状况正在由总体恶化、向环境污染加剧趋势得到基本控制、部分城市和地区环境质量有所改善转变。但是，整体环境形势仍然相当严峻，全国污染物排放总量还很大，污染程度仍处在相当高的水平，一些地区的环境质量仍在恶化。当前中国环境污染的严重性表现在以下几方面：

第一，主要污染物排放总量仍处于较高水平。

第二，水环境污染相当严重。

第三，城市空气质量处于较重的污染水平。

第四，城市生活垃圾和固体废物污染日益突出。

第五，城市噪声扰民较为普遍。

第六，核安全与辐射环境安全监管任务繁重。

为了遏制环境污染，自 1992 年联合国环境与发展大会正式提出清洁生产以来，我国做出了积极响应，出台了一系列相关法律法规，如《中国 21 世纪议程——中国 21 世纪人口、环境与发展白皮书》《中华人民共和国固体废物污染环境防治法》《中华人民共和国水污染防治法》《中华人民共和国大气污染防治法》《中华人民共和国清洁生产促进法》等。

2004 年 6 月 24 日，“全球契约”峰会在纽约联合国总部开幕，成思危率 34 家中国企业与会。“全球契约”要求加入的企业自觉遵守涉及人权、劳工、环保、反腐败等领域的十项原则。成思危表示，要通过法律和道德的手段鼓励企业重视自身应当承担的社会责任。中国提出建立以人为本、全面协调、可持续的科学发展观，这从精神上与“全球契约”的原则是一致的。中国支持“全球契约”的原则，并希望成为企业家的自觉行动。在呼吁企业加强自律的同时，也应当用法律和道德的手段鼓励企业承担社会责任。一方面，通过法律严禁企业损害社会利益；另一方面，在评价企业的时候，不要单纯看利润、规模，应该评价企业为社会做出的贡献，对好的企业应该有一种鼓励的措施，在这方面需要做更多的工作[①]。

3. 企业家承担环境治理的社会责任

企业作为社会环境的子系统，既要适应环境的发展和变化，又要对环境的发展和变化做出自己应有的贡献，即要承担一定的社会责任。

（1）企业家承担环境治理责任的主要内容[②]。企业家承担环境治理责任的主要内容有以下几点：

首先，企业应积极采用生态生产技术。企业要在环境保护方面发挥主导作用，特别要在推动环保技术的应用方面发挥示范作用，积极采用生态生产技术，使研究出来的生态生产技术能尽快转化为生产力，造福于人类。

其次，以“绿色产品”为研发的主要对象。企业研制并生产绿色产品既体现了企业的社会责任，推动了“绿色市场”的发育，也推动了环保宣传教育工作，提高了整个社会的生态意识。

最后，企业要治理环境。污染环境的企业要采取切实有效的措施来治理环境，“谁污染，谁治理”，不能推诿，更不能采取转嫁生态危机的不道德行为。

（2）企业家承担社会责任要由被动向主动转变。企业家在承担环境责任时，要由被动转为主动，从遵守社会义务到主动承担社会责任，再到有远见的主动承担社会责任。具体有以下几点：

首先，要不排放超标的废水、废气和废渣等，遵守法律的规定，这是法律对企业的最低要求，对企业而言是一种被动行为，如果违反法律的规定，将会受到法律的制裁。

其次，企业在经营过程中，应主动承担社会责任，其具体表现是在企业进行决策时，除要考虑投资人的利益或企业本身的利益之外，还应适当考虑与企业行为有密切关系的其他利益群体以及社会的利益，除要考虑其行为对自身是否有利外，还应考虑对他人是否有不利的影响，如是否会造成公害、环境污染、浪费资源等。企业要对这些问题关注并采取适当的措施加以避免，这种行为本身就是在承担社会责任。简单地说，社会责任就是企业在赚取利润的同时，承担对环境、社会、利益相关者的责任，这是企业的一种主动行为。

最后，有社会责任的企业在环境治理时还要有超前的反应，是超出国家对

---

① 成思危．中国支持“全球契约”的原则［EB/OL］．人民网，http：//www.people.com.cn/，2006-02-12.

② 周三多．管理学（第一版）［M］．北京：高等教育出版社，2001.

环境破坏约束前的反应，是对承担社会责任的企业行为的反应，其具有跟随性。

与社会义务相比，社会责任和社会响应超出了基本的经济和法律标准。有社会责任和社会反应的企业家受道德力量的驱动做对社会有利的事而不去做对社会不利的事。也就是说，从环境道德角度讲，企业仅仅做到不排放废水、废气和废渣、不污染环境还远远不够，它还要求企业尽可能降低对资源的消耗和浪费、降低对环境的潜在威胁等。碍于法律的威慑力，企业会克制自己对环境的污染，但是，对利润的追逐，会使企业忘记环境道德。在环境问题上，有一些是法律所触及不到的，环境法律只能对具体行为进行惩治，而环境道德则可以遏制企业对环境的无形破坏和潜在威胁。环境道德是非强制性的手段，它是靠社会舆论和企业家内心的力量，通过教育的手段，以其说服力和劝导力来影响和提高企业的环境觉悟，使之能够自觉遵从，不破坏环境并能制止他人破坏环境。环境道德不仅可以规范人们的外在行为，还可影响、引导人们的思想观念，这是环境法律无法替代的。环境道德要求企业改变传统的经营哲学和经营理念，树立新的行为准则，如综合效益原则、公平与正义原则、可持续发展原则。对于有社会责任和社会反应的企业，国家的监管成本是非常低的，只需做一些舆论的引导即可，目前，这还是我们追求的目标①。

四、社会责任与劳动用工

根据国际劳工组织公约、世界人权宣言以及联合国儿童权益公约所制定的SA8000，即“社会责任（劳工）标准”（Social Accoutability 8000 的英文简称)，是全球首个道德规范国际标准，适用于世界各地、任何行业、不同规模的公司。

1. SA8000 与劳动用工

SA8000 建立之初是源于美国某服装企业非法雇用童工，并强迫其超长时间工作被曝光之后而逐渐形成的。随后，一些国际知名品牌纷纷建立自己的社会责任准则。

SA8000 在欧美国家中已被广泛认知，在欧美市场上针对发展中国家的出

① 王香茜．论企业家的环境治理责任与对策分析［J］．内蒙古财经学院学报，2005（1）．

口产品及出口企业，逐渐推行用 SA8000 标准来考察的也越来越多。SA8000 是继 ISO9000、ISO14000 之后出现的又一个重要的国际性标准。

SA8000 是企业全面管理体系的组成部分，其运行模式与 ISO9000 质量保证体系、ISO14000 环境管理体系和 OHSAS（Occupational Health and Safety Assessment Series）职业安全卫生管理体系等标准的运行模式相似，主要分为四个阶段，即计划阶段、实施阶段、验证阶段和改进阶段。

从事 SA8000 认证的机构，需向社会责任国际（Social Accoutability International，SAI 前身是美国经济优先认可委员会，2001 年该组织更名为社会责任国际）提出申请。在通过社会责任国际审核并获得其授权后方能开展相关认证工作，否则其颁发的认证证书无效。

2. SA8000 在中国的开展情况

社会责任国际早期在我国开展了一系列培训和研讨活动。培训计划的主要目的是与当地管理者和工人共同致力于工作条件的改善；推动工人参与管理体系，促进劳资双方的沟通：表达女职工的需要，包括健康和安全保障，实现男女工作条件平等；提高管理者和工人对工作条件标准（尤其是 SA8000）的监督、实施和改善能力；构建中国当地评估者体系。

我国各界对 SA8000 推广之初的认识有以下几种观点：

（1）靠廉价劳动力发展的阶段提前结束①。由于社会文明与经济发展的阶段不同，各国在实施劳工标准时客观上呈现出各自的特殊性和过渡性，而全球统一的 SA8000 标准在某种程度上成为发展中国家进入国际市场的障碍，其关键在于有效地降低了发展中国家在竞争中最大的比较优势——劳工成本。因为实施 SA8000 的认证和维护，企业需要投入巨大的人力、物力、财力去申请和更新，这无疑将大大增加企业的成本，使其不堪重负。SA8000 影响全球产业国际竞争力的因素有两方面：一是成本，二是产品差异性。它一方面降低了发展中国家生产的比较成本优势，另一方面也增强了发达国家产业的差异化优势，在此消彼长的互动中影响国际市场格局。SA8000 标准的国际化实际上已宣告一个新经济局面的形成。

---

① 岳燕，陈圻．从我国“民工荒”现象看实施 SA8000 的现实意义及措施［J］．价值工程，2006（10）．

（2）企业社会责任是劳资关系的“润滑剂”[①]。根据《中国劳动统计年鉴》资料显示，2001 年全国劳动仲裁受理的争议案件数量达 15.4 万件，2004 年上升至 26.05 万件，年均增长 24%。2002 年全国各级法院受理劳动争议案件为 8.47 万件，2006 年上升至 12.6 万件，年均增长 10.44%[②]。

中国数以亿计的工人因为经济增长而受益；而中国劳工状况的改善速度则落后于经济增长速度。

劳资关系紧张意味着工人有更多的要求未被满足，意味着企业主在获得利润的同时受到更多的质疑，也意味着在中国这辆经济列车高速飞驰的同时，有一部分群体的利益和社会公平被忽略或牺牲掉。

（3）SA8000：超前之痛？[③] SA8000 被引入中国时，立即引发了各种声音。其一，此类标准对发展中国家的中国而言过于超前；其二，这根本就是发达国家试图阻止中国产品出口的“阴谋”，是一种新的“劳工标准壁垒”。

（4）“道德认证”直指企业社会责任“软肋”[④]。美国、欧盟一些国家强制推广 SA8000 标准认证，其认证的“最低要求包括工人结社自由和集体谈判权：企业尊重全体人员组成和参加所选工会并集体谈判的权利；工作时间：不能经常要求员工一周工作超过 48 小时，且每 7 天至少应有一天休假，每周加班时间不超过 12 小时，保证加班能获得额外津贴等；工资：支付给员工工资不应低于法律或行业最低标准，并且必须以满足员工的基本需求，并以员工方便的形式如现金或支票支付；对工资的扣除不能是惩罚性的”等。

中国经济正处于转轨换型时期，法律约束缺乏刚性，企业唯利是图，工人处于弱势地位，尤其是近几年随着经济结构调整，农民工大量涌进城市，加剧了用工市场的供求矛盾。严重过剩的劳动力使企业主进一步忽略了所应负担的社会责任和法律责任，忽略了职工的权利和权益，国际推行的道德认证是对中国企业的一次挑战。

---

① 刘英丽．企业除了利润还应承担社会责任［EB/OL］．中国新闻网，http：//finance.sina.com.cn，2004-03-22.

② 汤正华．试析当前我国企业社会责任缺失的现状与成因［J］．江苏工业学院学报，2008（12）.

③ 刘英丽．SA8000 超前之痛？企业除了利润应承担社会责任［EB/OL］．中国《新闻周刊》网，http：//finance.sina.com.cn，2004-03-22.

④ 刘效仁．“道德认证”直指企业社会责任软肋［EB/OL］．中国青年报，http：//finance.sina.com.cn，2004-04-09.

（5）企业社会责任的实质即为我国劳动法所规定的劳工标准和劳工权利[①]

道德认证的标准其内容即是企业的社会责任，其实质即为我国劳动法所规定的劳工标准和劳工权利。在我国实施的以道德认证和工厂守则为形式的社会责任运动中，与在我国贯彻实施的劳动法的基本原则和精神相一致。

应该看到，SA8000 标准规定的“企业必须承担对社会和利益相关者的责任，对工作环境、员工健康与安全、员工培训、薪酬、工会权利等一系列问题承担‘最低责任’”，其更多来自于道义而非法律。通过舆论压力和订单制约、“消费者运动”和企业的道德自觉产生作用，这不仅使财富更富有伦理意味，而且使市场经济多了“人道色彩”，使其更趋于理性。

（6）企业怎样肩负起更多的社会责任要根据中国的国情[②]。在全球化的大背景下，资本流动的自由度越来越大，本国资本可以投向任何一个国家。在这种情况下，企业家的投资抉择往往可以影响成千上万人的就业，是将就业福利转移国外，还是将就业岗位尽量留在国内？这成为中国企业今后不能不考虑的重要问题。

当前，企业怎样处理好自身与社会的关系，怎样平衡效益与就业的关系，怎样转移经济利润和增加就业岗位，怎样在纳税之外做一些力所能及的公益事情，怎样肩负起更多的社会责任？这些已成为当前社会重要的话题。从世界越来越多的案例来看，企业与社会间的关系是互动关系，是互相获益的。但中国企业存在的承担社会责任问题可能还需要从更多的层面去寻找答案，因为中国企业受制于政治和文化的制约，没有政治和文化方面变革的配合，仅有企业努力也是徒劳的。

五、中国企业社会责任发展阶段及大事件

1. 中国企业社会责任发展阶段

根据我国对 CSR 研究成果数量的统计和影响程度分析，CSR 的发展在我国大致经历了三个阶段[③]。

---

① 刘效仁．“道德认证”直指企业社会责任软肋［EB/OL］．中国青年报，http：//finance.sina.com.cn，2004-04-09.

② 仲大军．当前中国企业的社会责任［J］．中国质量万里行，2003（1）.

③ 李伟阳，肖红军．企业社会责任概念研究［J］．经济管理，2008（11）.

第一阶段，企业社会责任的起步阶段（20 世纪 80 年代中期至 20 世纪 90 年代中后期）。

CSR 在我国的传播与我国经济全球化的进程相一致，与跨国公司在我国的投资有直接的关系。在中国成为“世界工厂”的过程中，不断爆发的劳工问题使 CSR 成为社会关注的焦点，家乐福、耐克、锐步等跨国公司不得不开始审视自己的社会责任。

王丞秋给出的 CSR 定义明确指出，企业承担社会责任是企业对社会问题的回应和解决①。徐淳厚则将 CSR 定义为“商业企业的社会责任，就是企业在营销过程中客观存在的、有义务完成的维护公众利益、保护经济增长、促进社会发展方面的责任”②。在我国对 CSR 研究过程中也不缺乏反对者，他们认为，政府要求企业利用更多的资源去承担社会责任，是政府对自身责任的推脱和摊派，不利于社会的全面发展（吴克烈，1989③；张强，2000④）。

直到 20 世纪 90 年代初期，CSR 研究的专著才开始出现，我国公认的最早关于 CSR 的专著是由袁家方在 1990 年出版的《企业社会责任》一书，作者将 CSR 定义为“企业在争取自身生存和发展的同时，面对社会需要和各种社会问题，为维护国家、社会和人类的根本利益，必须承担的义务”，并侧重从法律的角度对企业在纳税、自然资源、环境保护、消费者等方面应履行的社会责任进行了分析⑤。卢代福则认为“企业的社会责任是指企业不能仅以最大化地为股东谋求营利作为自己的唯一存在目的，而应当负有维护和增进社会其他主体利益的义务”⑥。

第二阶段，企业社会责任的初步发展阶段（20 世纪 90 年代末至 2005 年末）。

20 世纪 90 年代末开始，国内学术界对 CSR 进行了比较系统的研究，尤其是在我国加入了世界贸易组织之后，研究 CSR 的文献明显增加，各种学术研讨会议也开始增多。这一时期比较具有代表性的学者有刘俊海、卢代福、周祖成等。

刘俊海在其著作《公司的社会责任研究报告》中，从法学角度系统地分析

---

① 王丞秋．商业企业的社会责任［J］．江苏经贸职业技术学院学报，1987（2）．

② 徐淳厚．试论商业企业的社会责任［J］．经济纵横，1987（9）．

③ 吴克烈．企业社会责任初探［J］．企业经济，1989（8）．

④ 张强．沉重的翅膀——关于企业的社会责任［J］．企业经济，2000（2）．

⑤ 袁家方．企业社会责任［M］．北京：海洋出版社，1990.

⑥ 卢代福．企业社会责任的经济学与法学分析［M］．北京：法律出版社，2002.

了企业对消费者和员工的责任[①]。卢代福指出，CSR 独立于企业的经济责任，是企业在谋求股东利益最大化之外所负有的维护和增进社会利益的义务。[②] 以周祖成、杨瑞龙等为代表，从利益相关者的角度出发，认为“企业社会责任是指企业应当承担的，以利益相关者为对象，包含经济责任、法律责任和道德责任在内的一种综合性责任”[③]。

第三阶段，企业社会责任快速发展阶段（2006 年至今）。

在我国政府提出全面落实科学发展观、构建社会主义和谐社会之后，CSR 引起了政府、企业和社会的极大关注，我国 CSR 理论研究和实践进入了快速发展的阶段。

2006 年被称为“中国企业社会责任元年”[④]。2006 年 3 月国家电网公司发布了我国大陆企业第一份 CSR 报告。在实证研究方面，晁昱等首次引入了企业领导者的社会责任取向表，将量表、企业社会绩效和组织绩效建立在一个模型中发现，量表与企业绩效和组织绩效之间存在相互作用的关系，企业社会绩效起着中介作用，而量表对组织绩效的直接作用不明显[⑤]。在对 CSR 与财务绩效关系的研究中，刘琪选取了 62 家交通运输行业上市公司的财务数据作为研究样本，分别用有代表性的财务指标评估企业的社会责任水平与财务绩效水平，得出企业社会绩效与财务绩效之间存在正相关关系，企业社会绩效与财务绩效之间互为因果关系、互相影响、互相促进的结论。[⑥] 梁大为选取了 2004~2008 年上海证券交易所和深圳证券交易所上市交易的 58 家公司作为样本，运用 5 年的财务数据研究企业社会绩效水平，得出 CSR 与企业财务绩效之间呈正相关关系的结论[⑦]。

这一时期对 CSR 的研究是多角度、多领域的，许多学者还从管理学的角度对企业社会责任进行了研究。赵艳荣、叶陈毅、李响的企业社会战略管理思想为指导，从战略形成、战略实施、战略控制，以及平衡计分卡的应用等角度提

---

① 刘俊海．公司的社会责任［M］．北京：法律出版社，1999.

② 卢代福．企业社会责任的经济学和法学分析［M］．北京：法律出版社，2002.

③ 周祖成等．企业伦理学［M］．北京：清华大学出版社，2005.

④ 陈佳等．中国企业社会责任研究报告（2009）［M］．北京：社会科学文献出版社，2009.

⑤ 晁昱，袁品，段文，程宇宏．企业领导者的社会责任取向、企业社会表现和组织绩效的关系研究［J］．管理学报，2008（5）.

⑥ 刘琪．企业社会责任与公司财务绩效的实证研究［J］．现代商业，2010（6）.

⑦ 梁大为．基于利益相关者的企业社会责任与企业经营绩效的实证研究［J］．经济师，2010（2）.

出了 CSR 管理的路径①。2010 年，李伟阳和肖红军提出了一种新的企业管理实践，即企业全面社会责任管理，它是以企业自身行为应对社会的价值追求为动力，以充分实现企业的社会功能为内容，通过激发利益相关者的社会价值创造潜能，有效管理企业运营对社会和环境的影响，最大限度地实现经济、社会和环境综合价值的管理模式②。

2. 中国企业社会责任发展大事件

“社会责任”一词随 SA8000 进入中国后，各界对企业社会责任问题给予了极大的关注，经历了排斥—认同—积极参与的过程，透过典型事件的脉络发展看企业社会责任在中国的发展过程。

（1）企业社会责任研讨会。2002 年 8 月 24~25 日，仕奇综合研究机构世界经济学会青年委员会内蒙仕奇集团在呼和浩特召开了企业社会责任研讨会。主要探讨资本与公众的矛盾和企业与消费者的矛盾问题。

（2）21 世纪中国企业社会责任论坛。由联合国开发计划署、中国光彩事业促进会、中国企业联合会共同主办的“21 世纪中国企业社会责任论坛”于 2002 年 9 月 27 日在西安召开。此次论坛围绕“环境、人权、贫困和劳动保护”展开讨论，旨在引导更多企业家履行企业社会责任。

（3）全球化背景下劳动关系与企业社会责任国际研讨会。2002 年，中国人民大学举办了“全球化背景下劳动关系与企业社会责任国际研讨会”。与会者就企业社会责任对中国企业的影响，特别是对劳工关系的影响发表了自己的意见和看法，对于如何在中国推进这一运动以促进国内劳工关系的协调与稳定，进而促进整个经济社会的平衡发展等问题进行了比较研究，提出了相关对策。另外有观点认为，随着我国加入世界贸易组织，我国正式进入经济全球化时代，对于“入世”后的中国来说，公司的社会责任是一个必须面对的问题。

（4）公司治理与企业社会责任——生财有“道”研讨会。由英国驻华大使馆与中国企业联合会共同主办的“生财有‘道’”——中英企业社会责任与公司治理研讨会，2003 年 9 月 15~19 日先后在北京、上海举行。该活动旨在突出最佳的企业在业务运作以及公司治理中应该时时留意所处的社会大环境并在其中富有创造力与革新力，这是创造经济持续发展的核心，也是中英两国

① 赵艳荣，叶陈毅，李响．基于战略视角的企业社会责任管理研究［J］．企业经济，2012（9）．

② 李伟阳，肖红军．全面社会责任管理：新的企业管理模式［J］．中国工业经济，2010（1）．

长久以来的一个话题，而企业社会责任是当前环境中企业发展的一个机会。

（5）中英政府国企重组与企业发展项目“企业社会责任与企业发展高层研讨会”。“企业社会责任与企业发展高层研讨会”于 2003 年 11 月 20 日在成都举行。与会代表一致认为，企业发展离不开社会发展，没有社会的发展也就没有企业的发展。能够遵守企业社会责任的企业通常具有长期效益，“宁要宽水，不当肥鱼”就是一种新理念。

（6）中国公司治理指数。中国公司治理指数又称南开指数（CCGINK），由南开大学公司治理研究中心创建并推出，是我国首个公司治理评价坐标系，于 2003 年首次发布中国公司治理指数与评价报告。报告从控股股东行为、董事会、监事会、经理层、信息披露利益相关者治理六大维度对中国上市公司治理状况进行了全面的评价，并根据评价结果对上市公司进行了排序，形成“公司治理综合指数 100 佳”“董事会治理 100 佳”“信息披露状况前 100 佳”“经理层治理 100 佳”“利益相关者治理 100 佳”五个模块，对上市公司的治理状况有了初步的量化把握。

2015 年 9 月，该指数在天津发布，这是其连续第 13 年发布。中国上市公司治理评价结果显示，“中国上市公司治理水平在 2003~2015 年总体上不断提高，该指数连续第六年呈上升态势。分行业看，2015 年评价排名中，金融、保险业的公司治理指数位居前列，紧随其后的是信息技术业、建筑业和制造业等，这些行业治理状况相对较好，而综合类和房地产业上市公司治理水平总体仍然偏低。从治理地图分布上看，我国内地各省份上市公司治理能力总体提升较快，并有从沿海向内地的梯度提升态势。主板上市的民营控股公司近年来公司治理水平提升较快，虽然仍低于国有控股公司，但两者的差距在逐年缩小。女性董事比例大幅度上升，这可能与民企董事人选限于家族单一渠道以及传承等因素有关”①。

（7）中国注册会计师协会与 ACCA 举办“公司治理与社会责任”研讨会。“公司治理与社会责任”研讨会于 2004 年 3 月在北京举办。与会专家、学者一致认为，真实、可靠的会计信息是资本市场健康发展的基石，企业界和注册会计师行业应切实承担起各自的社会责任，为保障信息的真实可信，为市场秩序的建立和维护发挥应有的积极作用。

（8）《阿拉善宣言》。2004 年 6 月 5 日是世界环保日，中国的近百名企业

① 高鹏 . 2015 中国公司治理指数发布［N］. 中华工商时报，2015-09-09（005）.

家集聚在内蒙古自治区的阿拉善沙漠——沙尘暴的重要起源处，共同发表了《阿拉善宣言》。企业家们联手出资成立了“阿拉善 SEE 生态协会”，其目的是全方位综合治理阿拉善沙漠，遏制沙尘暴扩张，逐步修复人类生态家园。正如协会会长刘晓光所说，这是一个伟大的公益事业，一个艰难而有意义的事业，目前的投入只是一粒种子基金，它今后会吸引越来越多的善款投入 21 世纪人类的环保事业中。一个好的企业家，不仅应具有强大的经济价值，而且应具有强大的社会价值，体现人类新的理想、新的精神、新的信念。阿拉善应该是中国企业家集体自觉承担社会责任的一个崭新的开始①！

（9）南方周末创富排行榜。2004 年 3 月，《南方周末》推出“《南方周末》2003 年中国（内地）创富排行榜”。“创富排行榜”评估体系包含三部分内容，即“企业社会责任”“企业文明”和“个人资产总值”。每年发布一次。

（10）中国企业社会责任与竞争力论坛。中国企业社会责任与竞争力论坛于 2004 年 12 月 5 日在杭州黄龙饭店举行。与会者认为，2004 年是中国企业的社会责任年，全国劣质奶粉案、广州“毒酒”案等众多企业缺乏社会责任的事件爆发，已成为人们大量投诉的对象以及媒体频频曝光的热点。企业社会责任对于企业构建竞争力的作用日益彰显，它已经成为我国政府、企业、学术界以及媒体共同关心的重大课题。

（11）中国企业社会责任国际论坛及 2005 年最具责任感企业。首届中国企业社会责任国际论坛于 2006 年 2 月 22 日在北京举行，本次论坛主题为“全球责任　共创和谐”，被选出的 2005 年最具责任感企业在关爱职工的安全与健康、保护环境、清洁能源、慈善教育、红十字公益、灾难救助等方面做出了巨大的贡献。

（12）八大社会责任的提出。2005 年 11 月 28 日，全国政协常委、国务院参事任玉岭指出，目前欧、美、日各国都在制定自己的社会责任标准，我国也应尽早研究和制定中国的企业社会责任标准，以防走在外国的后面。他提出了八大社会责任，分别是承担明礼诚信确保产品货真价实的责任；承担科学发展与交纳税款的责任；承担可持续发展与节约资源的责任；承担保护环境和维护自然和谐的责任；承担公共产品与文化建设的责任；承担扶贫济困和发展慈善事业的责任；承担保护职工健康和确保职工待遇的责任；承担发展科技和创建自主知识产权的责任。

---

① 阿拉善生态协会［EB/OL］. 互动百科，http：//www. baike. com/wiki/，2004-06-05.

（13）中国企业社会责任同盟成立。中国企业社会责任同盟于 2006 年 10 月 15 日在北京大学英杰交流中心成立。会上宣读了《中国企业社会责任同盟宣言》（以下简称《宣言》），《宣言》认为，“企业责任是一种约束，更是一种市场经济中企业获得自由的必要途径。中国企业在和谐社会的构建中负有不可推卸和特殊的责任，希望越来越多的企业同仁，将 CSR 整合到企业发展的框架中去，并积极加入我们的同盟，致力于中国企业社会责任的事业”。同盟的成立是企业的一个合力，使大家联合起来去做一些有益于社会的事，共同实践企业合力反对贫困的试验。

（14）2006 中国企业社会责任调查及中国最具社会责任感企业 20 强。“中国企业社会责任调查 2006”是国内首个面向全国所有企业开展的企业社会责任大型调查（7~12 月），标志着我国政府和社会对企业社会责任的重视。“中国企业社会责任调查 2006”发布典礼上公布了“中国最具社会责任感企业 20 强”。

（15）阿拉善 SEE 生态协会被授予“促进企业社会责任建设优秀 NGO 组织”称号。2006 年 12 月 21 日，“中国企业社会责任调查 2006”发布会上授予阿拉善 SEE 生态协会“促进企业社会责任建设优秀 NGO 组织”称号。

其获奖理由是阿拉善中国北方荒漠化地区生态保护试验区建设。目前在阿拉善地区有 16 个项目，其中能源替代与梭梭林保护、飞播种草、风沙源科研等 13 个项目已进入实施阶段，带动了环境友好型企业的建设。协会成员近百家企业在国内及港澳台均有广泛的代表性和影响力，不仅在阿拉善从事环保工作，也在会员企业中推动环境责任体系的建设，提高企业的环境意识与社会责任意识，推动企业自觉承担社会企业公民义务，使其率先成为环境友好型企业。

（16）中国企业社会责任发展元年。2006 年是中国企业社会责任发展的元年。2006 年之前，“企业要不要履行社会责任”在中国还是比较有争议性的话题。2006 年作为中国企业社会责任元年有三个重要标志：一是 2006 年 1 月新修订的《中华人民共和国公司法》第五条要求公司“承担社会责任”；二是十六届六中全会通过的《中共中央关于构建社会主义和谐社会若干重大问题的决定》倡导包括企业在内的各种组织通过履行社会责任，参与和谐社会构建；三是温家宝总理对国家电网公司首份社会责任报告作了肯定的批示。上述从法律、党的纲领和中央政府三个层面对企业承担社会责任问题予以明确的肯定。从此，企业要不要履行社会责任已不再是一个争议的问题，企业应当履行社会责任开始得到普遍的认同。在这个意义上，2006是中国企业社会责任发展的新起点，被称为中国企业社会责任元年。

（17）《关于中央企业履行社会责任的指导意见》。2008年1月4日，国务院国资委发布了《关于中央企业履行社会责任的指导意见》（以下简称《指导意见》），这是第一个对中央企业履行社会责任提出要求的系统性、纲领性文件。《指导意见》明确了中央企业履行社会责任要重点把握的三项原则和重点实践的八个方面的内容，使央企成为中国履行社会责任的先锋群体，引领中国企业全面提升可持续发展能力。

（18）《中国工业企业及工业协会社会责任指南》。2008年4月2日，《中国工业企业及工业协会社会责任指南》（以下简称《指南》）和《关于倡导并推进工业企业及工业协会履行社会责任的若干意见》发布。《指南》由中国工经联与中国煤炭等11家工业行业协会联合发布，面向各家会员企业，影响范围广，有利于我国工业企业全面推进企业社会责任建设，对我国工业健康发展，建设资源节约型、环境友好型社会具有重要意义。

（19）集体合同制度。2010年5月5日，由人力资源和社会保障部、全国总工会、中国企业联合会/中国企业家协会组成的国家协调劳动关系三方联合下发《关于深入推进集体合同制度实施彩虹计划的通知》，计划从2010~2012年，力争用三年的时间基本在各类已建工会的企业实行集体合同制度。以工资集体协商为重点，以非公有制企业和劳动密集型企业为重点对象，推动企业与职工就工资水平、劳动定额等涉及劳动报酬的事项开展集体协商并订立专项集体合同，建立健全企业职工工资集体协商共决机制、正常增长机制和支付保障机制。

（20）《国家电网公司绿色发展白皮书》。《国家电网公司绿色发展白皮书》于2010年4月19日发布，这是中国企业发布的首个绿色发展白皮书。"国家电网公司以加快建设智能电网，打造能源配置绿色平台作为推进绿色发展的着力点，聚合电力产业和全社会的绿色发展潜力，预计未来十年可推动实现二氧化碳累计减排105亿吨。"该白皮书的意义在于在积极贡献经济发展的同时，寻求环境友好的发展方式。

（21）金蜜蜂企业社会责任中国网及金蜜蜂CSR指数。金蜜蜂企业社会责任中国网（www.csr-china.net）是一家企业在社会责任领域专业垂直网站。金蜜蜂企业社会责任中国网通过建立国际性综合企业社会责任信息化交互平台，致力于推动和促进企业履行社会责任，并成为世界了解中国企业社会责任实践和最新资讯的窗口。同时，提出首个2020社会责任倡议。

2014年6月5日，《金蜜蜂CSR指数报告（2007~2013）》首次发布。“金蜜蜂CSR指数”从第三方的视角，首次针对企业社会责任竞争力实践，通过监测企业社会责任理念、与利益相关方关系、社会责任信息披露及责任竞争力典型实践情况，综合反映了参与评估企业社会责任整体状况的变动趋势。此报告指数以7年为期，以参评企业为样本，为研究者们提供了国内企业社会责任特色实践和社会责任信息的大数据库，对于社会责任实践者们而言，在某种程度上具有实践创新的工具库和方法论意义①。

（22）中国企业社会责任报告。中国企业社会责任报告又称可持续发展报告、环境报告等，是企业非财务报告的一种，起源于企业环境报告。在企业公民和企业社会责任迅速流行后，可持续发展报告得到了长足发展，并在2002年全球报告倡议组织（GRI）第二代报告指南问世后逐步占据非财务报告的主导。

中国企业可持续发展报告的历史不长。第一份报告可追溯至1999年，壳牌（中国）公司率先发布企业可持续发展报告。2006年，国家电网公司发布内资企业首份取名企业社会责任报告的可持续发展报告。之后，以国有企业为主的企业可持续发展报告数量猛增，发布企业社会责任报告已成为企业践行社会责任、与利益相关方良好沟通的共同选择。已发布的中国企业可持续发展报告大多依循全球报告倡议组织制定的可持续发展报告指南及其三重底线原则，从经济、社会和环境三方面披露企业的相关战略、政策、管理和绩效。

（23）《中华全国总工会2011~2013年深入推进工资集体协商工作规划》。2011年1月18日，全国总工会出台《中华全国总工会2011~2013年深入推进工资集体协商工作规划》。从2011年起用3年时间，到2013年底已建工会组织的企业80%以上要建立工资集体协商制度，基本实现已建工会企业普遍开展工资集体协商，其中实现世界500强在华企业全部建立工资集体协商制度。在提高工资集体协商制度覆盖面的同时，不断增强工作的实效性。该规划对有效解决劳动争议及和谐劳动关系的建立具有重要意义。

（24）中国铝业公司发布国内首份按ISO26000体系编写的社会责任报告。2011年4月28日，中国铝业公司（以下简称中铝）向社会公开发布了2010年社会责任报告，这是中铝自2005年以来发布的第六份社会责任报告，也是国

① 赵钧，罗曙辉，刘书海.2014年国内社会责任十大事件［J］. WTO经济导刊，2015（1）.

内首份按照最新的社会责任国际标准 ISO26000 体系编写的社会责任报告。

这份报告从科学发展、人权、劳工实践、环境、公平运营、用户、社区参与和发展等角度，反映了中铝 2010 年在履行社会责任方面所做的努力和取得的成绩。

报告突出地披露了公司的人权状况，对在采购与投资中的人权尊重、妇女权益保障、厂区和矿区居民的保护、劳工基本权利与保障等方面都做了阐述。对人权状况的公开披露，体现了一个优秀企业的责任担当。同时，报告还如实阐述了生产经营和责任履行中的不足，体现了公司持续改进的态度和决心。

2014 年，中铝以社会责任国际标准 ISO26000 为基本框架，参考国务院国资委《关于中央企业履行社会责任的指导意见》、联合国全球契约十项原则、中国社会科学院《中国企业社会责任指南》（采掘业）的有关文件，结合公司实际，构建了社会责任管理模块，并从底线思维出发，编制了社会责任负面清单。《中国铝业公司 2014 社会责任报告》以社会责任国际标准 ISO26000 为主框架，围绕“点石成金，造福人类”的社会责任观，从责任管理、责任绩效、责任实践三个方面系统披露了中铝 2013 年社会责任履行情况。

（25）中国企业社会责任管理元年。2012 年 3 月 13 日，国务院国有资产监督管理委员会（以下简称国资委）发布《关于中央企业开展管理提升活动的指导意见》，从 2012 年 3 月起，用 2 年时间在中央企业全面开展以“强基固本、控制风险，转型升级、保值增值，做强做优、科学发展”为主题的管理提升活动，加快推进中央企业管理方式由粗放型向集约化、精细化转变，全面提升企业管理水平，为“做强做优、培育具有国际竞争力的世界一流企业”工作奠定坚实基础。按要求，国资委明确了 13 个管理领域作为专项管理提升的重点，社会责任管理是其中之一。继国资委 2011 年将社会责任纳入中央企业“和谐发展战略”后，此举标志着国资委进一步将社会责任纳入中央企业管理范畴。这也是 2012 年成为中国企业社会责任管理元年的主要标志。

（26）《网络交易平台经营者履行社会责任指引》发布。2014 年 5 月 29 日，中国国家工商总局发布了《网络交易平台经营者履行社会责任指引》。文件明确网络交易平台经营者履行社会责任的主要内容，涉及建立健全管理制度、订立履行合同、审查登记经营者信息、防止商标侵权和制售假冒伪劣商品行为、保护消费者权益等方面。这是我国首次关注网络平台履行社会责任①。

① 赵钧，罗曙辉，刘书海 . 2014 年国内社会责任十大事件［J］. WTO 经济导刊，2015（1）.

（27）《企业社会责任蓝皮书（2015）》。2015 年 11 月 1 日，首届“中国企业社会责任前沿论坛”在北京举办，并同期发布了《企业社会责任蓝皮书（2015）》。

2006 年被称为“社会责任发展元年”，时至 2015 年已达 10 年，《企业社会责任蓝皮书（2015）》对 10 年间的社会责任进行了总结，得出六点结论：①2015 年，中国企业 300 强社会责任发展指数为 34.4 分，同比提高 1.5 分，整体处于起步阶段。七年来，中国企业社会责任发展指数持续增长，但增速有所下降。②近八成的企业得分低于 60 分，处于三星级及以下水平，近五成企业为一星级，仍在“旁观”，7 家企业得分为 0，未披露任何社会责任信息。③在华外资企业社会责任指数存在较大差别，东亚地区（韩国、中国台湾、日本）企业表现较好，其中韩企表现最好，达到 68.2 分，而欧美地区（美国、英国）企业表现相对较差，低于 20 分，仅为一星级水平。④责任管理指数和责任实践指数持续增长，责任管理继续领先于责任实践，且两者差距呈不断扩大的趋势；社会责任指数高于市场责任和环境责任指数。⑤国企和民企倾向于披露财务类数据，对供应链管理信息披露相对不足；而外资企业更加注重对社区关系和供应链管理方面的信息披露，对合规类和财务类信息披露相对不足。⑥16 个重点行业社会责任指数差距明显，电力行业得分领先，达到了四星级，而零售行业、互联网金融则表现相对较差，仅为一星级①。

六、GDCSR 认证评价体系②

2012 年 11 月 25 日，“2012 年广东省社会责任研究会年会暨第五届中国·南方企业社会责任论坛”召开。论坛重点内容之一就是由广东省社会责任研究会对外宣布基于 ISO26000 的社会责任国际标准认证评价体系开发成功（以下简称 GDCSR 认证评价体系）。

1. 基于 ISO26000 之上的社会责任认证评价体系的开发背景

2010 年 11 月 1 日，ISO 正式公布发行 ISO26000，首次将企业社会责任推

① 首届“中国企业社会责任前沿论坛”举办　第七次发布社会责任蓝皮书［EB/OL］. 新华网，http：//news. 163. com，2015-11-02.

② 基于 ISO26000 的社会责任国际标准认证评价体系开发成功［EB/OL］. 百度文库，https：//wenku. baidu. com，2012-12-17（注：本部分内容是对“基于 ISO26000 的社会责任国际标准认证评价体系开发成功”的整理，并定义为 GDCSR 认证评价体系）.

广到任何组织形式（Social Responsibility，SR）。该标准的发布在全球取得了两个层面的广泛共识：发达国家和发展中国家之间的共识；利益相关方之间的共识。ISO26000 的发行标志着全球社会责任运动发展到一个全新阶段①。

ISO26000 的颁布与实施，一方面，使国际社会责任探讨的焦点从是否应该实施国际社会责任标准转移为如何实施国际社会责任标准；另一方面，社会责任不再局限于产品、服务和技术等传统领域，已经延伸到劳工、人权、环境等敏感性问题。

我国应当顺应经济全球化带来的国际环境变化，尽快建立一套符合我国实际国情，且与国际接轨的社会责任认证评价体系，以促使我国组织充分认识自身社会责任履行状况，并有针对性地提高社会责任履行水平，积极发布全方位的社会责任信息披露报告，有效地提高自身核心竞争力，为构建和谐社会奠定坚实的基础。基于上述理念，广东省社会责任研究会开发了这套认证评价体系。

2. 基于 ISO26000 的社会责任国际标准认证评价体系

（1）GDCSR 认证评价体系的理论支撑。GDCSR 评价认证体系主要由三种理论作为支撑，分别是“层次责任理论、三重底线理论、利益相关方理论”。

其一，层次责任理论。层次责任理论（Levels of Responsibility Theory）是由阿奇·卡罗尔于 1979 年首次提出的，该理论认为，企业社会责任是社会希望企业履行的义务。在特定的历史条件下，社会对企业赋予的包括经济上的、法律上的、伦理上的和慈善上的要求和期望。因此，完整的企业社会责任包括企业的经济责任、法律责任、伦理责任和自由决定的责任。

其二，三重底线理论。三重底线（Triple Bottom Lines Principle），即经济底线、环境底线和社会底线，对应的是企业作为行为主体必须履行的最基本的经济责任、环境责任和社会责任。该理论认为，企业行为要满足经济底线、社会底线与环境底线，即企业在追求可持续发展的过程中，应该同时能够满足经济繁荣、环境保护和社会福利三方面的平衡发展，在经济、环境、社会三方面都能够有显著的绩效。

其三，利益相关方理论。目前，学术界对利益相关方尚未形成统一的定义，因此，课题组将利益相关方定义为“能够影响组织目标的实现或受组织目

① 熊明华 . SA8000 与 ISO26000 社会责任标准之比较分析［J］. 对外经贸实务，2012（11）.

标实现影响的团体或个人，或者是受组织行为、决策、政策、活动或目标影响的人或团体。在此，课题组认为企业的利益相关方包括股东、员工、政府、供应者、消费者、社区。

基于ISO26000的理念，同时将以上三种理论有机融合，最终确定该体系包含的社会责任内容有管理责任、市场责任、社会和谐责任和环境责任四个部分。

（2）GDCSR认证评价体系的构建过程。GDCSR认证评价体系的构建过程主要分为两个关键步骤：社会责任评价指标的选取与社会责任评价指标权重设置。

1）社会责任评价指标的选取。社会责任评价指标选取按以下要求进行：①指标选取采用五层次指标法。②指标选取原则：一是依据“管理责任、市场责任、社会和谐责任、环境责任”四个维度确定具体指标；二是确保整个指标体系可以全面衡量组织的社会责任状况；三是确保所有指标都是可量化的；四是避免不同指标之间的内容重叠。③ 指标选取结果统计。一共选取了4个一级指标，7个二级指标，40个三级指标，37个四级指标，12个五级指标。

2）社会责任评价指标权重设置。社会责任指标权重设计要求：①指标权重设置采用层次分析法。②所用软件采用专门的层次分析法软件YAAHP 0.5.1。③具体过程如图2-1所示[①]。

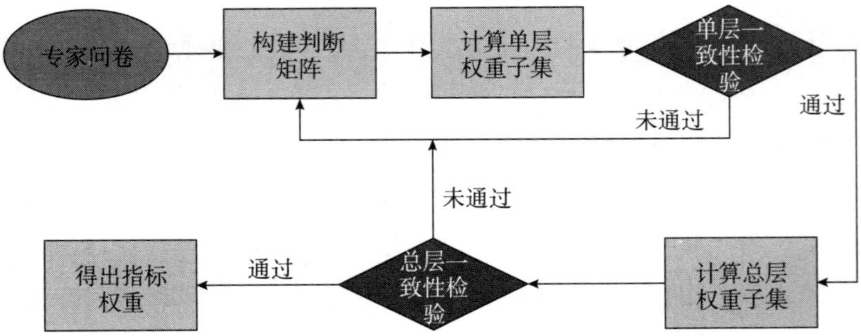

图2-1　社会责任评价指标权重设置过程

① 资料来源：图2-1来自基于“ISO26000的社会责任国际标准认证评价体系开发成功”[EB/OL]. 百度文库，https://wenku.baidu.com/，2012-12-17.

3. GDCSR 认证评价体系的应用过程

GDCSR 认证评价体系的应用主要分为三个具体步骤：

步骤一，根据公司财务报表、CSR 报告、公司年报等收集公司的原始数据。

步骤二，根据收集的原始数据并按照本体系给出的计算方法逐级加权计算，最后得出公司的社会责任综合得分。

步骤三，根据各个公司的得分，从不同角度分析、评估社会责任履行状况。

另外，课题组开发团队根据公司的社会责任得分情况，划分了不同的公司社会责任发展类型（如表 2-1 所示）①。

表 2-1　划分社会责任发展类型标准

责任类型	得分区间	企业特性
领先阶段	3.00 分以上	很好地履行了自身应该承担的社会责任
追赶阶段	2.00~3.00 分	较好地履行了自身应该承担的社会责任
发展阶段	1.00~2.00 分	基本履行了自身应该承担的社会责任
起步阶段	0.50~1.00 分	履行了自身应该承担的部分社会责任
观望阶段	0.50 分以下	极少地履行了自身应该承担的社会责任或者社会责任信息披露严重不足

最后，课题组开发团队运用本认证评价体系就我国沪、深两市 274 家上市公司在 2011 年度的企业社会责任得分及排名，前 20 名如表 2-2 所示。②

表 2-2　2011 年度上市公司的社会责任指数及排名（前 20 名）

名次	公司名称	社会责任指数（得分）
1	上海浦东发展银行股份有限公司	5.8040
2	深圳发展银行股份有限公司	5.6489
3	华夏银行股份有限公司	4.3952

①② 资料来源：图 2-2 来自基于“ISO26000 的社会责任国际标准认证评价体系开发成功”[EB/OL]. 百度文库，https：//wenku.baidu.com/，2012-12-17.

续表

名次	公 司 名 称	社会责任指数（得分）
4	广州白云国际机场股份有限公司	4.3295
5	中信银行股份有限公司	3.7206
6	中信证券股份有限公司	3.4143
7	广东电力发展股份有限公司	3.1385
8	上海汽车集团股份有限公司	3.1018
9	国元证券股份有限公司	2.9320
10	宏源证券股份有限公司	2.8187
11	兴业银行股份有限公司	2.8174
12	天津泰达股份有限公司	2.5218
13	中海（海南）海盛船务股份有限公司	2.4276
14	中粮地产（集团）股份有限公司	2.3251
15	中兴通讯股份有限公司	2.2243
16	东北证券股份有限公司	2.1574
17	深圳市盐田港股份有限公司	2.1553
18	中国民生银行股份有限公司	2.1173
19	西安飞机国际航空制造股份有限公司	2.0374
20	岳阳兴长石化股份有限公司	2.0200

注：本观点仅代表广东省社会责任研究会。

4. GDCSR 认证评价体系开发的现实意义

社会责任的评价体系多种多样，西方理论界从 20 世纪 70 年代开始进行了有益的探索，如内容分析法（Contentanalysis，1970）、声誉指数法（Reputationindex，1980）、外部利益相关者评价模式（Jeffrey Sonnenfeld，1982）、RADP 模式（Clarkson，1995）。国内在相关领域虽然也开始了研究，但存在问题较多，适用性较差。如非财务业绩评价系统（刘文鹏，1998）、企业竞争力指标体系（中国企业联合课题组，1999）、基于 SA8000 企业社会责任评估指标体系（李立清、李燕凌，2005）。此次广东省社会责任研究会开发的基于 ISO26000的评价体系为公正评价我国企业社会责任管理水平提供了客观依据，向可操作性又迈进了一步。

（1）国内外首个基于 ISO26000 的社会责任认证评价体系。GDCSR 认证评价体系为国内外首个基于 ISO26000 理念构建的一套符合我国国情的社会责任评价新框架，课题组开发团队以及外部相关社会责任研究专家一致认为本体系系统、科学，可以为其他人的后续研究提供新的视角。

（2）加快了我国在学科前沿问题上与国际接轨的步伐。社会责任评价一直是国内外研究的一个热点和难点问题，尽管国内学术界对此做了大量的探索和研究，并取得了一定的成果，但总体来说效果并不明显，目前仍未形成统一的社会责任评价研究体系。本认证评价体系的推出对加快我国在学科前沿问题上与国际接轨有一定的推动意义。

（3）为测评我国组织社会责任履行水平提供了参考依据和可操作的方法。开发团队应用本认证评价体系对我国沪、深两市 274 家上市公司在 2011 年度的社会责任表现行为进行了评价排名，客观、公正地从总体、结构、行业和地区四个方面反映上市公司在生产经营活动中承担社会责任的情况，为测评我国组织社会责任履行水平提供了参考依据和可操作的方法。

（4）GDCSR 认证评价体系的推出能够让利益相关方更好地了解组织本身的社会责任表现行为，有助于引起社会各界对此问题的关注和重视。通过本认证评价体系对企业社会责任履行状况进行评估，一方面，对我国政府部门、社会机构有一定的指引作用，能够促使其改善社会责任信息披露的外部条件和尽快制定社会责任信息披露相关制度，为测评社会责任表现行为营造良好的外部环境；另一方面，能够让企业意识到积极履行社会责任、及时公开社会责任信息和评价社会责任表现行为有利于自身可持续的发展，为测评社会责任表现行为创造了积极的内在动力。

第三章
社会责任与公司绩效

管理学大师迈克尔·波特认为，现实中企业社会责任行为效率低下的原因，一是它们把企业与社会对立起来看待，而这两者事实上是相互依存的；二是它们只是泛泛而谈公益慈善，从未将其与企业自身的战略需求相结合。随着经济发展、社会进步和全球市场竞争的日益激烈，企业必须推进协调发展，积极承担社会责任，使之成为核心竞争力的重要组成部分。

一、社会责任使企业走出危机

我们通过正反两个例子来说明遵循社会责任对企业的作用。

案例 1

三鹿奶粉事件

2008 年 6 月 28 日，位于兰州市的解放军第一医院收治了首例患“肾结石”病症的婴幼儿患者，据家长反映，孩子从出生起就一直食用河北石家庄三鹿集团（以下简称三鹿集团）生产的三鹿婴幼儿奶粉。随后有相同症状的婴幼儿患者陆续增加至 14 名。

2008 年 9 月，三鹿集团生产的婴幼儿奶粉中被查出含有化工原料三聚氰胺，导致全国各地多名服食受污染奶粉的婴儿患上肾结石。

从三鹿集团自己公布的信息来看，企业对自己的奶粉有问题是早已知情的，从 2008 年 3 月开始就已经接到了消费者的反映。

2008 年 12 月 23 日，石家庄市中级人民法院宣布三鹿集团破产。

这件事很值得反思，直到今天依然要问：三鹿集团 3 月就已经接到消费者的反映，为什么无动于衷？既不彻底调查事故原因，也不及时采取有效措施，致使事态进一步恶化，造成我国历史上到目前为止最大的一起毒奶粉事件。

站在社会责任的角度我们认为，三鹿集团在处理“三聚氰胺”事件过程中忽视了如下几个重要的问题：

其一，积极主动地解决问题。一般情况下企业都是被动地来应付意外事件的，但这不妨碍企业采取主动的行动。积极主动的行动不仅能反映企业的负责态度和解决问题的诚意，还能避免企业被媒体及公众牵着鼻子走。三鹿集团在接到消费者反映的问题时，其不闻不问的处理方式，直接导致了事态的进一步失控恶化。

其二，坦诚对待出现的问题。在毒奶粉事件被揭露之后，三鹿集团表现出一副遮遮掩掩的态度，试图掩盖事实的真相，将问题的严重性弱化。然而，企图掩盖事实真相的做法反而受到了各方面的谴责。

其三，维护公众的利益。不管出现的危机将会给企业带来多大的损失，都要以负责任的态度来维护公众的利益。三鹿集团缺乏的正是这种对公众利益的关注，丝毫没有责任感，表现出公司的利益高出一切的价值观。

三鹿集团最后花费 9.02 亿元赔偿患病婴幼儿的治疗费和其他赔偿；企业被北京三元食品股份有限公司托管，并被其重新注册更名直至资不抵债破产。

三鹿集团在网站上介绍说，经中国品牌资产评价中心评定，三鹿集团用了半个世纪将自己的品牌价值积累到 149.07 亿元，而从 149.07 亿元变成零甚至负数，却只用了几个月时间。三鹿集团毒奶粉事件的影响是空前的，对消费者造成的伤害久久难以抚平，甚至造成了整个中国奶粉市场的动荡不安，“中国制造”的品牌成了消费者心中久久不能释怀的国殇①。

三鹿集团毒奶粉事件表现出企业严重缺乏社会责任，其既无责任意识，又无责任措施。企业有市场意识、追求利益最大化是其生存的条件，但若极度追求企业利润而忘记道德底线，缺乏最基本的社会责任感的行为也实在令人发指。像三鹿集团如此对消费者生命不负责任的行为必然会导致企业生命的终结，一个号称有半个世纪历史、在国内奶粉市场占有率最高的企业就这样被“三聚氰胺”击垮，使企业轰然倒塌。

---

① 简光洲，刘鑫. 从“三鹿奶粉事件”看企业社会责任与危机公关策略［J］. 今传媒，2008（11）.

案例 2

肯德基的社会责任

2005 年 2 月 2 日，英国第一食品公司（Premier Foods）向英国环境卫生部门报告，该公司 2002 年从印度进口的五吨辣椒粉中含有苏丹红一号染料，并且已经生产为辣椒酱等调料销往众多下游食品商。在英国发出食品警告之后，2005 年 2 月 23 日，中国国家质量监督检验检疫总局发布了《关于加强对含有苏丹红（一号）食品检验监管的紧急通知》，要求清查在国内销售的食品（特别是进口食品），防止含有苏丹红一号的食品被销售及食用。3 月 29 日，中国紧急制定了食品中苏丹红染料检测方法的国家标准并开始正式实施。

据媒体报道，由于供应链方面的原因，3 月 16 日百胜（中国）投资有限公司生产的肯德基（以下简称肯德基）部分产品出现了苏丹红成分。肯德基因此成为国内第一个主动自曝苏丹红问题并接受公众监督的跨国公司，其第一时间在全国停售了所有问题产品，并主动告知及致歉消费者，始终保持着对公众的透明度，配合政府全面清查并进行自我审查。经过一系列严密、科学的检测，八天之后，肯德基所有“涉红”产品都已获国家专业机构确认并全面恢复了销售。

针对肯德基苏丹红事件，肯德基做了如下处理：①

其一，率先自我曝光，停止问题产品的销售。

其二，在所有店面贴出公示向消费者致歉或通过媒体向消费者公开致歉。

其三，在短期内公布调查结果，切断问题供应链。

其四，迅速推出安全食品替换问题食品，并展开促销消除消费者的顾虑。

其五，通过媒体发表声明，将通过三项措施加强食品安全监测。

其六，在电视广告宣传方面，在“肯德基立足中国”的广告后加上“肯德基产品均通过权威部门检测，请放心食用”字样。

事后，肯德基积极配合中央电视台《新闻调查》以及《每周质量报告》等栏目的采访，始终以不回避责任的正面姿态出现在公众面前。

从 2005 年 4 月开始，肯德基餐厅里就人流不断，各种各样的产品仍旧受众多消费者的喜爱，是什么力量让人们在谈“红”色变的短短时间后，又络绎不绝地重返肯德基餐厅呢？

以上两个案例的企业采取的处理方式迥然不同，其最终结果也必然不同。

---

① 肯德基苏丹红事件始末［EB/OL］. 新浪四川，http：//sc. sina. com. cn/life/food/fn/2010-07-06/131534047. html，2010-07-06.

同样是站在社会责任的角度，肯德基对问题的处理方式值得点赞。

肯德基对问题的处理体现出一个跨国品牌公司高度重视社会责任和公司声誉的姿态。企业能否自觉地对消费者负责，取决于其对自身品牌价值的重视程度。知名大企业在建设自身品牌的过程中投入了巨额资本，其所培育的广大消费者的信任和忠诚度来之不易的，这些企业清楚地知道品牌声誉的好坏决定企业未来发展命运，绝不会有意采取短期行为来获取一时之利。故一旦出现问题，他们会毫不迟疑地以牺牲短期利润来维护自身品牌的长期利益。

但在现阶段的中国食品工业领域里，许多经营者还处于资本积累阶段，没有自己的品牌或不重视品牌建设，再加上周围市场信用环境较差，也就淡薄了对消费者的责任意识。

敢于自曝家丑，实质就是敢于承担责任、对消费者负责、对社会负责、对企业的品牌负责，这样的行为无疑将得到社会和消费者更高的信任度。而刻意隐瞒、躲避责任的企业，也许会有一时的利益，但终究会被社会和消费者所唾弃。

肯德基遭遇“苏丹红”事件凸显构建整个社会诚信体系的重要性。有媒体评论说：“作为一个庞大群体的消费者，或许很难要求企业永不出错，但希望它们能够承认错误，然后知错而改却是一个共同的设定。肯德基在公共事件中的行为正是因为符合了这样一种普遍的社会尺度，因此，它收获了最大的宽容和谅解，也因此把企业的损失降到了最低。”①

一家企业在百年的发展中，会不断遇到各种问题，把遇到的每一个问题都化解掉是很困难的，正如肯德基化解掉苏丹红，又出鸡肉原料抗生素超标问题一样。一个真正有社会责任感、有商业伦理和良知的企业要把消费者利益永远放在心上。

现在持有“利润最大化是唯一目的”观点的企业比例是逐步下降的，越来越多的企业认识到，企业的目的是创造利润，但是利润却不是以不择手段的方式创造的，企业在创造利润的过程中还需要承担必要的社会责任。正如《基业长青》中所写的：“企业需要利润就像人体需要氧气、食物、水和血液一样，没有它们，就没有生命。但这些东西不是生命的目的。”这并非说利润不重要，而是说一个企业不能把目标仅仅局限于利润最大化上，而应该有更高的理想和追求。只追求利润最大化的企业就像只追求温饱的人一样，难成大器②。

---

① 子云．肯德基危机处理的启示［EB/OL］．中华工商时报，http：//finance. sina. com. cn，2005-04-21.

② 张兵．企业的使命［J］．企业管理，2003（8）．

二、承担社会责任与获得商业机会的关系

承担社会责任与获得商业机会的关系问题不同学者有不同观点。鲍曼和海尔（Bowman and Haire，1975）通过统计发现，企业履行社会责任的水平和企业的资本收益率之间是反向的“U”形关系①。沃多克和格拉芙（S. A. Waddock and S. B. Graves，1997）认为，企业社会责任和企业绩效是相辅相成的，而不是权衡利弊得失的关系②。帕斯顿和班农（Perston and Bannon，1997）提出社会影响假说、权衡假说、资金供给假说、管理者机会主义假说、协调效应假说③。厄尔曼（Ullmann，1985）提出，企业承担社会责任与获得商业机会之间应该作为企业战略加以考虑。罗伯茨（Roberts，1992）、伯曼（Berman，1999）又对厄尔曼（Ullmann）的观点进行了进一步的研究。还有学者提出企业社会责任和企业绩效存在正相关、负相关、无关三种关系，其中，承认两者呈正相关关系的文献居多，但至今尚无定论。

1. 企业承担社会责任与获得商业机会的正相关性

在对企业社会责任与企业绩效相关性研究中有三类关系，正相关关系（Simpson，2002；沈洪涛，2005 等）；负相关关系（Ingram and Frazier，1980；李正，2006 等）；两者无关（Hadi，2003 等）。

正相关如丰布兰和尚利（Fombrun and Shanley，1990）认为，企业社会责任提高员工的士气……改善企业的形象；玛尼塔邦（Montabon，2007）认为，企业社会责任能提升企业的绩效。沃多克和格拉芙（Waddock and Graves，1997）、麦克威廉斯和西格尔（McWilliams and Siegel，2001）、马奥尼和罗伯茨（Mahoney and Roberts，2007）等认为，企业社会责任与企业绩效之间的相关性并不显著。负相关如斯坦利（Stanley，1975）指出，相对于市场平均而言，承担社会责任好的公司股票价格将会下跌；奥伯利、卡罗尔和哈特菲尔德（Aupperly、Carroll and Hatfield，1985）认为，企业的社会责任可能会造成企业成本的增加，但却无法获得相应的报酬；多恩（Doane，2005）认为，即使那些在

---

①③ 姜启军. 企业社会责任与企业绩效的关系分析［EB/OL］. 道客巴巴，http：//www. doc88. com，2012-07-26.

② S. A. Waddock，S. B. Graves. The Comporate Social Performance－financial Performance Link［J］. Strategic Management Journal，1997（18）：303-319.

社会责任方面做得很好的企业通常也只能获得不到整个市场1%的份额。

国内大多采用定性研究的方法，杨瑞龙（2001）认为，利益相关者确实对企业的权力与利益分配产生实质性影响①。刘清峰（2001）认为，企业承担社会责任减少的是短期利润，从长期的利润总量来看并未减少②。

企业承担社会责任和企业的经济绩效呈正相关关系与目前经济学家和管理学家的研究一致。比如，斯蒂芬·罗宾斯研究了美国六家最大、最受欢迎的证券投资基金，这些基金都是富有社会责任感的投资者，他们不投资与制造军火有关的公司、利用核能的公司以及涉及酒类、赌博、烟草、价格管制或犯罪性诈骗的公司。研究结果表明，在1986~1990年，六家证券投资基金的投资回报率比现有证券投资基金的平均投资回报率高出11.2%③。

2004年，《金融时报》和普华永道国际会计师事务所公布的2004年度“全球最受尊敬公司”的排行榜上，美国通用电气公司（以下简称通用电气）名列榜首。2005年5月18日，通用电气发布了第一个企业公民报告。正如本·海内曼说：“在日益全球化和透明化的世界里，我们衡量公司成就的标准并不仅限于金融方面的结果和股票行市。每一天，我们都努力成为有责任心的公民，诚信经营，负责任地为我们的客户、投资者和其他受益人服务。通用电气的案例以及越来越多的企业实践和众多的研究成果充分说明，在社会责任和企业绩效之间存在正向关联度，具有社会责任感是决定企业能否在全球化运作中取得成功的决定性因素之一。”④

在我国，经过学术界、企业界对社会责任理念及企业承担社会责任与获得商业机会的认识已经走上从顶层设计到具体社会责任实践的探索道路，从社会责任元年到2015年十年中的每一件事，都是这种探索的注解。图3-1、图3-2、图3-3就是对这十年的从顶层设计——标准制定——实施路径的清晰说明⑤。

---

① 杨瑞龙．现代契约观与利益相关者合作逻辑［EB/OL］．道客巴巴，http：//www.doc88.com/p—3631620272936.html，2001-09-19.

② 刘清峰．企业与社会责任的关系［J］．郑州航空工业管理学院学报，2001（9）.

③ 斯蒂芬·罗宾斯．管理学（第四版）［M］．北京：中国人民大学出版社，1997.

④ GE通用电气．杰夫·伊梅尔特的道德革命［EB/OL］．公益时报网，http：//www.sina.com.cn，2005-07-27.

⑤ 金蜜蜂．2006~2015中国企业社会责任年度十大事件［EB/OL］．企业社会责任中国网，http：//www.csr-china.net，2016-01-12.

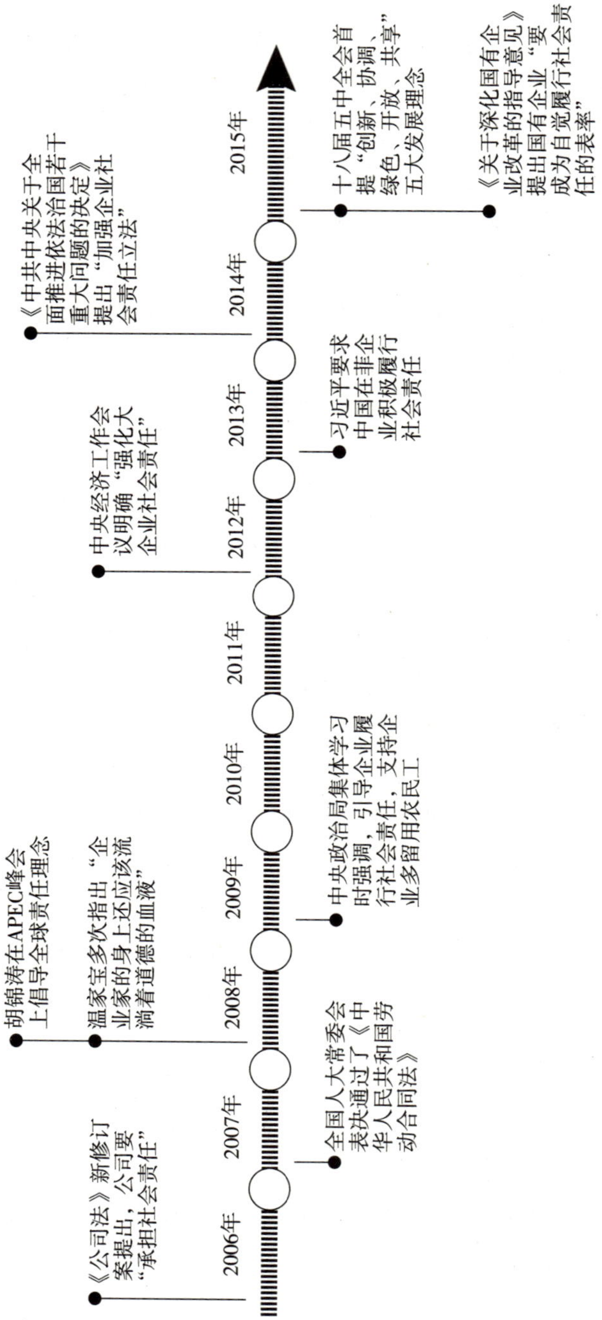

图 3-1　中国企业社会责任 10 年顶层设计之路

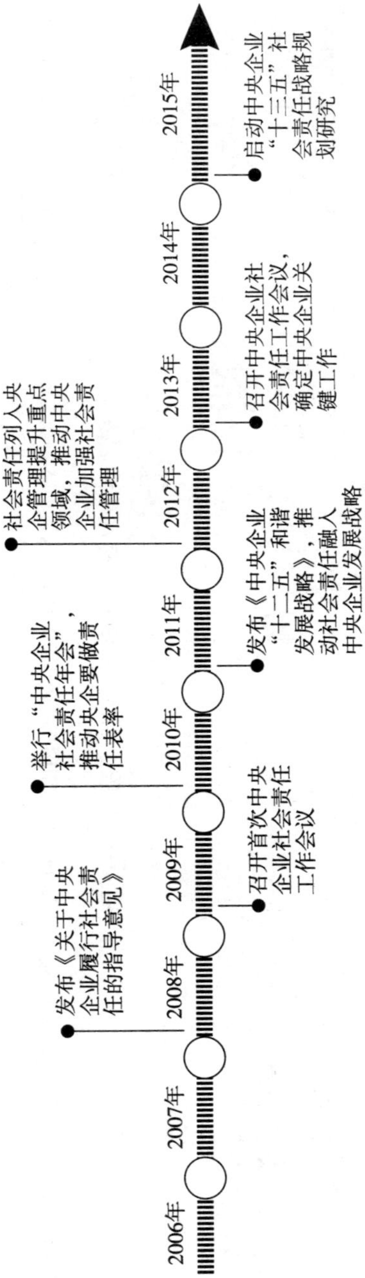

图 3-2　国务院国资委推进中央企业社会责任建设之路

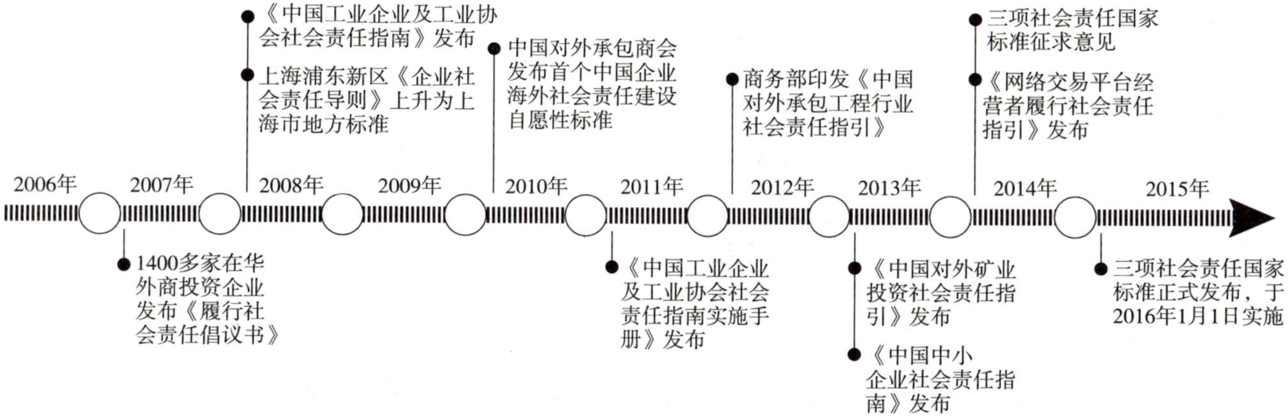

图 3-3　中国企业社会责任 10 年标准建设之路

资料来源：图 3-1、图 3-2、图 3-3 来源于金蜜蜂 . 2006~2015 中国企业社会责任年度十大事件[EB/OL]. 企业社会责任中国网，http://www.csr-china.net，2016-01-12.

目前，越来越多的企业主动承担社会责任，努力维护产业链安全，保障产品质量安全，在受到行业内好评的同时，也获得极大的利益回报。

李锦记食品有限公司（以下简称李锦记）就是一个很好的例证。

1988年创办的李锦记，经过多年的发展，现有220多款产品，远销世界100多个国家和地区，先后在中国香港、美国、马来西亚、广东新会、广东广州等地投资设立了生产基地，拥有4500多名员工，客户包括酒楼、餐厅、食品制造商及不同种族热爱中式美食的家庭，企业成长为一家具有全球网络的跨国公司。在食品安全问题频发的今天，李锦记更加关注食品安全，实施从“田间到餐桌”的全程控制，仅生产过程就有30多道工序，200多个质量控制点，并制定供应商评估体系，以此来选取最佳供应商。除了这些内部建立的整套监控检测机制用来监控、检测原料及成品的食品安全指标外，外部还与政府检测机构签订协议，定期按HACCP（危害分析和关键控制点）计划送检测试产品。2010年8月，李锦记获得SA8000认证，李锦记还是美国食品和药物管理局（Food and Drug Administration，FDA）在中国全国性审核活动开展以来首家以“零缺陷”通过其审核的公司。李锦记秉承“务实诚信，思利及人”的核心价值观，实现了“让有中国人的地方就有李锦记产品”的目标，其肩负着“弘扬中华优秀饮食文化”的历史使命，向更高目标迈进。

社会责任的正相关性可以促使企业更多地承担社会责任。企业对社会造成的负面影响，不管是有意还是无意，企业都必须负起责任，如通过消除产生不利影响的活动来承担社会责任，或把这些社会影响转化成企业的发展机会，或通过制定各种规章制度、法律法规来限制企业对社会的影响。当然，企业对社会问题承担责任的最有效的办法是通过社会创新来实现，即把一项社会问题转化成新型的、有利可图的企业机会，使企业在解决社会问题、取得社会效益的同时，也能获得重大的经济效益。

2. 企业承担社会责任获得的商业机会

越来越多的企业实践和众多的研究成果充分说明，具有社会责任感是决定企业能否在全球化运作中取得成功的决定性因素之一，在社会责任和企业绩效之间存在正向关联度，企业完全可以将社会责任转化为实实在在的企业竞争力①。

基于此，从 1999 年美国推出“DJSGI”，到 2001 年英国的“FISE4Good”指数，再到澳大利亚的“RepuTex”②，国际社会已经越来越看重企业社会责任，并加以量化③。在当今社会中，企业社会责任与企业竞争力已经是相互联系、密切相关的一个整体，利用承担社会责任提升企业竞争力已经成为企业不可或缺的重要组成部分。

企业社会责任竞争力是指企业在对外部环境进行分析的基础上，结合自身的能力，在生产经营活动中自觉承担社会责任，并在这一过程中形成企业内部能力和外部环境等方面的竞争优势，从而在市场竞争中表现出一定的综合素质与能力（田虹，2012）④。

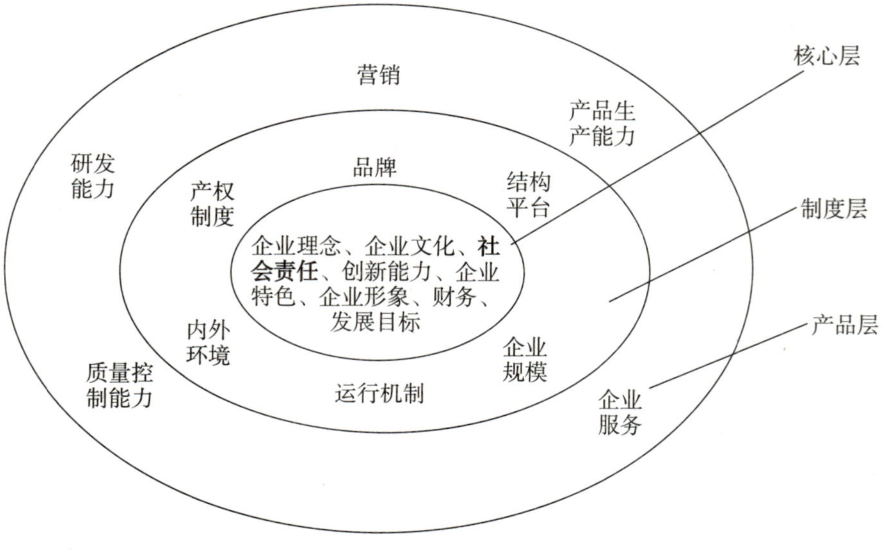

图 3-4　企业竞争力三层次模型⑤

---

① 李健．社会责任成为国际企业掘金潮流［EB/OL］. IT 时代周刊网，http：//www. enet. com. cn，2004-11-24.

② Reputex（崇德）宣布中国十佳可持续发展企业［EB/OL］. 新华美通，http：//www. zikoo. com/news，2008-06-30.（RepuTex 2007 年推出中国 H 股公司治理指数，2008 年在中国评选出十佳可持续发展企业。）

③ 姚江舟，李键．企业如何化社会责任为竞争力［EB/OL］. 中国企业家网，http：//finance. sina. com. cn，2004-05-29.

④⑤ 田虹．企业社会责任教程（第一版）［M］. 北京：机械工业出版社，2012.

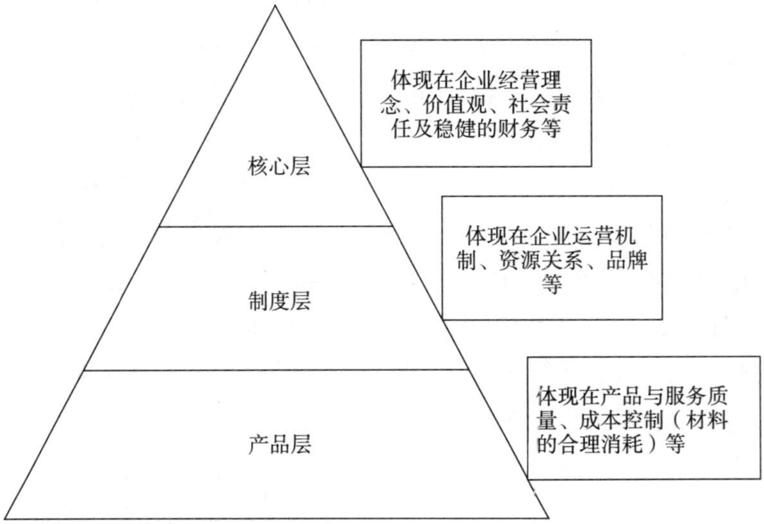

图 3-5　企业社会责任在企业竞争力层面上的体现①

由图 3-4、图 3-5 我们知道，提倡企业承担社会责任不仅是为了提升企业社会形象，更能使其获得进入国内、国际市场的竞争力，提高企业的长期盈利能力。星巴克企业管理（中国）有限公司首席执行官奥林·史密斯（Orin Smith）曾说，星巴克的最大成就之一，就是说服顾客支付 3 美元的高价购买一杯“有社会责任的咖啡”。同样地，美国杜邦公司之所以能从一个总资产仅为 36000 美元的火药小作坊，茁壮成长为年销售收入超过 240 亿美元的跨国巨头，公司对企业社会责任的重视功不可没②。

越来越多的研究显示，企业越是重视社会责任、履行社会责任越是生存持久，就越能获得不俗的财务绩效；还能降低企业运营成本，提高效率；提高产品销售量和维持顾客的忠诚；吸引人才等。

美国德保罗大学（Curtis、Elizabeth，2002）曾专门进行了一项针对企业社会责任与财务业绩的研究，将《商业伦理》杂志评出的 100 家“最佳社会责任企业”与“标准普尔 500 强”中的企业进行 8 项财务指标比较。得出结论：“最佳企业公民”的整体财务状况要远远优于“标准普尔 500 强”的企业，前

① 田虹. 企业社会责任教程（第 1 版）[M]. 北京：机械工业出版社，2012.

② 赵书华，臧维，娄梅. 战略管理与伦理（第 1 版）[M]. 北京：中国财政经济管理出版社，2011.

者的平均得分要比后者的平均值高出 10 个百分点①。

3M 中国有限公司（以下简称 3M）从 1975 年开始力推“3P”（Pollution Prevention Pays）计划，从污染源头——产品和生产过程抓起，重新规划产品，改善生产流程；重新设计生产设备，对废料进行循环利用，由工程师、生产专家、实验室人员组成的“3P”统筹委员会，专门管理“3P”计划，对符合标准的项目予以审批通过，并奖励那些体现出技术创新的项目。3M 公司的全球雇员群策群力，共发起了近 5000 个“3P”项目。截至 2002 年，3M 公司共节约了 8.94 亿美元。除上述显性的成本节约外，“3P”计划还降低了与污染相关的事故和法律纠纷的发生概率，保护了员工的身体健康，让员工更多地参与决策，并进一步强化了创新文化②。

从三鹿集团的“三聚氰胺”事件中我们可以看出，企业的社会责任是其核心竞争力所在，关乎企业的生死存亡。企业只有在认识社会责任的重要性之后，将社会责任变成企业的自愿行为，使其内化为企业内部的治理结构，形成激励机制，才能发挥社会责任的竞争力作用，也才能将企业用于社会责任方面的总体成本降低。

三、企业社会责任建设的战略选择

在市场中，企业不可避免地要和其他企业、供应商、购买商、潜在进入者以及替代品之间产生竞争关系，对企业来说，面临的任务是怎样和竞争者保持公平竞争，怎样向购买商提供满意的产品和服务，怎样恪守与供应商的合同，怎样应对潜在进入者的威胁，怎样对待替代品。

那么，如何使企业既承担社会责任，又能够增强竞争力呢？或者说，如何使企业社会责任优势向竞争优势转化呢？

社会责任优势是企业在社会责任方面所具有的领先于其他企业的能力；竞争优势，就是企业通过其资源配置的模式与经营范围的决策，在市场上所形成的高于竞争对手的竞争地位。竞争优势可分为广义竞争优势和狭义竞争优势，广义的竞争优势中社会责任只是其中的一个方面；狭义的竞争优势并不包含社会责任，二者是一种互补关系。从狭义的竞争优势来看，社会责任优势与竞争

①② 姚江舟，李键．企业如何化社会责任为竞争力［EB/OL］．中国企业家，http：//finance.sina.com.cn，2004-05-29.

优势的关系如表 3-1 和图 3-6 所示。

表 3-1 企业社会责任与竞争力关系

竞争优势 \ 社会责任优势	社会责任优势弱	社会责任优势强
竞争优势强	有竞争力企业	“双赢”企业
竞争优势弱	“双输”企业	有社会责任的企业

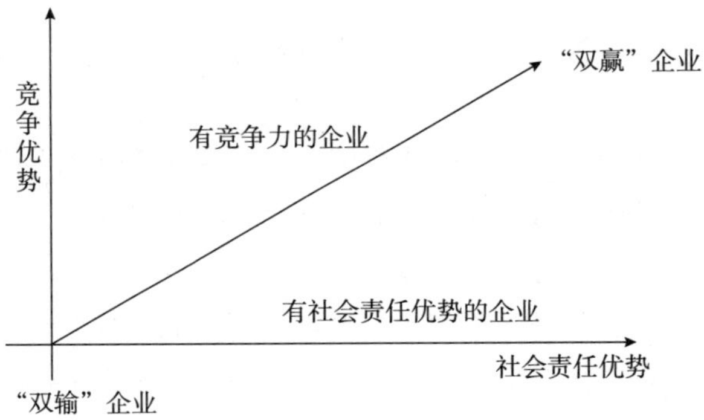

图 3-6 企业社会责任与狭义企业竞争优势关系

从广义的竞争优势来看，社会责任优势是竞争优势的一个组成部分，如图 3-7 所示。

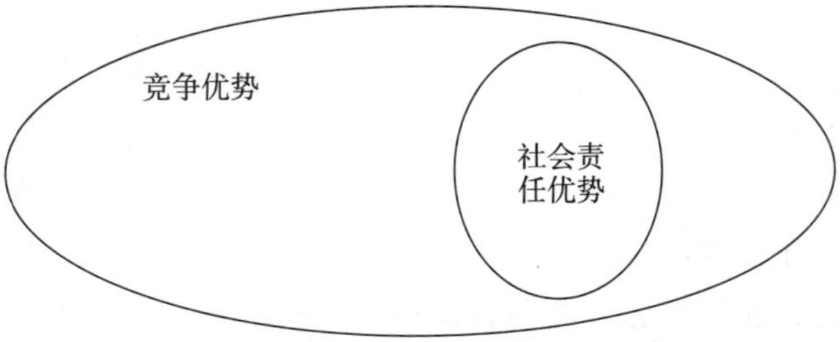

图 3-7 企业社会责任与广义企业竞争优势关系

由此我们看到，企业要想获得持久的竞争优势，社会责任是一个不可缺少的重要优势，企业在社会责任方面下的功夫越多、投入越大，社会责任优势转化为竞争优势的可能性就越大，得到的长期回报就越多。

在现实的企业管理中由于企业的管理层对待社会责任问题的态度不同，社会责任建设的方式也不同。

1. 基础战略——守法战略

作为管理层来说，如果不想承担企业社会责任或者说在管理企业的时候未过多地考虑社会责任问题，例如，企业制定的规章制度过于苛刻，与国家的相关法律相违背，职工的利益受到了损害，引起职工不满，甚至是社会舆论的谴责或者政府的干预，直至法律的制裁，那么企业就有可能遭受巨大的经济损失。为了避免这种情况的发生，企业的管理者就不得不考虑企业社会责任的问题。也就是说，他们是被迫遵守法律，这样在企业社会责任的建设上其就会采取“守法战略”。

这种以守法为导向的企业社会责任战略，强调的是不与国家的相关法律法规相违背，因此，其主要做法就是依靠法律法规、严格的纪律和监控行为作为标准，这种战略的目的仅仅是为了防止对企业造成严重后果的不道德行为发生，将企业社会责任看作是一种道德底线或最低的行为准则。这种态度和战略反映了管理人员在企业社会责任问题上处于一种被迫和消极应付的阶段，是工商活动方面新的法律不断出现、法制建设日益健全的直接后果。

这种守法战略的具体做法：①制定遵纪守法的行为规范和操作程序。②管理人员监督执行。③绝不将决策权授予易于违法的人。④建立宣传上述行为规范和操作程序的机构或系统。⑤建立监督、检查和报道犯罪行为的机构或系统。⑥坚持不懈地通过纪律来强制执行上述行为规范。⑦建立专门的违法档案。

2. 延伸战略——信誉战略

信誉战略与守法战略不同，如果企业的管理层在企业的整个运行过程中切实地履行了企业社会责任，那么这种行为就很有可能在相当大的程度上为企业带来意想不到的好处。例如，改善企业员工的精神面貌，与利益相关者和谐合作，使企业获得良好的社会形象，最终使企业获得更大的利益。企业的管理层如果重视社会责任的作用，那么将会按照伦理的要求来规范企业的种种行为，而不仅仅将社会责任看作是一种道德底线甚至是一种负担，这时候的守法战略将成为一种基础，在此基础上，企业将严格按照社会责任的要求奉行“信誉战略”。“信誉战略”不仅涉及不侵害其他利益相关者的权益，更重要的是如何满足其他利益相关者的需要以及由此带来的各种价值观念或责任的竞争与冲突。

在这种前提条件下，企业社会责任就不会成为一种外部力量强加给企业的东西，而是企业的一种自觉行为。

四、社会责任的公共关系、营销运作

由于延伸战略—信誉战略是企业的一种主动行为，其所承担的社会责任可以成为一种投资，可以培养起良好的企业文化以及维护企业在商业交往中的声誉和保持社会对企业的信任。因此，企业社会责任的公共关系和营销运作就显得极为重要。

1. 利用社会责任进行公共关系和营销运作的益处

企业承担社会责任会带来有形和无形的收益，其主要有以下几方面：

（1）维持员工利益，创造和谐经营环境。员工的利益要求一般包含赖以谋生的工资以及维持有利于个人和专业发展的良好工作环境，同时拥有对企业业务的参与权和个人的言论权等。如果企业努力满足员工的这些要求，实际上是在无形中建立了一种和谐、共存、共发展的企业文化。这种有吸引力的企业目标和价值观会吸引更多的富有才干的员工来企业工作，并保留住企业内的精英员工，这在员工中会产生一种巨大的向心力和凝聚力，使每个员工都产生浓厚的归宿感、荣誉感和目标服从感，激励员工自觉地为企业发展而奋勇拼搏，不断创新。

（2）降低资源消耗，保护环境。从企业对环境承担的责任来说，一方面，企业降低对资源的消耗和消费，就降低了对环境的潜在威胁，甚至企业主动去保护周边环境，改善环境，这可以使企业拥有良好的社会形象。社会形象的好坏对企业的发展和经营有直接的影响，好的社会形象可以得到消费者的认同、政府和社会组织的支持。例如，环保型企业、资源节约和再造型企业都成为政府支持的对象；而不重视环境保护、污染环境、浪费资源的企业会在经营中受到法律和人类出于自身生存需要而保护的限制。另一方面，企业承担社会责任会获得消费者的支持和政府认可，同时也是品牌扩展的表现。

（3）跨国经营，尊重文化习俗。从企业对社会诸多因素承担责任来说，包括文化、传统习惯、人权、可持续发展等。目前，世界经济全球化和一体化趋势日益加强，从来没有像现在这个时代一样诞生如此之多的走出国门的跨国企业。因此对现在的企业来说，很大的一个挑战就是如何应对不同国家的标准和文化对企业的期待，其很好的一个途径就是承担社会责任，尊重所在国家的社会文化，尊重当地居民，爱护环境，热心福利事业，生产符合可持续发展标准的产品，向当地人提供就业机会，使用当地承包商，协助积累专业知识和传授技术，与职工、职工家属、当地居民和整个社会一起努力来提高他们的生活质量。

2. 起因相关营销

企业在市场上不仅要与利益相关者建立良好的合作关系，同样还要面对同行业激烈的竞争。斯蒂芬·罗宾斯认为，企业的某些社会行为主要是由利润动机驱动的，称之为起因相关营销（Cause-Related Marketing），并认为“社会责任是一个很好的营销诱饵”①。企业寻找与其产品和服务相吻合的社会原因，然后以互利的方式把他们联系起来。

在激烈竞争的市场上，企业可能会借助承担社会责任的行为作为营销方式，进行产品推广创新。值得注意的是，如果某一企业采用起因相关营销方式，那么相关企业必定会对此做出反应，否则将会丧失市场份额。假设在原来均衡市场基础上，某一企业突然增加社会参与，并以此作为企业营销策略的一部分，那么另一厂商也必然会采用相同的营销策略，即参与社会活动，寡头市场结构博弈分析思想告诉我们，由于两个厂商都参与社会活动，有时社会活动的重置会造成社会资源浪费。此外，在多数行业中，都存在一些领头企业和跟随企业，跟随企业产量、价格决策都视领头企业而定，博弈分析表明，领头企业因此能获得“先行一步的优势”。同样地，在社会参与中，由于领头企业知道自己若参与社会活动，承担社会责任，那么它就会给跟随企业设置一个新的竞争壁垒。考虑领头企业愿意承担的平均社会成本（由于规模大、实力强）将少于跟随企业，因此通过这一策略，领头企业可进一步扩大市场份额，拉开其与跟随企业的距离，这也是大企业为什么更热衷于公共关系事业，做优秀的“企业公民”，密切关注自身的社会责任的主要原因。因为这样有助于巩固市场领导地位和获取持续的竞争优势与资源，从而能使企业长期健康发展。

事实上，承担社会责任已经成为企业一种很重要的公共关系传播途径（CSR 传播），其可以在一定程度上改进企业与政府的关系，改善企业与社区的

① 斯蒂芬·罗宾斯. 管理学（第四版）[M]. 北京：中国人民大学出版社，1997.

关系，并且有利于树立企业良好的公众形象，从而提高企业的股票价格，使股东、顾客、员工等都可以受益。美国 Brain Reserve 咨询公司调查表明：消费者更乐于购买“绿色产品”和具有社会责任感公司的产品，而那些无责任感的公司的产品往往是他们抵制的对象。

五、企业承担社会责任构建持续竞争优势的对策

企业是社会责任的主体，如何培育企业社会责任的竞争优势，除需要继续完善市场体系、健全市场规则、强化社会舆论监督、增强法律意识和执法力度、加强精神文明建设、为企业社会责任建设创造良好的社会环境以外，对企业来说，应主要做好以下几方面的工作：

1. 提炼企业精神，完善社会责任守则

社会责任守则是企业处理其与内外部各种关系的指导原则，内容主要包括与顾客、供应商、竞争者、国家、自然环境、所有者、管理者以及员工之间关系的道德规范，还包括与新闻媒介、公众、社区等关系的道德规范，只考虑其中一种或少数几种关系是不完整的。

提炼企业精神，完善社会责任守则强调的是要提炼、要完善，其就是要重视守则的全面性、明晰性、精确性。守则要分清层次、涵盖全面，准确地反映企业的社会责任取向；突出公正、平等、诚信、创新、进取等重要的范畴；就企业宗旨、经营理念、领导道德、员工行为等做出具体明晰的界定，形成一整套完备的社会责任体系。

2. 明确领导的作用

经营者决定着企业员工的社会责任水准，决定着企业社会责任战略建设水平的程度，可以说，没有比经营者的身体力行对企业社会责任战略建设作用更大的了。企业社会责任守则的具体起草虽然并非一定要领导者亲自动手，但无疑其应该是设计者、监督者和最终的负责者。经营者的态度和行为在相当大程度上决定着员工的道德选择。

企业社会责任建设得怎样，领导层的影响举足轻重。企业管理者要意识到自己的这种特殊影响力，充分发挥正面导向作用。首先，企业管理者本身要树立强烈的社会责任战略建设意识，把社会责任建设作为一项战略性的基础工作

来抓落实。其次，管理者对自己的社会责任要有明晰的定位。作为企业的管理者，要处理好与出资人（政府）之间的关系，在税与利、短期收益与长远利益之间找平衡，确保资产的保值增值；要正确处理企业与客户的关系，并给消费者提供好的产品，优质的服务；还要处理好与员工的关系，在追求投资收益最大化的同时，要关注对员工的承诺的兑现，使其生活的基本权利和发展空间得到保证。最后，管理者要加强自身约束，模范地遵守企业社会责任规范。企业社会责任水准归根结底取决于管理者的道德水准，取决于管理者对企业道德责任的认识及为提高企业道德水准所做的努力，如果管理者身体力行，公正、无私、正直，那么员工社会责任意识就会随之增强，企业社会责任战略建设的效果也就会大不一样。

3. 分析社会责任决策

所谓社会责任决策就是在决策时除了进行经济、技术分析外，还要进行社会责任分析。进行决策的社会责任分析首先要纠正企业决策与社会责任无关的观念。如果管理者能更多地意识到企业所要承担的社会责任，并把它们用于决策就可改善企业决定；如决策时能考虑社会分析和社会责任选择，那么对管理者本身、企业和社会都是有益的；各种社会责任分析工具能帮助管理者做出更好的决策，使其能更清晰地向利益相关者解释其行为的理由。

4. 加强道德控制

加强道德控制就是要根据企业道德规范对企业及员工的行为进行监督、检查、评估，发现问题，及时采取措施。道德控制应从招聘开始，始终贯穿如一。特别是在企业利益与相关者的利益发生严重冲突时，如何正确解决体现了企业社会责任的执行力度。

5. 整合信息渠道，持续进行社会责任强化

企业要运用信息技术等现代管理手段，对企业的沟通渠道进行有效整合，以提高信息传递效果和沟通质量。通过选人用人、绩效考核等环节突出社会责任评价的作用，树立正确的导向。充分利用传统的评优评先方法，通过物质和精神鼓励，发挥正面典型的示范作用。要根据技术发展和环境变化，寻找适合的载体。社会责任取向要进行适当的具体化、实物化，“让员工随时随地体会到，让客户随时随地感受到”，发挥其长久的影响力。通过实施定期的正面强

化，增进员工的团结协作精神，提高员工对企业的忠诚度，增强企业的凝聚力和向心力。

6. 进行社会责任教育

社会责任教育是促使企业完善社会责任行为、坚持伦理准则的一项重要工作。另外，法律和标准的变更以及雇员的流动和晋升也决定了企业必须对社会责任教育给予持续的关注。目前，企业可以采用课堂讲授、案例分析、角色扮演、典型示范、环境熏陶等多种方法对员工进行社会责任教育，加深其对社会责任的意识和履行规范的能力，从而改善自身行为，努力实现企业社会责任目标。通过全员社会责任教育，强化员工的社会责任思想，增强员工归属感，提高员工对企业的忠诚度。在工作机制方面，不必照抄一些西方的社会责任建设模式，可根据国内企业的实际情况建立一套适合我国国情的、行之有效的社会责任机制。

第四章
社会责任与商业道德

随着可持续发展、和谐社会的建设上升为治国纲领，企业由只注重发展转为经济发展与社会责任并重阶段，并在实践和理论方面取得一系列成就。然而，对企业社会责任是法律问题还是道德问题的认识一直是一个有争议的问题。如“2009 中国企业社会责任研讨会”上，首次发布了 15 个社会责任“缺失案例”①。这 15 个社会责任“缺失案例”，按照危害程度由强到弱依次为：三鹿集团“三聚氰胺重大食品安全事故”、黑龙江省完达山制药厂“刺五加注射液事件”、上海农药厂有限公司“瞒报除草剂泄漏事件”、玖龙纸业（控股）有限公司“血汗工厂沸沸扬扬”、山东太阳纸业股份有限公司“环境污染掀起轩然大波”、云南省玉溪市维和制药有限公司“生产劣药数年不断”、北京青年旅行社股份有限公司“雇用黑导游致游客死亡”、北京中大恒基房地产经纪公司“吃差价被判双倍赔偿”、中国第一重型机械集团公司“环境违法遭重罚”、九阳豆浆机股份有限公司“产品质量、售后服务频遭投诉”、北京宅急送快递股份有限公司“责任丧失快递一月丢三次”、雪花啤酒“爆炸伤人质量控制不严”、北京物美大卖场玉蜓店“售假被重罚”、重庆太极实业（集团）股份有限公司“曲美减肥药定价混乱”、绿谷集团有限公司“涉嫌虚假广告被曝光”以及之后的双汇集团“瘦肉精”事件、中国台湾的“塑化剂”事件、黄光裕事件、百度风波等一系列危害巨大的事件，让中国企业家的颜面尽失，不仅让所谓企业家们卷入丑闻，而且一次次冲击着人们的听觉和视觉，企业家社会责

① 2009 中国企业社会责任研讨会（实录）[EB/OL]. 新浪财经，http：//finance. sina. com. cn/hy/20090919/18456771291. shtml，2009-09-19.

任与商业道德遭遇空前质疑。如何督促企业遵守商业道德、承担社会责任、促进企业发展，是摆在企业家面前的重大问题。

一、商业道德

1. 商业道德含义

商业道德是指大众公认的道德规范在具体商业情景和商业活动中的应用。市场经济的有效运行必须遵守某些特定的交易制度。市场参与者在交易行为上对交易制度的认同和遵守属于商业道德问题（王小龙，1998）。市场参与者普遍良好的商业道德行为对市场经济的有效运行至关重要。雅克·蒂鲁斯（Jacques P. Thiroux）认为，商业道德就是“雇主、雇员、企业和消费者之间重大关系的确立和维持”，商业道德的形成是基于企业在社会生产实践活动中对法律、法规、社会习俗等的遵守及自我约束。

麦戴夫（Mahdavi，2009）探讨了全球商业道德的重要性。商业道德问题是企业管理实践和研究的重要领域，其对企业的组织结构和绩效都有影响（Moberg，2003；Cooper et al.，1997；Stainer，1997；Lori Verstegen’Ryan et al.，2010）。塞文森（Svensson，2009）建立了一个企业商业道德的分析框架，讨论如何管理、监测和评价整个组织的商业道德问题（Svensson and Wood，2011）。

刘连煜（2001）认为，“企业社会责任是一个道德性的抽象概念”①。企业在参与内外部活动过程中，会与各利益相关者发生各种关系并产生道德影响。布拉斯科和诸娜（Blasco and Zolner 2010）运用商业道德理论分析了商业道德与社会责任概念的差异。海欧（Heal，2005）进行了商业道德与企业社会责任的经济分析。约翰等（John et al.，2007）认为，在全球企业社会责任压力增加的背景下，商业道德在企业中发挥了极其重要的作用。

企业社会责任和商业道德是企业发展的重要条件。著名管理学家彼得·德鲁克（Drucker P. F.）曾经指出，企业家应当承担三项责任：一是取得合理的经济效益；二是使企业具有生产性，并使员工有成就感；三是承担企业的社会影响和社会责任。斯蒂芬·罗宾斯（Stephen P. Robbins）认为，道德标准有三

---

① 刘连煜．公司治理与社会责任（第一版）[M]．北京：中国政法大学出版社，2001.

种不同的观点：道德的功利观、道德的权力观、道德的公正观。企业决策者所持的道德观不同，其决策行为不同。管理者行为是否符合道德受各种因素的影响，如道德发展阶段、个人特征、自我强度、控制中心、结构变量、组织文化、问题强度等[①]。在企业发展过程中，由于企业面临的问题错综复杂，而且带有很强的功利性和利益诱惑，当现实利益和企业社会责任发生矛盾时，导致商业道德缺失并引发一系列的管理失误，使公司破产、账目出现漏洞、公司职权滥用、诈骗、管理不力、经理工资过高等问题接踵而来，投资者的权益不断受损，对企业的信任度大跌。因此，社会责任、商业道德是公司治理的核心部分，其有助于企业遵守法律，树立企业正确的价值观和责任感，有助于企业提高效益，减少风险[②]。

2. 法律责任含义

所谓道德责任，就是人们违反了道德所应承担的责任，这种责任不是外部责任，而是一种内部责任，不是靠国家强制力来保障实施的，而是依靠主体内心的信念、社会舆论的力量使该主体造成巨大心理负担以及由此产生的一系列外部影响，如名誉损害等而自觉采取的有利于其他相关方利益的行为。

法律责任指违法者对自己实施的违法行为必须承担的责任，这是一种追溯性的责任。法律责任与道德责任有两方面的不同：第一，法律责任的前提是违反现行的法律规范；道德责任的前提是违反社会的、民族的、一定群体的道德规范。法律规范与道德规范同属于社会规范，但二者却有着本质的不同。首先，法律具有确定性、公开性，为全社会所共知和遵守；道德具有不确定性，不同的群体有不同的道德规范，虽然从人性的角度讲，全人类共有善恶评价标准，但由于后天社会环境的不同造成了道德的差异性。其次，法律责任是一种强制性的责任，而道德责任只是道义上的责任。第二，法律责任的承担是被迫的，是国家机关强制施加的、对责任主体的否定性评价，产生了不利的法律后果，其表现为人身自由被剥夺、财产的减损及政治权利被剥夺；而道德责任的承担者是主动地去履行某种义务、承担责任，如果不履行道德义务，承担的是道德责任，而道德责任没有强制性。

① 斯蒂芬·罗宾斯．管理学（第四版）［M］．北京：中国人民大学出版社，1997.

② 任文举．企业社会责任：商业与道德的完美结合［M］．成都：西南交通大学出版社，2011.

二、企业社会责任与商业道德的关系

1. 企业的营利性与企业的社会责任

早在资本主义自由竞争时代，企业的生产规模较小，雇用人员不多，企业作为经济性组织，实现自身利益的最大化是社会对其唯一的要求。企业除遵守法律上有关环保、纳税、劳动保护、消费者权益保护等的要求之外，并不负担对社会其他的法律或道德责任。

19 世纪末 20 世纪初，资本主义由自由竞争向垄断过渡，进入了现代资本主义时期，企业组织通过筹资和联合的优势得到了迅猛发展，现代企业在社会中的影响力不断扩大，被称为“仅次于国家本身的机构”①。企业通过生产经营活动与利益相关者形成庞大的社会网络，成为各种利益联系的枢纽。在利益最大化目标指导下，企业很容易将内部成本外部化，为追求自身利益不惜损害相关者利益。环境污染、假冒伪劣商品、侵犯职工权益、垄断等各种现象的出现表明，企业已成为众多社会问题产生的根源。企业社会责任的提出，修正了人们对企业以利益最大化为单一目标的认识，要求企业在营利的同时，也要考虑由此给社会带来的负面影响，可以说企业社会责任的提出是对企业经营目标的革命性的变革。

然而，企业的营利性与其负担的社会责任是并列关系还是一项优先，兼顾他项？对此问题的解释，是回答企业的社会责任是道德责任还是法律责任的基础。

企业社会责任的提出，要求企业在营利时兼顾对社会的责任，而不是从根本上否认企业的营利性。营利性是企业与其他社团组织区别的重要标志，这种营利性是受到法律承认和保护的。

企业作为营利法人，如果不以营利为目的，而以公共利益为目的，那它一定不是企业而是公益组织。社会公益的代表者应该是拥有公共权力的国家，而不是非营利性的公司。正如美国学者拉帕波特指出的，企业及其管理层既没有政治合法性，也没有专业能力决定什么是社会利益，只有由公共选择过程推举的行政、立法和司法等政府部门才应该具有这种合法性和能力。由企业来承担

① 孙学亮．公司社会责任性质分析［EB/OL］．道客巴巴，http：//www.doc88.com，2011-04-22.

这种责任，只会造成较高的社会成本，这种成本最终将通过更高的价格转嫁给消费者，或通过更少的工资转嫁给雇员，或通过更低的收益率转嫁给股东，并造成资源配置信号的扭曲①。

2. 股东利益与利益相关者条款

股权至上，股东本位曾被长期视为企业立法的根本。在传统企业法看来，企业即股东，企业利益即股东利益。企业经营的目的就是要实现股东利益的最大化，而不顾及其他。按照美国经济学家弗里德曼的名言，即“企业的社会责任就是为股东们赚钱”。随着社会化的发展，企业不再是一个独立的经济单位，而是股东、职工、债权人、消费者、供应商、所在社区等结合而成的利益共同体。企业的社会责任，也可被理解为企业不仅要实现股东利益的最大化，同时也要关注非股东的利益。企业社会责任理论的最大成果之一就是将利益相关者条款写入公司法或有关的公司治理准则之中。

20 世纪末以来，许多国家修订了企业法，新的企业法要求企业经理要为企业的利益相关者服务，而不仅为股东服务。换言之，股东只是利益相关者的一部分，而劳动者、债权人和共同体则为另一部分利益相关者。2002 年 6 月 7 日，中国证监会、国家经济贸易委员会发布了《上市公司治理准则》，第 81 条规定，“上市公司应当尊重银行及其他债权人、职工、消费者、供应商、社区等利益相关者的合法权利”。

有关利益相关者条款要求企业经营层将非股东的利益纳入其决策考虑之中，但并未构成企业的强制义务。我国的《上市公司治理准则》为示范性而非强制性准则，相关条款只使用了“应当”字样，仅代表了国家的价值导向。国家未规定违反此条款的法律责任是因为，一旦将社会责任作为强制性的法律规定就会产生诸多弊端：

（1）股东与非股东之间经常发生利益冲突，非股东的利益相关者之间也有发生利益冲突的可能性。公司法理论一般认为，经营者是股东选任的代理人，为股东利益最大化而工作，对股东负有注意、勤勉和忠实义务。如再要求经营者在经营决策时必须考虑非股东利益，实在难为了“一仆多主”的经营者，而经营目标的模糊最终会损害公司的整体利益。

（2）非股东利益相关者在公司经营层未考虑其利益时享有损害赔偿请求权

① 孙学亮．公司社会责任性质分析［EB/OL］．道客巴巴，http：//www.doc88.com，2011-04-22.

加大了经营风险，使董事、经理过多陷入对决策法律后果的思考之中，畏首畏尾，贻误商机。

（3）股东利益与非股东利益并重增加了对经营绩效考评的难度。在单一的股东利益最大化下，公司利润是唯一的评判指标。而利益相关者条款将非量化的社会责任纳入考评体系，成为经营者推卸经营责任的天然“避风港”。

企业是由股东投资创建的，股东投资的目的是赚钱，企业应将股东利益最大化作为经营目标，这是企业法赖以建立的基础。企业社会责任理论的可贵之处，是改变了将企业等同于股东、企业利益等同于股东利益的简单认识，提出企业是一个利益集合体，股东只是其中一个重要的利益相关者。在实现股东利益的同时，公司也要尽可能地考虑其他利益相关者，承担企业的社会责任。但是，非股东不可能取得与股东同样的法律地位，经营者对企业及股东负有注意、勤勉和忠实的法定义务，而对非股东只负有道德上的考虑，国家提倡并鼓励利益相关者条款，但这并不构成企业及经营者的法律责任。

3. 企业社会责任发展的动态性

斯蒂芬·罗宾斯认为，如果企业在承担法律上和经济上的义务（法律上的义务是指企业要遵守有关法律，经济上的义务是指企业要追求经济利益）前提下，还承担追求对社会有利的长期目标的义务，那么，我们就说该企业是有社会责任的。为了更好地理解“社会责任”这一概念，他又提出社会义务和社会反应两个概念。社会义务是企业参与社会活动的基础，如果一个企业仅仅履行了经济上和法律上的义务，我们就说该企业履行了它的社会义务，或达到了法律上的最低要求。只履行社会义务的企业仅追求那些对其经济目标有利的社会目标。与社会义务相比，社会责任和社会反应超出了基本的经济和法律标准。有社会责任的企业受道德力量的驱动，去做对社会有利的事而不去做对社会不利的事。社会反应则是指企业适应不断变化的社会环境的能力①。

下面以世界500强企业——挪威海德鲁公司（以下简称海德鲁公司）的百年发展历史来判断企业社会责任的属性②。

海德鲁公司位于挪威，它是拥有50000名员工的世界500强之一，创立

① 斯蒂芬·罗宾斯．管理学（第四版）［M］．北京：中国人民大学出版社，1997.

② 陈超．从海德鲁公司的百年发展看企业社会责任［J］．中外企业家，2003（6）.

于 1905 年，从生产肥料起家，目前的业务范围包括肥料、石油能源和轻金属。海德鲁公司的发展可以根据公司的利益相关者对公司升级的要求分成四个阶段。

第一阶段，唯一重要的是产品。

企业在建立后的若干年里，目光只集中于产品，努力使产品质量优异，价格适宜，交货迅速及时。而此阶段的利益相关方也仅满足于这些方面，企业达到上述要求得到利益方的认可，企业财务显示为赢利。

第二阶段，工作环境也变得重要。

随着时间的推移，利益相关方不再仅仅满足于对产品方面的要求，而是开始关注员工的工作环境，包括工人的健康、安全、言论自由、集体谈判的权利和男女平等。于是，海德鲁公司便开始努力改善工厂环境，以满足员工的要求。

第三阶段，环保方面的成绩也变得重要。

企业成立几十年后，周边的森林树木大量死亡。刚开始社区居民并没有意识死亡的原因实际上就是因为海德鲁公司的废气、废水和废渣的排放造成的。作为社区的一员，海德鲁公司需要保护环境，于是其巨额投资建造了污水处理及回收设备，并严格遵守国家的释放标准，甚至努力低于国家标准，培训主干人员，开发新的生产程序，投资新技术，最终既使生产率提高了，也改善了环境，与当地社区的关系更好了。

第四阶段，社会表现也变得重要。

企业业务不断扩展，发展到海外后，海德鲁公司更加注重社会因素，把更多的精力放在了当地居民是否会分享企业的增值，当地传统和文化是否会受影响，项目的发展是否会有助于人权和可持续发展等方面，因为此时的企业已经是在多种文化、多个团体和多种政治体制中运作了。

通过以上海德鲁公司根据企业的利益相关者对企业管理不断升级的要求所经历的四个阶段，我们很清楚地看到，企业社会责任是动态发展的，永远存在着社会义务、社会响应、社会责任的问题，已有问题解决了，随着环境的变化又会产生新的与利益相关者的社会责任问题。

三、企业社会责任与商业道德缺失的原因及提升措施

1. 社会责任缺失的原因

北京数字100调查公司曾在2006年做过有关社会责任的调查，调查结果显示，公众认为社会责任缺失的第一责任人是政府，原因是政府对于企业社会责任的强调和推进是滞后的；第二责任人是企业，因为企业普遍没有树立以人为本的理念；同时，认为市场经济和企业发展的成熟度不够。产品安全、环境保护是企业社会责任感的两个核心。

进入21世纪以来，随着我国各项建设的迅猛发展，在企业的生产经营活动取得巨大进步的同时，一些企业为了片面追求利益最大化，损害劳动者及消费者的合法权益；企业普遍存在缺乏诚信、恶意违约、破产逃债、虚假信息披露等现象，更有甚者，有些企业一味追求高额利润，置法律于不顾，严重地破坏和污染环境。这反映出我国企业普遍缺乏社会责任意识。

2. 提升社会责任的措施[①]

北京数字100调查公司还就提高企业社会责任、承担商业道德的措施方面进行了调查，征集到如下措施：

第一，公开企业社会责任年度报告。

第二，建立社会责任标准。

第三，设立社会责任监督机构。

第四，企业应诚信经营、以人为本。

通过公开社会责任年度报告、建立标准，便于政府、公众的社会监督。2006年全国只有32家企业发布了企业社会责任报告，到2015年已达到1703家企业[②]。总体上看，企业披露自身社会责任并不积极、敷衍了事，其中六成报告篇幅不足30页，信息披露缺乏；还有的企业雇用公关公司去编造所谓的企业社会责任，造成极其恶劣的影响；发布社会责任报告的企业中国企、上市

① 贾存斗．调查显示公众认为应强制推广企业社会责任［EB/OL］．中国产经新闻，http：//finance. sina. com. cn ，2006-05-11.

② 郭玉香．中国企业社会责任报告白皮书（2015）在京发布［EB/OL］．新华网，http：//news. xinhuanet. net. com，2015-12-22.

公司占多数。大部分企业对社会责任更多的是保持一份热情，并没有将企业社会责任理念贯穿整个企业的每一位员工心中①。在社会监督方面，政府是第一力量，公众是第二力量，大众的代表是媒体。调查还对“怎样能使公众对企业产生好感”做了问询，按营销的说法就是企业要多做公关，多做赞助，等等，但是实际上公众不是这么看的，公众只是认为企业要恪守商业道德，像过去古人经商遵守的诚信、童叟无欺一样，是基本的商业道德。从调查数据可以看到热衷于公益事业的企业被公众看好的比例只有12%，而认为以人为本、恪守商业道德的企业比例是60%。结果表明，公众的眼睛是雪亮的，不会从表面上看企业做了很多公益事业，就真的认为其就是一个很好的企业了。因此，具体说一个企业到底该做什么事情，在这一点上公众也是非常理性的。他们认为企业不应该超越自身的财力、物力做一些过分的事情，而是应该在资金允许的情况下做到产品安全、公众安全、环境保护，这就是最大的公益，也就是说企业不用做很多公益活动，把自己的产品质量安全做好了就是最大的公益事业。在举国关注质量问题之际，企业需要从两个方面下功夫：一是用质量引领新常态，让追求精益求精的高质量产品和生活在中国形成一种良好的氛围，让中国的百姓以国货为荣。二是严格遵守法律法规，积极践行企业社会责任，因为这是与企业命运相一致、相融合的②。

四、真正的企业家需要恪守社会责任与商业道德

恪守商业道德、承担社会责任是每个企业应尽的义务。企业家跟商人的最大的区别在于商人是唯利是图，而企业家在唯利的同时需要承担更多的社会责任与商业道德。中国不缺商人，缺少的是胸怀远大理想的企业家。真正的企业家需要恪守社会责任与商业道德。

社会责任是企业商业道德的核心，商业道德是企业内在的自我约束，在法律不健全的情况下显得尤为重要，虽然随着时间的推移，道德层面的问题逐渐会上升到法律层面。

何世红在“真正的企业家需恪守社会责任与商业道德”③ 一文中说，当代中国企业家应该是经济发展与社会进步的推动者、管理变革与创新的实践者、

---

①② 宋清辉．从3·15看中国质量：企业社会责任缺失［EB/OL］．新浪财经专栏，http：//finance.sina.com.cn，2015-03-16.

③ 何世红．真正的企业家需恪守社会责任与商业道德［J］．21CN周刊，2009（6）.

企业发展的领导者、社会责任的承担者以及优秀人才梯队的培养者。

然而现实是中国企业家落马现象自 1997 年之后，每年都在以极快的速度递增，以媒体公开报道为例，2009 年为 95 位、2010 年为 155 位、2011 年为 200 位①、2012 年为 306 位②、2013 年为 463 位③、2014 年为 799 位④、2015 年为 793 位⑤、2016 年为 602 位⑥。其中不乏曾经风光一时的国企老总、地方首富，甚至被披上人大代表、政协委员等政治光环的风云人物以及全国劳模、三八红旗手等业界明星。

众多的国企企业家和民营企业家走向牢狱，这既是企业家个人的人生悲剧，也是我国企业发展的悲剧，同时也是国家经济领域的重大损失。这一方面反映了我国许多国企企业家在位高权重之时不能把握好自己和人生，晚节不保，是非常令人痛惜的；另一方面也反映了我国许多民营企业在高速发展中“萝卜快了不洗泥”的“野蛮成长”模式是非常不可取的，其后果也是非常可怕的⑦。

北京师范大学法学院院长赵秉志说，往往一名企业家的倒下就意味着一个企业的倒闭或者遭受重创，甚至还会影响一个行业、一个地区的经济发展。如何提升企业和企业家刑事风险防控的意识和能力，不仅事关企业和企业家的健康成长，而且事关地区经济发展和社会稳定的大局⑧。

市场经济是法制经济，也是道德经济。企业家遵纪守法，在其追求利润的过程中应与实现社会责任的过程完全一致，企业家只有提供更多更好的产品和劳务才能实现利润最大化。

曾经有人这样形容中国的企业家，没有任何一个中国企业家，特别是在 20 世纪 70 年代末和 80 年代创业的企业家，敢于说自己当时不是机会主义者。实际上，“机会主义”这个词并不带有政治意义上的贬义。在市场经济中，机会发现者往往具有常人所难具有的敏锐的观察力和敢于冒险的精神，而这正是企

---

① 张太凌．落马企业家人数连续三年增长［N］．新京报，2013-01-21，第 A22：中国新闻·时事．

② 北京师范大学中国企业家犯罪预防研究中心．2012 企业家犯罪媒体案例分析报告［EB/OL］．法制网，http：//www.legaldaiy.com.cn，2013-01-10.

③ 北京师范大学中国企业家犯罪预防研究中心．2013 中国企业家犯罪报告［EB/OL］．正义网，http：//www.law-lib.com，2014-01-09.

④ 蒋安杰．2014 中国企业家犯罪报告发布［N］．法制日报，2014-12-24（12）．

⑤ 孙莹．2015 年中国企业家刑事风险报告［EB/OL］．央广网，http：//china.cnr.cn，2016-04-09.

⑥⑧ 辛江．2016 年度中国企业家犯罪报告发布［N］．法制日报，2017-04-06（001）．

⑦ 何世红．真正的企业家需恪守社会责任与商业道德［J］．21CN 周刊，2009（6）．

业家精神的重要组成部分。

然而，在中国，机会主义即使在市场经济条件下也带有贬义色彩，原因是在中国政治、经济、文化和社会全面转型的时期，发现机会之后，挖掘机会就必须要通过“寻租”的方式去实现。“寻租”就是通常意义上的搞关系，对于企业而言，最典型的“寻租”即通过贿赂官员为本企业得到项目、特许权或其他稀缺的经济资源。“寻租”有的是非法，有的是合法不合理。这往往成为腐败、社会不公和社会动乱之源。

于是，近年来，几乎每一位因腐败、受贿落马的高官背后都会有一些企业家的身影。无论是“黑社会老大”，还是各地“首富”，或者“走私大鳄”，他们都通过行贿手段腐蚀拉拢国家工作人员，获取了常人难以想象的巨额利益。

赚钱，到底是奋斗的终极目标，还是创业者实现终极目标的一种工具？如果是后者，终极目标到底是什么？企业家们必须认真思考这个问题。

中央电视台曾播放的《十万人家》电视剧对商人和企业家做了最好的注解。沈家三兄弟的企业家观念以及最终产生的不同结局，非常直观地树立了企业家必须遵循的价值观念和职业精神。

追求利润与社会责任是统一的。那些自己致富，又促进了经济发展，增加了社会财富，带动其他人致富的企业家就是承担了最大社会责任。这也是一种值得推崇的企业家精神。

“创新精神”“合作精神”“敬业精神”是构成企业家精神的三大要素。企业家的作用应体现在社会价值上而不仅仅体现在向社会提供物质财富的层面，更应该注重其在精神层面的价值，其中商业道德是构成企业家精神的主要内涵，比如诚信。诚信是市场经济的基石，也是企业家的社会责任，更是商业道德。只有那些讲究职业道德、诚信待人、遵守信用的人，才有资格把“企业家”作为一种职业，否则，其迟早会被市场机制优胜劣汰。

社会给予企业资源，企业家理应具有守法经营、依法向国家纳税的道德观。作为企业家，不仅不能做违反法制法规的事情，而且不能做被社会认为是不道德的事情。

在20世纪80年代创业的企业家，能够生存到今天而不倒的，大多在自己的人生目标中把赚钱都放到了次要的位置上。同时，他们具有超越了一己的商业运作，而试图贡献服务于社会的精神，这是一种超出常人的使命感和生命信仰。

企业家在积极发展壮大企业的同时，更应该热心社会公益事业，扶持弱势群体。正如电影《蜘蛛侠》中的那句名言：你的力量越大，你的责任就越大。而能不能承担责任，要不要遵守商业底线，则是由企业家的目标决定的。

有一点是可以肯定的，作为改革开放 30 多年的拓荒者、探索者和获益者的企业家，其作为精英和主流人群所树立的终极目标是什么、永恒的动力是什么，必将深刻影响这个社会的走向。

《圣经》中有一句名言："你们是世上的盐"，并以此教诲人应该肩负这样的使命：人到世上来就是要美化、净化所在的世界，要让这个世界免于匮乏，也免于腐败，不断给予世人更满足、更健康的生活。对于企业家来说，这是其第一个也是最后一个天职。一个企业家应当勇于承担起历史重任，积极主动地投身持续创新中，既增加企业本身的竞争力，又促进国家经济发展方式的转变，从而为社会创造更大价值。

有人说，中国未来经济能否持续增长，在很大程度上取决于企业家是不是由"寻租"活动转向创造价值的活动。

第五章
社会责任与公司治理

一、公司治理含义及模式

1. 公司治理含义

关于公司治理（Corporate Governance）的含义，部分专家、学者偏重于所有者的利益，提倡“股东治理模式”。如詹森和梅克林（Jensen and Meckling, 1976）认为，公司治理应致力于解决所有者与经营者之间的关系，其焦点在于使所有者与经营者的利益相一致①。施莱佛和维什尼（Shleifer and Vishny, 1997）认为，公司治理要处理的是公司的资本供给者如何确保自己得到投资回报途径的问题，其中心课题是要保证资本供给者（包括股东和债权人）的利益②。另外一些专家、学者侧重于把利益相关者放在与股东相同的位置上，提倡“利益相关者治理模式”。如布莱尔（Margaret M. Blai, 1995）认为，公司治理是指有关公司控制权或剩余索取权分配的一整套法律、文化和制度性安排，这些安排决定公司的目标、谁拥有公司、如何控制公司、风险和收益如何，在公司的一系列组成人员，包括股东、债权人、职工、用户、供应商以及公司所有的社区之间分配等一系列问题③。

---

① 费方域．企业理论：经理行为、代理成本与所有权结构——詹森和梅克林的企业理论评价［J］．外国经济与管理，1995（10）．

② 丁建军，苏祖安．公司治理理论综述［J］．理论界，2005（11）．

③ 张秀烨．公司治理：内部机制与规制政策［J］．中央财经大学学报，2009（6）．

公司治理又名公司管治、企业管治和企业管理，经济合作与发展组织（Organisation for Economic Co-operation and Development）在《公司治理结构原则》中给出了一个有代表性的定义：“公司治理结构是一种据此对工商公司进行管理和控制的体系。”公司治理结构明确规定了公司的各个参与者的责任和权利分布，诸如董事会、经理层、股东和其他利益相关者。

在我国，理论界对公司治理具有代表性的定义有吴敬琏、林毅夫、李维安和张维迎的观点。

吴敬琏（1994）认为，公司治理结构是指由所有者、董事会和高级执行人员即高级经理人员三者组成的一种组织结构。要完善公司治理结构，就要明确划分股东、董事会、经理人员各自的权力、责任和利益，从而形成三者之间的关系①。

林毅夫（1997）是在论述市场环境的重要性时论及这一问题的。他认为，“所谓的公司治理结构是指所有者对一个企业的经营管理和绩效进行监督和控制的一整套制度安排”，并随后引用了米勒（1995）的定义作为佐证，他还指出，人们通常所关注或定义的公司治理结构，实际指的是公司的直接控制或内部治理结构②。

李维安（2000）认为，狭义的公司治理是指所有者（主要是股东）对经营者的一种监督与制衡机制，其主要特点是通过股东大会、董事会、监事会及管理层所构成的公司治理结构的内部治理；广义的公司治理则是通过一套包括正式或非正式的内部或外部的制度或机制来协调公司与所有利益相关者（股东、债权人、供应者、雇员、政府、社区）之间的利益关系③。

张维迎（1999）的观点，狭义的公司治理结构是指有关公司董事会的功能与结构、股东的权力等方面的制度安排；广义地讲，公司治理指有关公司控制权和剩余索取权分配的一整套法律、文化和制度性安排，这些安排决定公司的目标，谁在什么状态下实施控制、如何控制、风险和收益如何在不同企业成员之间分配这样一些问题，并认为广义的公司治理结构是企业所有权安排的具体化④。

---

①② 公司治理［EB/OL］. 360百科，http：//baike. so. com/doc/1201682-1271080. html.

③ 李维安. 公司治理学（第二版）［M］. 北京：高等教育出版社，2012.

④ 王凯，黎友焕. 国内企业社会责任理论研究综述［J］. WTO经济导刊，2007（1）.

2. 公司治理模式

公司治理模式主要有英美模式、德日模式、家族模式三种。

（1）英美模式。英美公司内部的权力分配是通过公司的基本章程来限定其不同机构的权利并规范它们之间的关系的。各国现代企业治理结构虽然都基本遵循决策、执行、监督三权分立的框架，但在具体设置和权利分配上却存在着差别。英美公司具体设置的权力层级：①股东大会。②董事会。③首席执行官(CEO)。④外部审计制度的导入。

（2）德日模式。德日公司治理模式被称为是银行控制主导型，其本质特征表现在以下几方面：①商业银行是公司的主要股东。②法人持股或法人相互持股。③严密的股东监控机制。

（3）家族模式。由于各国国情和企业所处的成长与发展环境的差异，使韩国和东南亚的家族治理模式既有相同之处也有不同之处，其特点主要表现在：①企业所有权或股权主要由家族成员控制。②企业主要经营管理权掌握在家族成员手中。③企业决策家长化。④经营者激励约束双重化。⑤企业员工管理家庭化。⑥来自银行的外部监督弱化，在东南亚，许多家族企业都涉足银行业。⑦政府对企业的发展有较大的制约。

二、社会责任与公司治理的关系

1. 承担社会责任内容依社会期待而定

霍瓦德·R. 博文（Howard R. Bowen，1953）认为，社会责任是“商人按社会的目标和价值向有关政策靠拢，并做出相应的决策，有采取理想的具体行动的义务”①。乔治·恩德勒（Georges Enderle，2006）提出，企业社会责任包括经济责任、政治和文化责任以及环境责任，其中环境责任主要是指“致力于可持续发展——消耗较少的自然资源，让环境承受较少的废弃物”②。斯蒂芬·P.罗宾斯认为，“企业社会责任是指超过法律和经济要求的、企业为谋求对社会有利的长远目标所承担的责任”③。彼得·德鲁克认为，“企业的目的必须在

① 王阳．基于社会责任的公司治理模式重塑［J］．西北师范大学学报（社会科学版），2009（1）．

② 王凯，黎友焕．国内企业社会责任理论研究综述［J］．WTO 经济导刊，2007（1）．

③ 斯蒂芬·P. 罗宾斯．管理学［M］．黄卫伟等译．北京：中国人民大学出版社，1997.

企业本身之外，……必须在社会之中，因为工商企业是社会的一种器官”。哈罗德·孔茨认为，公司应当承担的“社会责任就是要认真考虑公司的一举一动对社会的影响”①。

2. 承担社会责任、遵守商业道德必须要落实到具体的公司治理中

刘连煜（2001）认为，“企业社会责任是一个道德性的抽象概念，要具体落实，只能落实到企业或公司治理环节中，公司内部治理模式的设计必须以股东财产权为中心加以架构，在此基础上，以政府法规奖励负责任的公司行为、严惩不负责任的公司行为，以引导公司履行社会责任”②。卢代富（2002）认为：“企业社会责任意味着需要改革传统的以股东为本位的公司内部治理结构，让非股东利益相关者参与公司治理，而且要求营造与社会责任相适应的公司运作外部市场环境。”③

制度环境对公司的治理效率会产生非常重要的影响，政府通过刚性的制度约束，可以推进企业承担社会责任、遵守商业道德，改变公司治理结构及公司治理效率。

越来越多的企业经营者开始探索公司治理结构从传统的股东至上模式向不同利益主体直接参与的模式转变，以更好地满足企业日益广泛的社会责任的需要。承担社会责任是公司治理的关键，并与商业道德息息相关，即要求企业在营利的同时，承担社会责任，企业发展要合乎社会道德规范，以最终实现可持续发展。

进入21世纪，最深刻的变化就是全球化，随着跨国公司的发展和扩张，公司治理和社会责任发生了新的变化。跨国公司被视为促进经济发展的关键力量，它通过提供就业、纳税、技术转让以及为教育和医疗保健提供慈善捐款等方式来促进一个地区的发展（Lunt，2001）。因此，各国政府越来越重视对这些公司的监管，并鼓励其注重解决社会问题和经济问题。这一时期，公司治理方面重视CSR，其有几个方面原因。首先，社会和道德问题越来越受到人们的关注，来自消费者、员工和其他一些利益集团的压力形成了新的市场偏好；其次，监管压力和企业业务标准对企业的发展形成了压力，这些标准包括道德行为、健康和安全规定、最低工资标准以及工作时间的规定等（Davies，2003）；

① 哈罗德·孔茨，海因茨·韦里克．管理学［M］．郝国华等译．北京：经济科学出版社，1993.

②③ 王凯，黎友焕．国内企业社会责任理论研究综述［J］．WTO经济导刊，2007（1）.

再次，现时代的到来，如网络和多媒体技术的发展，为消费者和压力集团提供了一个全面、及时观察企业行为的平台；最后，企业开始认同“履行社会责任有助于提升品牌和声誉”的观点。因此，这些因素的存在促使企业在公司治理中更加讲道德和具有社会责任意识，企业将社会责任纳入战略管理体系以便于获得更多的竞争优势。

经过半个多世纪的发展，企业社会责任正在走向概念合理化阶段。表 5-1 展示了 CSR 自 20 世纪 50 年代以来的演变趋势。

表 5-1　CSR 的演变趋势

年份	1960	1970	1950、1980	1950、1990、2000
演变趋势	股东利益优势模式 企业家的社会责任	企业社会责任模型 企业伦理和企业社会回应的发展 可持续发展	利益相关者理论的发展与争论 企业社会绩效与利益相关者管理模型	公司治理 企业社会责任概念的扩大 关于企业社会责任是管理领域的一个内容还是管理理论整合的争论

资料来源：Kakabadse 等（2005 年）。①

公司治理、社会责任与商业道德的关系问题研究被赋予重要意义。我国建设和谐社会所追求的目标和老百姓对企业的期待要求企业承担更多的社会责任。构建和谐社会涉及各个主要社会组织的社会责任。企业在处理与社会的关系中不能只看经济效益，要主动承担应承担的社会责任，把企业的发展融入社会的发展之中。此外，承担社会责任对提高企业竞争力及经济可持续发展也具有重要意义。

三、社会责任在公司治理中的推进

世界各区域性组织和各国政府通过推动公司社会责任国际标准的发布，将社会责任作为企业国际市场准入标准，从而将社会责任纳入公司治理主流，帮

① 陶克陶．内蒙古煤炭企业社会责任协同推进机制研究（研究报告，2012）［R］．呼和浩特：内蒙古规划办课题，2012.

助企业获取利润的同时实现可持续发展。这些有影响力的社会责任国际组织和标准包括欧洲公司社会责任协会（1995）、联合国全球契约（2000）、SA8000社会责任国际标准（2001）、《萨班斯—奥克斯利公司治理法案》（以下简称《萨班斯法案》SOX2002）、OECD《公司治理准则》（2004）。

1. 央企的社会责任与公司治理

中国政府在积极推动社会责任纳入公司治理中，如在2008年，由五部委印发的《企业内部控制基本规范》（2008）就旨在加强和规范企业内部控制，提高企业经营管理水平和风险防范能力，促进企业可持续发展，维持社会主义市场经济秩序和社会公众利益。同时，政府也积极推进企业承担社会责任，并首先在央企进行推行。央企承担社会责任对其持续科学发展具有战略价值①。

其一，促进企业发展环境优化。一般情况下，由于企业经营业绩与其承担社会责任之间存在时滞性效应，因此，在短时间内，企业经营成本可能会因履行社会责任而增加。但是，从长期看，企业履行社会责任是一种无形的投资，可为企业创造一个良好的社会发展环境。尤其在网络日益发达的今天，由“公众事件”引发的社会信任危机往往会对企业产生较大的负面影响，在这一点上企业应尽力避免。

其二，帮助企业留住和吸引优秀人才。一方面，经常参与社会责任事业的企业，相对而言更具知名度和良好的社会信誉，容易获得人们的好感，进而更易招聘并留住优秀人才，使员工进入企业之初就有很高的荣誉感；另一方面，在具有良好社会责任记录的企业中，人才能够得到企业的尊重，工资、福利水平能够得到保障，并得到全面发展的机会，使员工获得安全感和归属感，能够增加员工对企业的忠诚度。

其三，提升企业的社会责任竞争力。社会责任竞争力作为一种“无形”竞争力，由良好的企业形象、对社会负责任的态度、对政府工作的支持和对困难群体的善举等构成，具有价值观导向性、高度自律性、不可替代性、依附性和超越法律性的特征，其主要通过道德竞争力和文化竞争力体现出来。企业积极履行社会责任有利于提高其道德境界、道德竞争力和文化竞争力。

其四，有利于企业获取政府的政策支持。在企业的发展过程中，有些问题单靠企业自身可能是无法解决的，这时政府的支持就显得尤为重要。政府的政

① 张福君．国有企业承担社会责任的战略价值［N］．光明日报，2014-09-08（7）．

策支持可降低企业的社会交易成本。从短期看，履行社会责任的支出意味着利润减少，但此举可以看作是企业获得良好环境的长期投资，在企业长期的经营过程中将会得到丰裕的回报。另外，社会责任履行较好的企业还可能因此受到政府的奖励，享受在税收、投资、基础设施建设招投标等方面的政策优惠，为企业发展创造一个良好的行政环境。

其五，促进企业跨越国际壁垒以实现与国际接轨。目前，国际上大多数国家和地区都已经或开始制定比较完备的企业社会责任认证标准，许多大型跨国公司也拥有企业内部社会责任标准体系。符合规则又自觉履行社会责任的企业不仅能够得到国际认可，而且能在国际信任与合作的环境中更好地实现企业目标，如跨国公司在与我国企业合作时把 SA8000 充分认证资格作为契约和履约的附加条件，就充分说明了这一点。

2. 公司治理结构的社会责任报告体例（以中铝为例）

2015 年 8 月，中国铝业股份有限公司（以下简称中铝公司）发布了《2015 企业社会责任报告》。这是自 2006 年发布第一份社会责任报告以来，中铝公司已经连续 10 年发布社会责任报告。

10 年来，中铝公司通过社会责任报告的发布，对公司社会责任的理念、制度、措施和绩效进行了较为充分系统的披露，增进了与利益相关方的沟通。中铝公司还将社会责任报告作为公司推进社会责任管理、持续改进社会责任工作、提升管理水平和竞争力的重要工具。《中国铝业公司 2014 社会责任报告》以责任管理、责任实践、履责绩效为主线，披露了 2014 年公司有效管理各项决策和活动所产生的影响以及为利益相关方创造综合价值的情况。同时，报告披露了相关负面信息，增加了关键绩效的数据对比，在人文元素传递、利益相关方沟通互动、报告载体多元化等方面进行了创新。这份报告被评级机构评定为五星级报告，这也是中铝公司社会责任报告继上年首获五星级报告后再次获得最高评级。

2014 中国铝业集团企业社会责任报告摘要见附录一。

下篇　内蒙古自治区企业社会责任实践

第六章
内蒙古自治区企业社会责任实践概述

在任何社会中，有实力和能力的组织都需要为整个社会承担责任，所以企业作为社会中的一个组织所做的每个决定，进行的每个行为都必须放在这种责任的视角中考虑。随着经济全球化的进一步发展，政府的社会形象和影响力在逐步地淡化，而企业的潜在影响力却在不断地加强，企业这种日益增长的力量意味着其每个行为都会对人类社会和经济发展造成很大的影响①。

内蒙古自治区的企业承担其社会责任已经成为一种发展趋势。研究内蒙古自治区企业社会责任实践，对提高内蒙古自治区企业竞争力、构建和谐社会及经济可持续发展有重大战略意义。

一、内蒙古自治区企业社会责任实践取得成绩的原因

内蒙古自治区有一批全国知名的企业，这些企业对本地区经济、社会发展有极大的影响。企业能力越强，对社会的贡献也就越大，其中一些企业在承担社会责任方面走在了同行的前面并取得了较好的成绩，其主要原因有以下几方面：

1. 政府的推动力度不断加强

企业承担社会责任需要政府的积极推动。根据有限政府角色理论，政府推动企业履行社会责任具有理论上的合理性。同时，由于政府职能和地位的

---

① 黎友焕，叶祥松. 谈企业社会责任理论在我国的发展［J］. 商业时代，2007（7）.

特点，由政府推动企业社会责任的发展在我国也具有现实的可行性。我国政府应该在推动企业履行社会责任的过程中，充当规制者、推进者和监督者的角色。

随着内蒙古自治区经济由高速发展到步入新常态，促使其企业经济发展方式和发展质量也要进行转变。内蒙古自治区的“十二五”规划纲要及政府工作报告都对此做了明确的规定及践行，在“十三五”规划中，内蒙古自治区在社会责任方面提出的要求力度更大，在企业、社会、环境的协调和可持续发展方面要求更高。政府积极支持行业协会的社会责任论坛、社会责任奖项的评比及企业社会责任报告的发布。

2. 企业自觉履行社会责任

在政府的引导和推动下，内蒙古自治区的央企和一批知名度较高的企业开始自觉履行社会责任，部分企业通过编制社会责任报告，及时分析问题、解决问题。内蒙古自治区神华集团（以下简称神华集团）在“十二五”末期即启动了“十三五”社会责任专项规划指标的编制，内容包括调查分析神华集团社会责任现状、存在的问题及“十三五”时期面临的机遇和挑战；研究分析神华集团在清洁能源发展战略的指引下，社会责任工作如何响应、如何发挥积极作用等；对国内外能源行业优秀企业社会责任管理和业务实践进行分析研究。

2013 年 7 月 18 日，《内蒙古银行业社会责任报告（2003~2012）》发布，该报告以社会责任理念为主线，通过经济责任、社会责任、环境责任三个篇章，系统梳理了内蒙古自治区银行业金融机构在支持自治区经济建设、金融普惠、改善金融服务环境、致力于社会公益事业、促进生态文明建设以及员工培养、企业文化建设和内部管理等方面的履责实践和对实体经济发展所做的贡献。

一些非央企和非上市公司也积极披露社会责任报告，树立了良好的行业形象。

3. 社会推动力量不断加强

内蒙古自治区社会力量在社会责任的推进上做了许多工作，如 2006 年阿拉善生态协会成立及生态宣言和媒体的关注及消费者协会对企业社会责任的监督。这些活动直接或间接地推动了内蒙古自治区企业社会责任的实践。

2011 年首届内蒙古自治区最具社会责任感企业的评选活动拉开帷幕，通过活动使越来越多的企业坚持以先进文化引领企业的发展，诚信经营、热心公益，为地方经济增长、市场繁荣、社会进步做出了重要贡献。

2013 年首届内蒙古自治区优秀中小企业和企业家的推选，标志着内蒙古自治区中小企业有机会在国家级的平台上展现责任、实力和魅力，并将内蒙古自治区企业家精神付诸于中国企业的社会责任建设中，促进企业获得更长远的发展，倡导更多企业一起行动起来做有社会责任的企业。

二、内蒙古自治区企业承担社会责任的意义

1. 企业履责存在的问题

随着改革的推进，内蒙古自治区的企业逐步成为真正意义上的市场主体，为内蒙古自治区的经济发展和社会进步发挥着日益重要的作用。与此同时，内蒙古自治区的企业也产生了安全生产、食品质量、环境污染、贪污腐败、偷税漏税、道德滑坡等一系列的问题，不同企业的诸多问题已经对社会造成严重影响。

内蒙古自治区企业的履责实践也存在诸多问题，如对企业社会责任的认识存在偏差；企业履行责任表现高低不一；企业履责层次较低及随机性较大；企业社会责任未真正落实到位；损害消费者权益；高危行业事故频发；员工权益得不到保障；企业发展的社会代价不断增加；生态环境破坏严重等。

为了提高企业履责能力，内蒙古自治区强化对社会责任问题的解决力度，通过打造社会责任氛围，倡导责任消费；转变政府职能，打造责任政府；设置社会责任推进机构，提供组织保障；立足优势产业打造责任品牌，培育责任竞争力等途径提高内蒙古自治区企业的社会责任总体水平。

2. 企业履责的意义

我国正处在全面建设小康社会的历史时期，企业一方面要维持自身的发展；另一方面，又要推出有利于社会进步与发展的实际举措，因为只有企业被社会承认和接纳，才能有足够的发展空间。企业的社会责任已经成为调剂经济发展与社会进步的重要因素，成为企业能否持续发展的重要指标，同时也成为了构建和谐社会的重要因素。企业的社会责任履责具有以下几点重要意义：

（1）企业承担社会责任有利于促进我国企业改善职工的基本生产和生活条

件、加强安全生产管理、关注社会慈善事业、建立良好商业道德意识、加强环境保护，使企业的生产经营活动建立在可持续发展基础之上，并使其健康持久。这些作用不仅与我国的国家政策和长远目标完全一致，而且还能更好地促进我国诸如《中华人民共和国劳动法》、《中华人民共和国安全生产法》、《中华人民共和国职业病防治法》、《中华人民共和国环境保护法》等一系列与社会责任有关的法律法规在企业内部得到切实贯彻实施，减少社会失业，提高人民生活水平，促进社会公正、有序、协调发展。

（2）企业承担社会责任有利于解决资本与各利益群体的矛盾问题，使企业树立清晰、正确的商业伦理和经营理念。从社会整体来看，每个企业都是别的企业的外部环境，每个企业都承担一份社会责任，整个社会环境就能够得到改善，因此，和谐社会的构建离不开企业承担社会责任、遵守法律和商业道德①。

三、内蒙古自治区企业社会责任是社会和谐的基石

我国改革 30 多年硕果累累，如何使我们的改革在现有成果的基础上惠及更多的人，党中央提出要构建和谐社会，以使我们的社会更加公正、公平、协调、有序的向前发展。

内蒙古自治区企业承担社会责任就是企业在创造利润、对股东利益负责的同时，还要承担对员工、消费者、社区和环境的社会责任，包括遵守商业道德、生产安全、职业健康、保护劳动者的合法权益、保护环境、支持慈善事业、捐助社会公益、保护弱势群体等。

企业在承担社会责任，为和谐社会出力尽责时，应注意理清以下几方面关系：

1. 和谐是发展中的和谐

相比过去已经有越来越多的企业家开始关心社会，他们的企业已经度过了发展的初级阶段，进入成熟阶段，他们的眼界越来越宽、越来越远，已经越过了以赚钱为目标的阶段，进而开始考虑企业和社会的关系，感受到了自己肩上的社会责任。然而，企业也一定要考虑自身所处的不同发展阶段，根据自身能力承担适当的社会责任，在企业中不和谐的矛盾总是不断产生的，因此，一个

① 王香茜．试论构建和谐社会中企业的社会责任［J］．内蒙古财经学院学报，2006（1）．

企业能否持续发展，能否持续承担社会责任是构建和谐社会的关键。

2. 科学决策是和谐社会的基础

企业社会责任主要是协调各相关利益群体的关系，决策时必须考虑效率与公平、当前与长远、企业与社会等各方面的关系，在深入贯彻以人为本、全面协调可持续的科学发展观的基础上，做出权衡取舍；又因为企业发展所面临的环境是一个高度复杂的、系统的，科技、经济、社会各个方面相互贯通的环境，是一个高度复杂的、开放的、充满着风险和不确定性的系统，这就对企业领导干部的决策水平和决策能力提出了更高的要求，因此，要提高构建和谐社会的能力，只有能力加责任心才能使和谐社会的构想变成现实。

3. 体制改革是构建和谐社会的推动力

构建和谐社会的过程，也是企业体制改革的推进过程。企业的价值在于创造社会财富，经济利益是维系企业生存和发展的必要手段。企业的改革首先要有利于企业经济目的的实现，但不能一味追逐经济利益，不承担社会责任。如果企业只关注经济利益就很可能造成在实现企业经济效益的同时，破坏了社会效益，为社会创造了负财富，这是与企业的终极目的背道而驰的。对于社会来说，这样的企业就没有存在的价值。企业改革要充分考虑工人群众的利益，尽量使各项管理制度透明化，对不得不下岗的职工，尽可能地给予妥善的安排，使社会尽可能地和谐。

4. 和谐是需要支付成本的

企业承担社会责任必定要付出代价。比如，企业为了建设污水处理和回收系统，就要有消耗，企业安置社会多余劳动力，虽然可以提高公众形象，但却会增加企业的负担，开发可持续发展的产品项目，需要大量的研发费用，在社区内开展公益活动会在财务上表现为支出等。因此，企业在承担社会责任的过程中，要摆正财务效益、环境效益和社会效益三者的关系，同时坚信，承担社会责任并不仅仅是成本，而是未来的收益。

第七章
善用资源　服务建设

——乌兰察布中联水泥有限公司社会责任①

内蒙古自治区优势企业已经呈现出以优势的自然资源为依托，即自然资源的地理独占性和地理积聚性特征；与产业集群互动共成长性特征；地理上或区域上的品牌优势特征及资源配置和整合能力为竞争优势的特征。

内蒙古自治区资源型企业发展的经验和规律正在引导当地企业发展和政府政策的取向，推动内蒙古自治区资源型企业的快速发展，并且通过优势企业的带动，促进相关产业集群的快速发展。然而，现代企业的发展日益受资源和环境的困扰，如何让内蒙古地区资源型企业既高速成长，又可持续发展是企业发展战略理论和实践的热点问题。本部分以乌兰察布中联水泥有限公司为例，说明树立社会责任理念、承担社会责任是资源型企业成长的永恒主题，也说明社会责任对提高企业竞争力的意义。

一、乌兰察布中联水泥有限公司的成长之路

1. 乌兰察布中联水泥有限公司的成长过程

乌兰察布中联水泥有限公司（以下简称乌兰中联）前身为察右后旗乌兰水泥厂。内蒙古乌兰中联成立于1996年10月，是国家“八五”重点建设项目和自治区最大的扶贫工程之一，最初由内蒙古电力（集团）公司控股，总部设在

① 王香茜．以社会责任提升企业核心竞争力［J］．内蒙古财经学院学报，2006（5）．

乌兰察布市乌兰水泥工业园区，注册资金为 52303 万元。

乌兰中联创立之初经历了非常曲折艰难的发展过程。从 1976 年开始筹建，历经 24 年，非常坎坷，是典型的“马拉松”式工程，使企业背上沉重的债务包袱。2000 年 4 月第一条生产线建成投产，而投产时工程超出预算达 2 亿多元，资金缺口 15 亿元，资产负债率达 78%，企业严重亏损。原有的 26 家股东，有 12 家退股，其他股东也要求退股。企业面临着“投产之时，便是下马之时”的危机。

企业经过艰苦的努力，终于渡过难关。2008 年底之前，乌兰中联实行母子公司管理体制，以内蒙古乌兰察布水泥有限公司为母公司，以现有内蒙古乌兰水泥有限公司集宁分公司一分公司以及乌兰察布华强水泥有限公司、通辽乌兰蒙东水泥有限公司、内蒙古华宁热电有限公司、乌兰察布华立污水回用有限公司、内蒙古华源矿业开发有限公司、乌兰察布创元物业有限公司七个控股子公司和呼和浩特金山特种水泥有限责任公司一个全资控股子公司为分公司，其中还包括内蒙古华立水泥有限公司、乌兰察布蒙中水泥有限公司、内蒙古乌盟华立发电有限责任公司、内蒙古华峰水泥有限公司、卓资县华盛水泥有限公司、通辽华立房地产开发有限公司、乌兰察布华启发电有限公司和赤峰华林水泥有限公司八个成员单位，形成了多元化的产业格局，跃居成为内蒙古自治区最大的水泥企业集团。

2009 年底与中国建材集团旗下的中国联合水泥集团有限公司实现了重组，总资产达 35 亿元。

截至 2017 年企业由投产时一条 70.5 万吨生产线发展到熟料生产线 4 条（其中 5000 吨/天熟料生产线 1 条，2500 吨/天熟料生产线 2 条，2000 吨/天熟料生产线 1 条），熟料规模产能达 360 万吨；在线运行的水泥粉磨线 3 条（其中 φ4.2 水泥磨 1 台，φ3.8 水泥磨 1 台，φ3.2 水泥磨 1 台），水泥规模产能达 300 万吨。2016 年，在蒙古国建成 5000 吨/天熟料生产线 1 条，水泥粉磨线 1 条，φ3.2 水泥磨 1 台，周边蕴含储量近 2 亿吨的石灰石矿区，资源丰富。公司为加大环保投入力度，共建设纯低温余热发电机组 2 台（其中 2×4000 千瓦纯低温余热发电机组 1 台，9000 千瓦纯低温余热发电机组 1 台），发电装机总容量为 1.7 万千瓦①②。

---

① 乌兰察布中联水泥公司简介［EB/OL］. 乌兰察布市人民政府官网，http：//wu lab cha bu.fov.cn/，2013-12-10.

② 王香茜 . 2017 电话调研资料 .

企业经过多年的发展，基本形成了水泥熟料生产、供热、纯低温余热发电、灰渣利用、变频节电等产业间的整合，走上了一条资源互用的新型化水泥产业之路，实现了节能降耗和成本降低，是国家重点支持的产业调整 60 家大型水泥企业之一。

“资源有限、创造无限”，乌兰人用全新的资源观和价值观，走出了一条绿色生态、管理现代、社会和企业效益“双赢”的循环经济可持续发展之路，使乌兰中联与草原自然风光融为一体，形成了绿色生态式家园。绿色的品牌创造了巨大的市场商机，产品销售市场遍及乌兰察布、呼和浩特、包头、鄂尔多斯、锡林浩特，蒙古国以及周边省区，同时销售半径不断扩大，现已形成东至赤峰、通辽，北至蒙古国、俄罗斯，南至大同、张家口、宣化的市场格局。公司的水泥产品被评为国家免检产品和蒙古国进口免检产品，品牌在国内享有较高的知名度；乌兰中联进入了“内蒙古自治区自主创新 50 强企业”和“中国品牌 500 强企业”。

2. 乌兰中联成长的原因

乌兰中联自成立以来，在逆境中凭着对开创事业的激情，以艰苦奋斗、永不止步的精神，创造了巨大的企业财富。

乌兰中联成长的原因很多，主要有以下几点：

（1）丰富的资源。拥有资源就是占领了先机，水泥行业对资源的依赖较强。乌兰中联建在富含制造水泥所必需的石灰石、黏土、硅砂等矿藏的乌盟后旗矿区，其也靠近集宁、山西、鄂尔多斯等煤矿，可以最大限度、低成本地利用当地资源，在水泥销售半径 300 公里之内有绝对优势。乌兰人对资源的认识具有辩证观，其挖掘使用废弃物让资源可以循环利用。因为只有促进资源的高效使用和循环利用，才能减轻经济发展对资源供给的压力。

（2）政府的扶持。内蒙古自治区政府于 1995 年在乌兰中联开现场办公会，共筹集 5.2303 亿元，其中 3.2 亿为债转股，成为乌兰中联发展最关键的起步资金。2013 年内蒙古自治区政府支持乌兰中联进行股份制改革，理顺了产权关系。乌兰察布市市政府在各方面也都全力支持乌兰中联，如减免税收、并购其他企业、融资等。中国水泥行业“抓大改小”的产业政策也使乌兰中联受益。这些政策和措施使企业迅速、低成本地获得了高成长的条件。

（3）市场的推动。水泥产业发展迅速源于多种市场机会，西部大开发中，普遍进行小城镇建设和城市改造。建设新区、改造旧城、修路建桥等需要水泥；内蒙古经济发展速度居全国首位，固定资产投资增幅巨大，铁路公路建设加快需要水泥；北京申奥成功带来的各项建筑工程需要优质水泥；周边的蒙古国经济建设速度加快需要水泥。这些条件导致全国水泥市场以每年20万吨的速度扩容。

（4）优秀的领导班子。领导有魄力，敢于冒风险，善于整合资源，经营资源，经营绿色，有着强烈的高成长的愿望，注重实效，不尚空谈，用数字和事实说话，整体素质高，党政密切配合。乌兰中联水泥的成功，与企业领导的循环经济理念直接相关。为做到清洁生产，企业领导班子从油、水、风、气、电、粉、料的"跑、冒、滴、漏"开刀，从管理、工艺设计和设备方面对症下药，使因粉尘危害严重而一贯被人们称为"扬灰场"的水泥厂变成了环境优美的花园式工厂。

（5）明晰的企业战略。水泥产业是竞争激烈的行业，乌兰中联为适应市场的变化，不断调整市场机制，制定发展战略。乌兰中联集团2007年前战略目标是分三步走的奋斗目标：第一步，在乌兰察布市形成500万吨生产规模；第二步，在集宁发展500万吨生产规模；第三步，在通辽奈曼旗再发展500万吨生产规模。明晰的企业战略为最终形成以华北地区为核心、放眼全国的远景规划指明了方向。如今乌兰中联正在打造"全球优秀的水泥及混凝土专业制造商"。

（6）良好的人力资源队伍。员工对待企业的态度是积极支持，坚决拥护。2005年有6个多月未发工资，员工毫无怨言。各级领导也非常重视员工的成长，一方面外送员工学习，另一方面经常请专家来讲课，提高员工的素质达到使全体员工能够迅速统一思想，很快理解领导意图的目的。高素质的员工队伍在接受新方法、新思维方面也反应较快。同时，企业也建立了切实有效的业绩考评体系，结合绩效、态度、能力全面衡量和评价、激励和调动员工的积极性。

（7）对顾客的关注。企业越来越关注对顾客的服务。一是将市场调查和对竞争对手的监测作为市场销售人员的主要工作之一，各销售区域每月都要出一份市场调研报告；二是重视售后服务，规定"售前、售中、售后的每一个细节都体现乌兰中联凝聚真诚的服务理念和专业、有效的服务质量"；三是重视与客户沟通，甚至一家一家地拜访客户。同时，企业还为中间商设立了各种补贴奖金，如开拓奖、合作奖、信息奖，并请他们参与企业发展的决策。

（8）重视品牌建设。品牌对于企业来说极其重要，是企业持久发展的保证。乌兰中联工艺先进、设备精良、管理科学、队伍成熟，代表着国内乃至国际水泥企业的先进水平，形成了自身的品牌优势。企业在品牌建设方面付出很多心血，以“永争第一”“我们生产凝聚力”为宣传口号，重诚信、重质量，以对草原、对社会高度负责的责任感，追求品牌美誉度。2003~2004 年成为内蒙古水泥业领导品牌，2005~2006 年成为华北地区水泥行业强势品牌，2006~2008 年成为中国建材行业著名品牌等。

2011 年 6 月 8 日，公司在呼和浩特锦江大酒店成功召开了品牌转换新闻发布会，商标由“乌兰水泥”（VOLAN）变更为“中联水泥”（CUCC）。“中联水泥”品牌跨入世界 500 强行列。

CUCC 商标第一个字母 C 代表的是中国（China）；第二个字母 U 代表着联合（United）；第三个字母 C 代表水泥（Cement）；第四个字母 C 代表着集团公司（Corporation）。

商标整体为蓝色，唯有第三个字母用红色，它代表了水泥用火煅烧的特质和企业服务的热情，代表了同中国建材的血缘关系。两个尖角给人以向前的动感，代表着事业的红火和蓬勃向前的发展。其他三个字母采用蓝色，体现中国联合水泥坚实可靠的企业形象，并且也传达了建材行业给人以信赖感的行业属性①。

（9）社会责任。乌兰人认为，责任就是担当，就是付出，就是承担应当承担的任务，完成应当完成的使命，做好应当做好的工作。在众多的成长因素中，引导企业前行的核心是社会责任。由于企业有了社会责任，才能有明晰的战略也才能围绕明晰的战略，有效运用企业的人、财、物等资源，企业的发展也才能更符合行业发展的趋势，使之既高速成长，又可持续发展。

二、社会责任提升企业核心竞争力

水泥是国民经济发展、生产建设和人民生活不可缺少的基础原材料。随着我国经济的发展，水泥产量已达到相当大的规模，水泥工业也呈快速发展态势（见表 7-1 ）。

---

① 乌兰察布中联集团．品牌战略［EB/OL］．乌兰察布中联集团官网，http：//www.volan.cn，2011-06-09.

表 7-1　2006~2016 年中国水泥产量及增长率统计

单位：亿吨，%

年份	年度产量	同比增长
2006	12.04	—
2007	13.54	12.46
2008	13.88	2.51
2009	16.29	17.36
2010	18.68	14.67
2011	20.63	10.44
2012	21.84	5.87
2013	24.14	10.53
2014	24.76	2.57
2015	23.48	-4.9
2016	24.03	2.5

资料来源：中国水泥网，http：//www.ccernent.com/.

然而，我国水泥企业数量多、产能小，平均产能不足发达国家的 1/10，是一个高耗能、高污染的行业，其排放物主要有粉尘、二氧化硫、氮氧化物、二氧化碳等，对环境的污染十分严重，水泥的需求除个别年份外（2015 年低谷）均以每年较高速度增长，高能耗、高污染将越来越严重。

2016 年内蒙古自治区水泥产量为 6296.76 万吨，其产能过剩已不可避免，节能降耗形势严峻，通过结构调整、淘汰落后产能以及提高产业集中度等方法是形势发展的必然要求。

与大多数水泥企业不同的是，走进乌兰中联，看到的是蓝蓝的天、绿绿的地，还有那一幢幢建筑上的红顶子（蓝天、绿地、红乌兰），你不会认为这就是水泥企业，因为在所有人的记忆中，水泥企业应该是漫天满地的水泥灰、周围农田的板结地以及工人们的满身污浊。

乌兰中联地处内蒙古自治区乌兰察布大草原深处，一个现代化大型企业如果不重视环境保护，美丽的大草原将会出现难以修复的灾难性后果，就无法向人民和子孙后代交代。作为资源型企业，乌兰中联的成功有许多不可或缺的因素。然而，建设绿色环保生态水泥企业是企业最大的成功。多年来，企业与传统水泥生产工艺的“脏”“乱”“差”现象进行顽强的斗争和彻底的决裂，坚持不懈地进行“设备整治”“七漏治理”，实现“零排放”的清洁生产、文明生产，使企业知名度越来越高。

乌兰中联是较早提出并建设循环经济的企业，企业在突出发展水泥生产和供热发电两个主营业务的同时，不断优化产业结构，走出了一条循环经济和生态保护发展之路——电力、水泥两大行业资源互补模式，并延伸发展采矿、物流、城市集中供热、中水回用、灰渣掺用、余热回收、风积沙利用、垃圾可燃物资源化处理、小水泥整合和房地产开发等多元化产业结构，形成了一个多层次的、相关产业相结合的循环链条，被国家发改委（发改环资〔2005〕2199号文）列为国家首批循环经济试点单位之一，得到了国家产业政策的大力支持。

企业的社会责任行为成为企业高成长的核心动力。具体来说，企业的社会责任行为表现为以下几方面：

1. 发展循环经济

如何真正树立全面、协调、可持续发展的科学发展观是乌兰人必须直面对待的问题，为了生存和发展，必须打破传统发展观念以全新的思路发展乌兰水泥。从2003年起，企业利用周边地区发电厂废弃的粉煤灰、煤矸石以及钢铁厂的冶炼废渣作为生产水泥的辅料，代替过去长期使用的火山灰，这样既减少了辅料的消耗，又有效消除了工业垃圾，并成功地利用水泥窑的余热来发电。这些利废措施的实施使乌兰中联的生产成本每年以10%的幅度下降，产品市场竞争力不断增强。同时，乌兰中联利用自身水泥熟料产能巨大和优质、环保、低成本优势，对一些小水泥厂进行收编改造，淘汰污染严重的立窑，将这些小厂改造为粉磨站，由乌兰中联直接提供熟料给这些粉磨站，使其加工优质水泥，做到了既发展自己，治理了污染，又使地方得利的三赢局面。

2005年，乌兰中联又提出了打造新型产业链的发展思路，其就是建立水泥生产、发电、集中供热、废水处理、粉煤灰和垃圾利用一条龙的大型水泥生产基地，做到上游和下游产品紧密衔接，一个生产环节产生的废物成为下一生产环节利用的原料，既保护环境，又降低成本。在内蒙古电力公司的支持下，企业利用集宁地区的一个已下马多年的工厂旧址着手建设“一条龙”基地。2006年投产的2150兆瓦供热自备电厂，年可发电18亿度，在水泥生产自用的同时并入蒙西电网为其提供电量，电厂余热可为集宁地区集中供热 400 万平方米，使其因此可拆除 470 多台供暖小锅炉，减少 5300 多吨烟尘排放；基地的污水厂可日处理集宁地区排放的 5 万吨生产和生活废水，变成中水后供基地电厂和水泥厂循环使用；利用水泥窑的高温，每年焚烧处理集宁地区 10 万吨左右的生活垃圾，焚烧垃圾产生的热能又用于水泥生产或与水泥窑余热一起用于辅助发电。基地电厂和周边地区内蒙古丰镇发电厂、内蒙古岱海发电有限责任公司产生的粉煤灰全部用于生产水泥，将减少电厂排渣占地 5000 多亩、每年节约上亿元的环保费用。

乌兰中联不断探索资源综合利用技术，积极消化废料，提高资源利用率。2009 年 10 月成功研制出高性能熟料和 P·O 42.5、P·C 32.5 等级水泥，资源综合利用率达到 51.5%。2010 年，P·O 42.5 水泥、P·C 32.5 水泥及水泥熟料成功申请为自治区资源综合利用产品。2011 年该产品在生产过程中全年累计掺加石灰石废石 724056 吨、粉煤灰 111027.5 吨、脱硫石膏 31778.6 吨[①]。

2010 年以来，企业先后投资 3000 万元，引进节能技术，淘汰落后设备，对生产线的全部低、高压电机进行了改造，年综合节电率达到 30%以上。同时，对一些高耗能、低产能工艺设备有计划地分期进行了淘汰和改进。

为了遏制粉尘排放，企业在原料、原煤堆场安装了挡风墙；对物料破碎、输送、粉磨设备加大密闭封堵措施，减少“跑、冒、滴、漏”；在水泥、熟料装车点安装了袋式收尘器；在各个下料口安装收尘器，最大限度地控制粉尘排放，同时也降低了原材料的损失。针对废水的排放，企业建设了一套沉淀净化设施，一座景观氧化塘（人工湖），实现了生产废水、生活污水的循环利用。为了减小噪声污染，企业在设备选型上尽量选择噪声低的设备或在噪声集中处设置隔音室，加消音器、减振等措施。通过实施多方位减排，全力保护环境[②]。

利用余热发电，实现节能环保。2012 年该公司专门成立了余热发电技改小组，将原来的 2 台余热发电机组的发电能力由 20 千瓦时/吨熟料以下提高到 25 千瓦时/吨熟料以上，在 2013 年达到 35 千瓦时/吨熟料。

乌兰中联致力于“合理利用资源、吸纳消化废弃物，尽力消除噪声以及尘埃、废气的排放”，以水泥产业为主导，以生态和环保为特征，紧紧把握经济

---

①② 王连英．内蒙古乌兰察布中联水泥闯出一条循环经济发展之路［EB/OL］．水泥商情网，http：//www.snsqw.com/news/hydt/guonei/201210/151864.html，2012-10-04.

规律，形成采煤、发电、供热、水泥、污水处理、灰渣利用、垃圾处理、余热发电、风积沙利用等相关产业为主要内容的产业整合、资源互用、能源转换的循环经济大型生态环保水泥生产基地如图 7-1 所示。

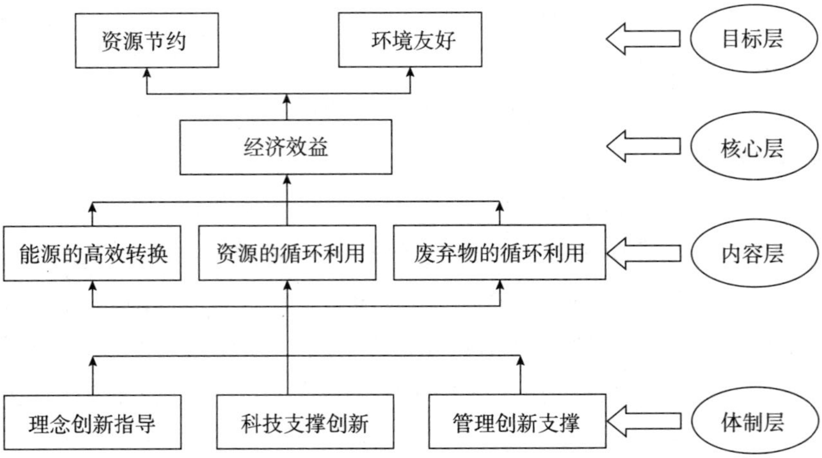

图 7-1　乌兰中联循环经济发展示意图

2. 生态保护

（1）保护自然景观。企业追求“蓝天、绿地、红乌兰”，实现“零排放”，天空永远是蓝的，陆地永远是绿的，使现代化企业与草原自然景观融为一体，建成了具有草原特色的花园式企业。企业将周边火山群保护起来，用凝灰岩代替火山灰，用风积沙代替黏土，保护耕地，保护环境及自然景观。

（2）建立空中生产线。企业领导人认为，土地资源有限，为了保护草场，为了提高土地使用率，企业在 2 条熟料生产线位置通过高空输送办法建成 4 条熟料生产线，节约了耕地 800 多亩。高高的空中生产线，既节约了土地资源，又可成为工业旅游的资源。

（3）矿山利用后的复垦。企业将利用后的矿山复垦，重新恢复草原植被，保护了草原脆弱的生态，用生态保护理念引领高能耗、高污染产业发展，还大地以绿水青山。

（4）变沙害为可用资源。面对当前草原破坏日益严重的局面，人类赖以生存的土地受到严重威胁。通辽奈曼旗是粮食高产区，沙化面积已达 858 万亩，占全旗耕地面积的 70%，流动沙丘为 358 万亩，并且以每年几公里的速度向南推进，沙害形势非常严峻。企业把生产线建在沙丘上，节约 1200 亩耕地，并且利用风积沙作为辅料，吃沙还田，吃沙还林，吃沙造湖。在通辽奈曼旗 2×5000 吨熟料生产基地使用风积沙代替黏土做原料，每年可以吃掉风积沙 50 万吨，恢复耕地近 2000 亩，变沙为宝，变害为利。

企业以“善用资源，服务建设”为核心理念，树立“创新、绩效、和谐、责任”的核心价值观，为内蒙古自治区经济的发展做出更大的贡献。可以说，在参与内蒙古自治区的经济建设中，企业清楚地认识到经济、社会和环境问题的强烈互动，认识到企业不仅是区域经济的基本组织，也是区域社会的基本组织，更是一个可以直接贡献或破坏自己生存与发展环境的重要角色。因此，企业要承担社会责任，要为地区经济社会发展与环境友好建设做贡献，同时也要视社会责任为企业发展的新机遇。

三、乌兰中联承担社会责任的效果

乌兰中联以社会责任为主的运行方式，为企业带来了巨大的效益，其主要表现在以下几方面：

1. 经济效益

乌兰中联建成投产后，一期工程仅 70 万吨生产能力，4 年之后形成 500 万吨的生产能力，最高时的生产能力过千万吨。然而，近年来，由于受经济下行压力的影响，建材市场处于萧条状态。乌兰中联作为地区水泥行业龙头企业，从 2012 年下半年开始，4 条生产线开始出现开工不足情况，2014 年下半年开始减为 3 条线生产，2015 上半年开始减为 2 条线生产，2015 年下半年至 2016 年初只有 1 条生产线维持生产。水泥销量从 2013~2015 年逐年减少，分别为 745.81 万吨、538.73 万吨和 449.29 万吨；利润总额由盈利转为亏损，分别为 2341 万元、-9792 万元和-14138 万元；销售产值降中略有回升，分别为 8.75 亿元、2.01 亿元、4.42 亿元。经济效益也呈逐年下滑态势，2009 年重组后，每年上缴地方税金 1 亿元，从 2012 年开始连续几年锐减，至 2015 年上缴地方税金锐减为 4000 万元①。2017 年，随着淘汰落后产能企业的完成及经济的转

① 中国人民银行察右后旗支行课题组．对乌兰察布市中联水泥有限公司去产能情况的调查［J］．北方金融，2016（7）．

暖，企业经济效益也开始减亏向好。

2. 社会效益

乌兰中联的5000吨/天熟料新型干法生产线为内蒙古自治区水泥行业第一条线，对内蒙古自治区水泥工业的发展和调整具有示范与带动作用。在原料区利用资源优势只生产水泥熟料，通过异地兼并、重组和建设粉磨站，不但节约运费，更重要的是改造了小水泥厂，调整了产业结构。改造范围辐射东至通辽、赤峰、东北；西至呼和浩特、包头、鄂尔多斯市的内蒙古自治区经济发展的“金三角”地区；北至二连浩特、蒙古国；南至张家口、宣化、北京地区。既实现了资源优势互补，又可盘活闲置资产上亿元。利用集宁原绒毛厂、物资储备库、钢厂闲置土地和资产分别建设了热电厂、水泥厂、粉磨站、中水回用公司，利用土地1000余亩，铁路专用线6条，仓储能力5万吨及原办公楼、机修车间、变电站、给水设施等，同样盘活了资产几亿元，节约了大量建设资金，使老工业区焕发了新的生机。同时，增加物流总量1000万吨，相应带动了当地采矿业、运输及加工业和第三产业发展，并且提供直接就业岗位3000多个，间接就业岗位几千人，解决上万人生活来源问题。

3. 环境效益

乌兰中联的生产技术由于代替了落后水泥生产技术，减少了环境污染，降低了消耗，仅以集宁区310万吨熟料代替400万吨小水泥生产计算（小水泥废气浓度与热耗均按多数小水泥统计数平均值计），每年可以减少粉尘排放5.35万吨，节煤11.5万吨。

2×150兆瓦供热机组集中供热可取消城市内分散采暖锅炉房302座、拆除烟囱324座、燃煤锅炉472台，取暖期内可减少向大气排放烟尘5000吨，并且集中供热可节约大量燃料。内蒙古丰镇发电厂、内蒙古岱海发电有限责任公司200多万吨粉煤灰、炉渣被全部利用，实现“零排放”，可节约废渣堆放占地5000亩以上。既减少了粉煤灰污染，又可节约几千万元环保费用。充分利用中水，每年节水1000万吨以上，同时减少向河流中排放污水1000万吨以上，从根本上治理了黄旗海污染严重的问题。熟料生产线处理可燃垃圾近10万吨，既节约了能源又减少了垃圾填埋量、土地占用量及其对环境的污染。

乌兰中联成长的驱动因素如表7-2所示。

表 7-2 乌兰中联成长驱动因素①

起步	发展				
生产方面的成长（1999 年）	市场方面的成长（2000~2002 年）	生产方面的成长（2000~2002 年）	市场方面的成长（2003~2005 年）	生产方面的成长（2003~2005 年）	资源方面的成长（2003~2005 年）
一期工程 1999 年 9 月建成投产；设备技术改造，使一期工程步入正常的生产轨道。产量达到 70.5 万吨/年	在张家口、北京等地扩大市场	设备运转率提高，实现稳定生产，大幅度降低了生产成本	开拓了呼包二市，蓝旗、蒙古国等地市场，扩大原有市场份额；品牌价值大幅度提升	二期、三期工程投产，日产熟料各 2500 吨，年产水泥 300 万吨；四期工程投产，日产 5000 吨熟料。通辽奈曼工程建成投产，日产 2500 吨熟料，年 500 万吨水泥。生产能力扩大	控制集宁附近的煤田；建供热自备电厂，形成热电联产；成立污水净化公司，将城市生产、生活废水全部回收加工成中水用于发电和水泥生产；建熟料生产线，将粉煤灰、炉渣用于水泥生产；大量收购兴建粉磨站，遍布呼包二市、张家口、蓝旗、蒙古国等地
管理驱动因素/资金驱动因素	管理驱动因素	技术驱动因素 管理驱动因素	管理驱动因素	资金驱动因素 管理驱动因素	管理驱动因素
内部整改、精简机构；规范了经营管理制度等 内蒙古政府领导现场办公协调解决资金问题，总投资达 7.96 亿元（含基础设施）	采用低价格策略，允许赊欠销售，在张家口、北京设立办事处	窑系统各项改造；优化配料方案，提高了设备运转率；对设备和工艺进行了二十多项较大技术改造等。狠抓成本管理	取消低价格，停止赊销；撤销各办事处财务；成立了清欠小组，对呆账、陈账进行全面清理；大量收购兴建粉磨站，扩大销售半径；品牌管理	二期、三期总投资达 3.7 亿元。四期工程与通辽奈曼工程总投资达 15.5 亿元 职工集资成立了华立公司，通过兼并、回购建设 9 座粉磨站，使生产能力进一步扩大；继续抓成本管理，使生产成本降低；产权改革理顺了股权关系	循环经济发展战略

① 曹振杰．2007 年企业内部调研资料．

乌兰中联的发展，显示出企业以社会责任为核心的运行方式：占有资源却不浪费资源；用沙做水泥辅料却不是假冒伪劣；扩大规模却建设在空中；变废为宝利用循环经济。由此我们看到，企业的成长是以企业社会责任理念为核心，在其他因素的配合下，一步步壮大起来的。

经济学家林毅认为，不管企业喜欢与否，其社会责任运动浪潮对于企业来讲都会是一个越来越强的、新的、不可回避的外部约束，只有那些快速反应的积极应对者，才能赢得竞争优势地位，从而更好地生存并发展。他进一步说，从长远来看，承担更多的社会责任，也是企业提高自身竞争力的需要，这样可以为企业赢得良好的社会信誉，而良好的社会声望有助于企业吸引顾客、投资者、潜在员工和商业伙伴，从而增强企业的可持续竞争力。乌兰中联以社会责任为核心的发展方式符合党的十六届三中全会提出的“实现经济与社会、人类与自然的协调发展”的要求；也符合党中央十六届五中全会提出的“要加快建设资源节约型、环境友好型社会”的要求，乌兰中联企业的战略性眼光正在使其成为中国最大的绿色环保生态水泥生产基地。

2012 年我国加大水泥落后产能的淘汰力度，淘汰了 27464.5 万吨落后水泥产能。2013 年又进一步加大对水泥行业的环保力度，国家相继出台了《水泥工业大气污染物排放标准》《水泥窑协同处置固体废物污染控制标准》及其配套的《水泥窑协同处置固体废物环境保护技术规范》三项标准。

2016 年 5 月 19 日，根据《国家发展改革委工业和信息化部质检总局关于运用价格手段促进水泥行业产业结构调整有关事项的通知》，从 2017 年 1 月起，乌兰察布市将对淘汰类以外的通用硅酸盐水泥生产企业生产用电实行基于可比熟料（水泥）综合电耗水平标准的阶梯电价政策，电价加价额度为 0.1~0.25 元。

同年，我国在经济运行企稳的情况下，继续去产能，遏制水泥、平板玻璃行业产能盲目扩张。严格执行能耗限额、污染物排放等强制性标准，倒逼竞争乏力产能退出。强化企业社会责任，在北方地区采暖季继续全面推进水泥熟料错峰生产①。

2016 年 9 月 19 日，工业和信息化部节能与综合利用司发布了《绿色制造工程实施指南（2016~2020 年）》（以下简称指南）。指南明确了水泥等行业

---

① 工业和信息化部．大力推进水泥平板玻璃行业“去产能”［EB/OL］．中国证券网，http://www.cnstock.com，2016-02-05.

主要指标，其中，到 2020 年，规模以上单位工业增加值能耗下降 18%，吨水泥综合能耗降到 85 千克标准煤。

绿水青山就是金山银山！乌兰中联将继续贯彻可持续发展战略和《中华人民共和国清洁生产促进法》，建设资源利用率高、污染物排放量少、环境清洁优美、经济效益显著的清洁生产企业；继续促进资源—产品—废弃物—再生资源的环状反馈式运行模式，使企业内生产循环、企业生产与环境治理、区域内废弃物与生产需求平衡相结合，节约资源与改善环境相结合，实现社会效益与经济效益的结合，为社会的可持续发展贡献力量。

第八章
承担社会责任　抓住环境发展机遇

——赤峰中色锌业的环境社会责任

经济、社会和环境问题的强烈互动使越来越多的企业清楚地认识到企业不仅是区域经济的基本组织，也是区域社会的基本组织，更是一个可以直接贡献或破坏自己生存发展环境的一个重要角色，企业经营中存在着人类对大自然的征服与损害的尖锐矛盾。因此，企业对维护生态平衡、保护环境有着不可推卸的责任。内蒙古自治区一些有眼光的企业视环境社会责任为企业的发展机遇。本部分以赤峰中色库博红烨锌业有限公司为例，说明企业承担环境社会责任对经济可持续发展的意义。

一、赤峰中色库博红烨锌业有限公司简介①

赤峰中色库博红烨锌业有限公司的前身是赤峰冶炼厂，1992 年 6 月开工建设，1995 年建成投产，年产电解锌 2.1 万吨，硫酸 3.6 万吨，是内蒙古自治区“八五”期间重点项目。

1998 年 5 月进行公司制改造后组建了赤峰红烨锌冶炼有限责任公司，其中，内蒙古自治区计委基本建设投资公司控股，投资 6500 万元，占注册资本金的 51.3%，赤峰市政府参股，投资 6170 万元，占注册资本金的 48.7%。

2003 年 7 月，由南非库博公司、赤峰红烨锌冶炼有限责任公司和赤峰白音诺尔铅锌矿三方在赤峰红烨锌冶炼有限责任公司一期工程基础上，就其二期改

---

① 王香茜和张国良的企业内部调研资料及中色锌业官网资料等。

扩建工程共同出资组建了赤峰库博红烨锌业有限公司，从而使企业实现了跨越式发展，建成后年产锌锭5万吨，硫酸9万吨，企业规模扩大1倍。

2006年中国有色金属建设股份有限公司投资赤峰库博红烨锌业有限公司三期改扩建工程，又在赤峰库博红烨锌业有限公司的基础上成立赤峰中色库博红烨锌业有限公司（以下简称中色锌业）。三期工程在2007年建成，企业总资产由原来的6.5亿元增加到13亿元，年产锌锭由5万吨增加到11万吨，副产品硫酸由9万吨增加到19万吨，产值翻一番，同时开发锌金属产品，回收多种稀有金属，综合经济效益显著提高。

2011年5月28日焙烧制酸系统一次点火成功，生产出合格焙砂和硫酸，6月22日又成功生产出第一批锌片，铸出第一批锌锭，这标志着四期工程已全面建成投产，随着四期项目的投产，公司锌锭的年产能陡增10万吨，达到了21万吨。这一变化使公司迅速跻身国内同行业前六名。

目前，企业总生产能力达到年产锌30万吨，硫酸约50万吨，年销售收入可达100亿元人民币，正在向综合实力进入国内同行业企业前三名、国际前十名迈进，成为名副其实的中国“北方锌都”。

企业多年的改革发展与创新，走出了一条国有企业改革和发展的成功之路，创造了具有行业特点和企业特色的“抓住两头，管好中间”的企业管理模式，并荣获第十一届自治区企业管理现代化创新成果。自行研究探索出的“热酸浸出低污染沉矾除铁湿法炼锌新工艺”属国内首家采用，开创了国内湿法炼锌的先河，具有国际领先性，为目前处理日益复杂的锌精矿开辟了一条新途径，为湿法炼锌渣处理找到了一种新方法，对我国炼锌技术的发展也有着特殊重要的意义，2007年该技术获得国家知识产权局颁发的发明专利证书。

1999年“红烨牌锌锭”被自治区人民政府评为自治区名牌产品；2000年4月通过ISO9002—1994质量体系认证；2000年4月被市政府授予“辽河流域污染治理‘一控一达标’先进企业”称号；2000年被自治区政府授予“全区学邯钢、抓管理先进单位”称号；2001年5月被中华全国总工会授予全国“五一”劳动奖状；2002年被自治区政府授予“管理创新先进企业”荣誉称号；2004年2月，被中国企业家联合会、企业家协会纳入“中国优秀企业数据库”；2005年总经理王凤朝荣获“自治区十大经济新闻人物”；2006年，企业荣获了“有色金属行业统计工作先进单位”荣誉称号，2007年公司荣获“全国质量管理先进集体”荣誉称号；2007年通过了“三位一体”，即ISO9001质量管理体系认证、ISO14001环境管理体系认证和OHSAS18001职业健康安全管理体系认证；2009 年 2 月 23 日，中色锌业“红烨”牌锌锭获准注册，产品可应用于上海期货交易所锌标准合约的履约交割。

现代化的企业管理、先进的炼锌工艺技术、丰富的地方锌金属资源和旺盛的锌产品市场使企业呈现出蓬勃发展的良好态势。

中色锌业有一批技术精湛的专业技术队伍和管理出色的领导班子，有一支年轻、专业性强、知识层次高、知识结构合理的高素质职工队伍，其是企业最大的宝贵财富。公司现有员工 1850 人，其中大中专以上学历为 223 人，具有中级职称人员 91 人，高级职称人员 15 人，他们是企业宝贵的财富。

二、中色锌业承担的环境社会责任①

企业作为社会环境的子系统，既要适应环境的发展和变化，又要对环境的发展和变化做出自己应有的贡献，即要承担一定的社会责任。中色锌业注重安全环保，秉承“互利合作、回报股东、奉献社会、关爱员工、呵护环境”的宗旨，以先进的技术、高效的管理，追求人与人的和谐，人与自然的和谐，项目实施与所在地区社会环境的和谐，企业同外部社会的和谐，形成健康和谐的企业品格。中色锌业承担环境治理责任的主要内容有以下几点：

1. 严格的工艺流程

中色锌业生产设计严格按照国家和当地环保标准及规定，高度重视工艺过程中的各环节可能对环境造成的污染，确保各项排放源均达到环保要求。

废气。流态化焙烧炉产出的烟气经余热锅炉及收尘处理净化后，送硫酸车间制酸。制酸工艺流程为稀酸洗涤净化、两次转化两次吸收。制酸尾气符合《大气污染物综合排放标准》中的标准限值要求。干燥窑烟气经布袋收尘器收尘后排放，烟尘排放浓度低于《工业炉窑污染物排放标准》中 200 毫克/立方米的标准限值。转运站、焙烧、锌合金系统等设有岗位通风除尘，除尘效率为 99.5%，外排废气中含尘浓度小于 100 毫克/立方米，符合《大气污染物综合排放标准》中的标准限值。

废水。污酸先经过厂区原有污酸处理站处理后与含酸废水一起送入酸性废水处理站进一步处理，其达到《污水综合排放标准》中的二级标准后与一般性

---

① 王香茜和张国良的企业内部调研资料及中色锌业官网资料等。

生产排水及经过化粪池处理后的生活污水一起排至沙里河。

节能。流态化焙烧炉产出的烟气经余热锅炉回收，余热生产蒸汽可用于生产系统或发电。

废渣。生产过程中产生的铁矾渣和高浸渣的堆放，在二期建设专用渣场时，就提前考虑三期规模生产渣的堆存容量。

消防。厂内已设生产消防给水系统，仅需进一步补充完善即可。

收尘流程。锌焙烧烟气的特点是含尘高、烟尘粒度细、比电阻高，是一种较难回收的粉尘，所以，在收尘时考虑采用宽间距电收尘器，而且过滤速度应适当降低，使烟尘在电场内有足够的荷电和沉积时间，以提高收尘效率。特别是烟气中含有二氧化硫，其具有腐蚀性，容易造成环境污染，要求收尘系统有很高的密封性，因此，在设计时需要将高温风机配置在收尘系统的尾部，且风机采用变频调速使系统在负压下操作，可大大改善环境质量。为防止烟气结露而造成对设备和管道的腐蚀，所有设备和管路均进行外保温。收尘系统收下的烟尘经气力输送至焙砂仓。收尘流程如下：

焙烧炉→余热锅炉→一旋→二旋→电收尘→风机→酸净化后的烟气→制酸车间处理。

2. 环境治理能力的提升

企业研制并生产绿色产品既体现了企业的社会责任，又推动了“绿色市场”的发育，也推动着环保的宣传教育工作，并提高了整个社会的生态意识。组建后的中色锌业以与跨国公司合作为契机实现技术再造。一方面组织引进跨国公司先进的工艺技术；另一方面组织科技人员不断自主研究开发，将技术创新融入技术改造。引进并改造的跨国公司先进技术：①将“热酸浸出常规沉矾除铁湿法炼锌工艺”改造为“热酸浸出低污染沉矾除铁湿法炼锌新工艺”，改造后的工艺系统的回收率由92%提高到95%，而且渣量少，渣率由58%降至52%，减少了对环境的污染。锌产品综合能耗指标低于《锌冶炼企业单位产品能耗消耗限额》标准。②将净液工序两段净化改为三段净化，使锌粉消耗由102公斤/吨—锌降低到55公斤/吨—锌，更有利于生产操作，克服了有价金属分散的弊端，为综合回收其他有价金属创造了条件。③将浸出工艺由间断操作改为连续操作，扩大了生产规模，减轻了工人的劳动强度，降低了生产成本。④将制酸干吸酸冷却排管改为阳极保护，具有操作容易、占地面积小、工艺更稳定等优点。⑤将生产系统控制全部改造成DCS控制系统，使生产控制更方便、快捷。⑥将带式过滤机改成厢式压滤机，使渣含水由45%降至25%，降低了综合能耗。

3. 自主研究开发技术

中色锌业通过自主研究开发新技术加强环境治理能力，采取切实有效的措施来治理环境，“谁污染，谁治理”，不推诿，更不采取转嫁生态危机的不道德行为。

（1）锌精矿焙烧后产出的尾气二氧化硫对环境污染严重，为了充分利用资源，提高二氧化硫的综合回收能力，节约能源，使终结尾气排放达到或低于国家排放标准，中色锌业自主开发回收设备并对其不断进行改造升级，提高烟气含尘的回收率以及二氧化硫的转化率和吸收率。企业采取的主要措施：一是电收尘器由管式改为先进的“C”板“RS”高效阴极芝刺式，使电收尘器出口烟气含尘由原来的0.8克/当量浓度·立方米降到0.38克/当量浓度·立方米，年多回收烟尘60吨。二是烟气的净化采用稀酸封闭循环洗涤方式，杜绝烟尘的泄漏；采用两转两吸工艺，严格控制转化器各层温度，保证较高的平衡转化率，年创造经济效益1500万元。

（2）从弃渣中综合回收有价金属铟、银等。企业自主研发了“高温高酸浸出渣银锌综合回收”新工艺，填补了用湿法工艺综合回收浸出渣中有价金属的空白，开创了浸出渣处理的先河；银回收项目于2013年9月建成投产，截至2015年底共生产银42吨，创造产值过亿元。

目前，该公司综合回收的有价金属包括金、银、铜、镉、钴等，并已开始了对硒、汞、铟等高价金属回收的技术研发工作，争取最大限度利用资源①。

（3）改造锌电解导电方式，即由夹按方式改为搭接方式。搭接方式接触点少，槽电压低，因此电耗低，出装槽容易，易于实现机械化；槽面干净美观，易于清理结晶；出槽时不影响相邻电解槽的电流供给，延长了阴板全年有效析出的时间，提高了阴极锌的产量，极板定位便于调整。一个年产5万吨的炼锌厂导电方式采用搭接，每年可节电560万千瓦时，少用电费250多万元。

（4）研究探索出了“两渣”洗涤工艺。利用闲置的生产设备，完善了两渣洗涤流程，实现了全封闭逆流洗涤，使两渣中的水溶锌大大降低，锌金属回

---

① 刘峰．赤峰中色锌业公司多措并举增效益［EB/OL］．中华人民共和国国土资源部，http：//www.mlr.gov.cn，2016-03-31.

收率提高0.76个百分点。

（5）对低污染沉矾工序进行深入研究，优化了沉矾工艺条件，创造开发了“吹空压、化辅材、返晶种”的操作方法，既降低了反应时间，又降低了各种消耗，年创效益150多万元。

（6）研究如何改善环保设施，为对环境污染进行治理和监控建设了高标准的专业渣场及雨水回收池，保证了企业环境保护和经济建设的协调发展。实现了渣场封闭，污水达标，尾气排出合格，雨水汇集处理的良性循环。

三、节能环保渗入血脉

2013年1月31日，在内蒙古自治区第十二届人民代表大会第一次会议上，中色锌业党委书记、总经理王凤朝当选为第十二届全国人大代表，这是他继2008年当选第十一届全国人大代表后第二次当选。王凤朝1998年任中色锌业有限公司总经理，先后荣获“内蒙古自治区科技创新示范专家”“内蒙古自治区劳动模范”“内蒙古自治区创业企业家”“内蒙古自治区优秀企业家”“全国五一劳动奖章”等荣誉称号。1998年以来，王凤朝带领全体干部员工开拓创新、励精图治，深入贯彻落实科学发展观，正确处理改革、发展、稳定三者的关系。通过两次合资、四次扩建，使企业生产规模扩大十几倍，并综合回收铜、镉、钴、银等有价金属，主要经济技术指标在全国同行业处于领先水平，走出了一条国有企业不破产、不转产、不停产、不裁员、不下岗、不减薪的改革和发展的成功之路，实现了国有资产保值增值，为地方经济发展做出了重要贡献。①

1. 环境治理责任关乎人类未来生存

环境治理的社会义务是企业参与社会活动的基础。如果一个企业仅仅履行了经济上和法律上的义务，那么我们就说该企业履行了它的社会义务。对中色锌业来讲，不排放超标的废水、废气和废渣，是法律规定的义务，是环境对企业的最低要求，与企业是一种被动行为。而中色锌业以积极的态度不断寻求适应环境、突破约束的治理措施，积极主动承担社会责任，特别是在进行决策时，除了考虑投资人的利益和企业本身的利益之外，更多地考虑与企业行为有

① 蒋菡．草原上腾飞的绿色梦想［N］．工人日报，2012-07-21（06）．

密切关系的其他利益群体及社会的利益，除了考虑其行为对自身是否有利外，还考虑对其他利益相关者是否有不利的影响，如是否会造成公害、环境污染、浪费资源等。

2. 自觉承担环境社会责任

企业家承担环境社会责任有三种境界，即社会义务、社会责任、社会响应。王凤朝领导下的中色锌业，正在积极践行着企业家承担环境社会责任的更高境界。

与社会义务相比，社会责任和社会响应超出了基本的经济和法律标准。有社会责任和社会反应的企业家受道德力量的驱动，做对社会有利的事。也就是说，从环境道德角度讲，企业仅仅做到不排放废水、废气和废渣、不污染环境还远远不够，它还要求企业尽可能降低对资源的消耗和浪费、降低对环境的潜在威胁等。碍于法律的威慑力，企业会克制自己对环境的污染，但是，对利润的追逐，会使企业忘记环境道德。在环境问题上，有一些内容是法律触及不到的，环境法律只能对具体的行为进行惩治，而环境道德则可以遏制企业对环境的无形破坏和潜在威胁。环境道德是非强制性的手段，它是靠社会舆论的力量，靠企业家内心的力量，通过教育的手段，以其说服力和劝导力来影响和提高企业的环境觉悟，使之能够自觉遵从不破坏环境，并能制止他人破坏环境。环境道德不仅可以规范人们的外在行为，还可影响、引导人们的思想观念，这是环境法律无法替代的。环境道德要求企业改变传统的经营哲学和经营理念，树立新的行为准则，如综合效益原则、公平与正义原则、可持续发展原则。

正如英国学者约翰·凯教授所言："一个成功公司的核心因素应超越以赚钱为经营目的。正是这个因素激发了员工的忠诚度，使企业有创造和革新的激情，最终使企业能够获得成功的商业运营。理解了生财有'道'的含义是使经济成功保持持续发展的先决条件。"也许"公司使命感"确实会让一些企业走许多弯路，但当企业因为社会责任成本太高而去寻找另外的替代品时会发现，企业的社会责任没有替代品。

如今，中色锌业除在环保方面的优势以外，还具有其他五大优势①：

第一，资源优势。赤峰地区的铅锌资源比较富集，拥有超过4000万吨的有色金属储量，其中以铅锌储量为最多。赤峰库博红烨锌冶炼四期正在积极建

① 蒋菡．草原上腾飞的绿色梦想［N］．工人日报，2012-07-21（06）．

设，中色锌业在赤峰地区获得了 15 个探矿区块，为铅锌业的发展提供了资源保障。

第二，区位优势。在国内 10 万吨以上的锌冶炼企业中，中色锌业占有明显的区位优势。地处华北、东北之间，与锦州港距离只有 200 多公里，所处的市场位置非常有利。中色锌业已经成为国内 30 余家大型企业的战略供应商。

第三，技术优势。中色锌业拥有先进的技术，产品产量、质量均超设计水平，采用国内首创、国际领先、自主研发的热酸浸出低污染沉矾除铁湿法炼锌的工艺。该工艺成熟可靠，生产稳定，运行费用低，已被国家专利局授予发明专利证书。

第四，体制优势。中色锌业是有色行业唯一的国有控股、中外合资、股权多样化的企业，实现了体制上的创新。在选人、用人方面，中色锌业尽责任、不裁员，实现四班三运转的生产方式，推行带薪年假、五险一金等制度，节假日给员工提供各种福利，充分尊重并保障干部员工的权益。原来合作方的南非企业曾经派出两位人员进入班子参与经营管理，2008 年之后，出于对中色锌业管理团队能力的充分认可，南非方面退出管理层，只在北京保留了代表处，定期到企业走一走、看一看。

第五，管理优势。中色锌业持续推进管理创新，严格控制成本费用；加强决策，积极解读国家政策；妥善处理好与客户的关系，确保市场不好时能与老客户共渡难关。企业的产品一级品率、产销率、回款率已连续 10 年保持 100%，并在锌冶炼行业实现九年盈利无亏损。优质的产品赢得国内外市场良好的信誉，主产品锌锭、锌合金、副产品硫酸主要销往东北、华北，同时部分产品远销韩国、日本等国家和地区。

这些优势已经转化为中色锌业发展的胜势。正如朱镕基总理曾评价的“这是一个很有希望的企业”！

2015 年 8 月 25 日下午，国际锌协会执行理事斯蒂芬 · 威尔金森及国内外专家学者一行 150 余人参观了中色锌业，他们深入公司制酸、熔铸等生产车间，看到环境干净整洁，生产经营有序，参观团都赞叹不已。尤其是对公司的清洁生产、环境保护、规范化管理等方面给予了高度评价。斯蒂芬 · 威尔金森高兴地称赞说：“这是我见过的世界上最干净的冶炼厂。”

四、企业社会责任和政府的推进措施

我国经过30多年的不懈努力，在环境保护方面取得了举世瞩目的成就，1992年联合国环境与发展大会以后，中国率先制定和实施了可持续发展战略。但是我们也应清醒地认识到，中国正处在迅速推进工业化的发展阶段，粗放的生产经营方式、资源浪费和环境污染相当严重，解决历史遗留的环境问题和控制发展过程中出现的环境问题仍然是一项长期而艰巨的任务。党的十六届三中全会已明确要实现经济与社会、人类和自然的协调发展，希望国内企业对环保问题引起足够的重视，实现企业、社会、自然的和谐发展，只有如此才能实现企业的可持续发展。一个没有社会责任感的企业是不能够真正成为国际一流企业的。有社会责任感的企业才有未来。

如何推进企业的环境社会责任是我国政府要逐步解决的问题，其要做好以下几方面工作：

1. 加大对违法企业的处罚力度

现行法律赋予环保部门的权力有限，对环境违法行为的处罚额度小，周期长，执法威慑力不足，使许多环境违法行为得不到及时有效的遏制。小型企业违法排污自不必说，大型企业都有治污设施却不投入使用，主要是因为被查处一次最多罚款20万元，其违法排污三四天就够交罚款了。于是造成企业守法成本高、违法成本低，导致大型企业宁愿受罚也不治理的局面。笔者也倡议加大处罚力度，甚至实行一次死亡制，否则，就必须加大监督力度，监管人员每天紧盯企业，这种被动的管理方式，属于问题—监督—管理模式，是一种短期治理的方法。

2. 政府要鼓励生态型产品的生产、营销

政府通过政策引导，鼓励或限制对一些行业及产品的生产，如对塑料包装材料的生产应提高税收、减少资金等供应以减轻对环境的压力。同时政府应立法保护生态型产品的生产与营销，向研制开发既能满足消费者需求，又能改善环境状况的产品和服务，即社会—生态型产品的转变。引导顾客需求和期望的转变。导入环境营销的观念，即营销工作在满足顾客需要的基础上，应该让顾客（市场）了解商品和劳务的最终目的是为了提高人类的生活质量，并通过宣

传、教育和营销沟通把顾客的需求引导到符合生态需要的产品、服务和活动上来。

3. 提高领导的环保意识

企业要严格遵守一切有关维护生态平衡的法规，在减轻噪声和减少“三废”排放量上不断采取措施，尽可能减轻对生态环境的污染；要重视物质资源的开发利用，提高原材料、燃料的利用率；要以积极的态度与政府相配合，承担保护环境的社会责任。

4. 企业法人要承担法律责任

企业领导是企业的决策人，一些大型企业如造纸行业有治污设施不运行，说明企业的领导人是清楚企业违法排污行为的，管理层无疑要对其所造成的社会影响负责。千方百计偷排漏排等不环保的行为恰恰暴露了企业领导人缺乏社会责任感的意识，治理污染不是不能治理，而是不想治，这是观念出了问题。这样的领导理应承担法律责任。

5. 打破地方保护主义

环境污染与环境管理问题的存在，在一定程度上反映了基层政府将环境保护工作的决心往往挂在嘴上，落实在纸上，存在明显的地方保护主义倾向，为追求短期的经济发展、任期内的政绩，不支持甚至限制环境监管，以致形成局部和地区性的环境污染问题而得不到及时解决。

6. 把环保社会责任列入评定企业的标准

现在一些企业的负责人被评为“十大杰出企业家”“改革风云人物”等称号，他们的企业也被评为优秀企业，其本应成为遵守国家环境保护法律、法规的楷模、可持续发展的典型。然而，社会上却出现某些企业和企业负责人一边违犯环境保护法，一边却又获得各种各样的荣誉的现象。把环保社会责任列入评定企业的标准，可以在一定程度上杜绝此种现象的发生，也可以作为衡量企业整体实力和素质的标准之一。企业与社会的关系是一种生态平衡关系，社会是企业利益的来源，企业从周围环境汲取营养，反过来回报社会，与社会形成和谐真诚的关系，才能更好地发展。

7. 政府要创造条件将环保的社会责任与企业的商业机会相结合

要想让企业承担社会责任最直接、最有效的途径就是让企业看到，社会所面临的主要挑战完全可以转变成企业的商业机会，即将社会问题变成经济问题和经济效益，变成生产力，变成财富，这样企业才能长久的关注这一社会问题。

第九章
健康中国责任体系构建

——内蒙古伊利实业集团股份有限公司企业社会责任

内蒙古伊利实业集团股份有限公司（以下简称伊利集团）在长期的社会责任实践中，逐步摸索出践行企业社会责任的一套系统——“健康中国责任体系”。在该体系中，伊利集团将企业的社会责任与自身的品牌规划融为一体，将健康的理念不断深化，持续关注青少年健康、社会健康、环境健康，并围绕这三个方向开展了一系列的社会公益行动。

伊利集团积极承担社会责任，以第一个健康中国社会责任体系、第一个社会责任应急预案、第一份企业公民报告为标志，在业内做到了三个第一，带动了企业社会责任理念的普及。

一、伊利集团简介①

1997 年 2 月，内蒙古伊利集团公司正式成立，其前身可以追溯到 1956 年的呼和浩特回民区养牛合作小组。

伊利集团由液态奶、冷饮、奶粉、酸奶和原奶五大事业部组成，所属企业近百个，旗下拥有金典有机奶、营养舒化奶、QQ 星儿童成长奶、味可滋、巧乐兹、伊利牧场、冰工厂、金领冠、托菲尔、每益添、安慕希等 1000 多个产品品种。

伊利集团一直为消费者提供健康、营养的乳制品，是目前中国规模最大、

① 伊利集团简介［EB/OL］. 伊利集团官网，http：//www. yili. com/cms/index.

产品线最全的乳制品企业，也是国内唯一一家同时符合奥林匹克运动会及世界博览会标准、先后为其提供乳制品的企业。

2015 年，伊利集团年收入首次突破了 600 亿元，净利润达 46.54 亿元，双双持续增长并稳居行业第一。同时，伊利集团落户新西兰、结盟意大利乳业巨头斯嘉达、在荷兰成立中国乳业规格最高的海外研发中心——欧洲研发中心，和美国相关企业和科研院所在多个领域进行广泛合作。

在荷兰合作银行发布的“2015 年度全球乳业排名”中，伊利集团蝉联全球乳业 10 强，继 2014 年后再次成为全球乳业第一阵营中的唯一亚洲乳企。这是伊利集团积极推动“中国产品向中国品牌转变”的重要成果，充分展示了伊利集团的全球影响力和国际话语权。

伊利集团始终致力于生产 100%安全、100%健康的乳制品，是唯一一家掌控西北、内蒙古自治区和东北三大黄金奶源基地的乳品企业，拥有中国规模最大的优质奶源基地以及众多的优质牧场，为原奶长期稳定的质量和产量提供了强有力保障。

伊利集团拥有世界一流的质量标准体系和管理制度，在自身产品品质锻造和管理标准中不断地进行创新优化，其检测项目成为行业品质管理的标杆。

伊利集团发展愿景：2010 年，进入世界乳业 20 强；2015 年，进入世界乳业 10 强；2020 年进入全球乳业 5 强，实现从百亿级企业向千亿级企业的跨越。

二、伊利企业社会责任内容①

自 2007 年起，伊利集团便率先发布了中国食品业的首份企业公民报告。多年来作为中国食品行业可供参照的责任标准，伊利集团的企业公民报告为食品行业的规范健康发展起到了表率作用。2014 年，首届中国企业社会责任 500 强榜单公布，伊利集团荣登乳企榜首，这是对其在企业社会责任方面贡献的极大肯定。

在发展中，伊利集团以承担社会责任作为企业立身之本，秉承“厚度优于速度、行业繁荣胜于个体辉煌、社会价值大于商业财富”的伊利法则，以自身的良好经营、与环境的和谐共处、与社会的多方共赢来带动企业公民理念在中国企业界的普及。下面是对伊利集团近几年在社会责任方面所做出的努力和取

① 伊利企业公民报告［EB/OL］. 伊利集团官网，http：//www.yili.com/cms/index.

得成效进行的梳理和归纳。

1. 构建绿色产业链

多年来，伊利集团一直坚持致力于打造全过程的“绿色产业链”，实现企业的绿色生产、倡导顾客的绿色消费、坚持品牌的绿色发展，构筑起了一条涵盖乳业上、中、下游平衡稳健发展的“绿色产业链”新模式。2011~2014 年，伊利集团连续四年获得联合国工业发展组织和联合国教科文组织颁发的碳金奖。

伊利集团在产品品质上持续加大投入力度，不断强化安全措施，建设了一系列高规格奶源基地，将食品安全贯穿于生产经营全过程，在此基础上，不断自主研发新产品，提供了一系列具有中国特色的新健康食品。2014 年底，伊利集团将企业愿景从“成为世界一流的健康食品集团”升级为“成为全球最值得信赖的健康食品提供者”。新升级的愿景不仅传承了之前愿景的核心精神，还致力于成为健康食品的提供者、健康生活方式的倡导者和行业发展的引领者。

强化上游奶源战略合作。就乳业未来竞争角度而言，伊利集团在奶源布局方面立足长远，强化长期竞争力。2012~2014 年，伊利集团积极探索新型合作模式，与国内多家大型牧业公司建立了良好合作关系，保障了优质原奶的稳定供应，这是其继续加强资源布局的重要组成部分。

建设规模化集约化牧场。作为全球乳业 10 强，伊利奶源规模化集中化程度比肩国际。截至 2014 年，伊利集团在全国拥有自建、在建及合作牧场 2400 多座，其中，规模化集中化的养殖在奶源供应比例中接近 100%，居于行业首位。

2. 严格产品质量保障体系

伊利集团采取深耕战略，不断升级质量安全，用一流品质支撑“全球乳业 5 强”目标。在 2012~2014 年，伊利集团进一步加强质量管理体系建设，完善制度流程，不断审视质量管理体系的全面性和科学性，夯实质量管理体系基础。在落实“三全”（全过程、全方位、全员）质量管理体系的同时，还与瑞士通用公证行（SGS）、英国劳氏质量认证有限公司（LRQA）和英国天祥集团（Intertek）达成战略合作，全面升级了伊利集团全球质量安全管理保障体系。2014 年，伊利集团液态奶、奶粉、酸奶、冷饮事业部全部通过 FSSC22000 食品安全体系认证，成为中国第一家全线产品通过此全球性食品安全管理标准体系认证的乳品企业。

健全食品安全风险防控体系。伊利集团利用多年来在乳品制造方面积累的经验，不断提高、完善检测机制，针对风险识别、风险监控、风险预警、消除预警、召回和风险应急预案的实施以及持续改进流程建立了集团——事业部——工厂三级食品安全风险防控体系，业务机构涵盖集团、事业部、工厂三级 90 个检验单元，全面确保食品安全。

提高检验设备的质量保证能力。早在 20 世纪 90 年代，伊利集团就开始了国际先进生产技术的应用，其生产设备之先进不仅不亚于国外同业，甚至很多还处在了国际领先水平。截至 2014 年底，伊利在检测设备方面累计投入 5.47 亿元，配置各类精密检测仪器 4100 多套，共培养取得有关部门审核认可的检验人员 2300 多人。其中，2014 年全年的检测费用投入 2.66 亿元，处于行业之首，涵盖原料奶、原辅材料及各类产品检验共计 1003 项。

行业标杆，乳制品质量全程可追溯。2012~2014 年，伊利集团率先在行业内实现了所有产品全程可追溯。从原奶收购的 GPS 跟踪、原奶入厂后的随机条形码、生产过程的产品批次信息跟踪表、关键环节的电子信息记录系统、质量管理信息的综合集成系统，到覆盖全国的 ERP 网络系统，实现了产品信息可追溯的全程及时化和信息化。

3. 参与全球竞争

在乳业全球化的当下，伊利集团积极参与全球竞争。

伊利集团先后在新西兰建婴儿奶粉生产线，与意大利斯嘉达达成战略合作，与美国最大牛奶公司 DFA 联手在美国堪萨斯州建设全球样板工厂暨全美国规模最大的奶粉厂，与新西兰投资乳制品项目等。在 2012~2014 年，伊利集团的国际化日臻完善，在美洲、大洋洲、欧洲都实现了“布点”，为其迈向全球产业链的制高点、“用全球优质资源更好地服务中国消费者”更近了一步。

新西兰建立婴儿奶粉生产线。2012 年 12 月 17 日，伊利集团通过下属境外全资子公司伊利国际发展有限公司及香港金港商贸控股有限公司购买新西兰大洋洲乳业有限公司 100%股权（以下简称大洋洲乳业），并通过大洋洲乳业在新西兰新建年产 4.7 万吨婴儿配方奶粉项目，项目占地面积 8 公顷。

与意大利斯嘉达乳业巨头达成战略合作。伊利集团与意大利斯嘉达乳业集团（Sterilgarda Alimenti）达成战略合作伙伴关系，双方将在奶源建设、乳品生产、技术研发、市场开拓等方面开展重要合作。

投资新西兰乳制品项目。2014 年 11 月 21 日，中国国家主席习近平与新西兰总理约翰基共同为伊利集团大洋洲生产基地揭牌，该项目是目前全球最大的一体化乳业基地，涵盖包装、生产、深加工、科研等领域，总体投资额高达 30 亿元人民币。

与美国 DFA 达成战略合作。2014 年 11 月 12 日，伊利与美国最大牛奶公司 DFA 宣布联手在美国堪萨斯州建设全球样板工厂暨全美国规模最大的奶粉厂，该厂建成后年产将达 8 万吨。

4. 科学研究与创新

2013 年 7 月 23 日，内蒙古乳业技术研究院在伊利集团成立。内蒙古乳业技术研究院集聚了政府、行业、企业的科技项目资源，集中开展专业化、系统化的乳品研发工作，加速乳业技术创新成果的转化，促进乳业产业集群的健康成长。

此外，2014 年 2 月伊利集团与著名的荷兰瓦赫宁根大学合作成立了中国乳业迄今规格最高的海外研发中心——伊利欧洲研发中心；同年 11 月又与世界顶尖研究机构新西兰林肯大学签署了乳业全产业链科研合作协议。伊利集团的发展不断体现出实验室经济的巨大效能。目前，伊利集团建立了三级研发平台，构建了伊利集团的实验室经济主体。不仅如此，伊利集团还将“实验室经济”延伸到国外，站到了世界乳业研发的制高点。

积极实践和创新渠道。在 2014 年国家工信部颁布的首批 23 家“互联网与工业融合创新试点企业”中，伊利集团是其中唯一一家乳制品企业。

搭建自主创新平台。2012 年 12 月 28 日，伊利被评为“中国最具成长力自主创新企业”。伊利集团建成的 16000 平方米的创新中心是集乳制品新品研发、乳制品深加工、营养功效研究、安全检测、风险评估、乳制品添加剂研发、益生菌开发及奶牛育种改良、饲养、疫病防控和饲草料种植、知识产权保护、技术标准制定等方面为一体的综合研究中心。创新中心不仅可为伊利集团服务，还可以作为地区乳业发展的坚强后盾，为地区乃至整个行业服务。

伊利集团主持承担了国家“十二五”科技支撑计划“牧区及农牧交错带奶牛健康养殖技术集成及产业化示范”课题，结合气候干旱、生态脆弱的自然条件和饲料资源特点，建立以乳产品加工企业为龙头，以优质人工草地和饲料基地为基础的奶牛舍饲、半舍饲规范化饲养模式，带动该地区奶业和相关产业高效可持续发展。该项目的实施加强了产、学、研的联合，推动了成果转化，标志着伊利集团的科技创新能力又迈上一个新台阶。

伊利集团始终坚持创新发展。无论是当初开创中国“液态奶时代”的品类创新，还是牵手北京奥运会和上海世博会的品牌营销创新，或者是近 10 年来推出金典、舒化奶、金领冠、安慕希等多款引领行业发展，满足消费者需求的产品创新，都体现了伊利集团无所不在的创新文化。

在进军“全球乳业 5 强”的新征途中，“让创新成为伊利的态度”，不断引领伊利集团向前发展。

5. 注重人才培养，加强科技研发

伊利集团重视科研队伍的培养和提升，加强优秀人才引进，重视青年骨干培养，目前已形成一支结构合理、知识全面的乳品研发队伍。截至 2014 年底，伊利集团累计专利授权量为 1682 项，其中，外观设计专利授权数量为 944 项，发明专利授权数量为 364 项，实用新型专利授权数量为 374 项。发明专利的授权率继续以绝对优势稳居国内乳品行业首位。此外，伊利集团的专利保护覆盖液态奶、奶粉、酸奶、冷饮、原奶等领域，是国内唯一一家两次获得中国专利优秀奖的乳品企业。截至 2014 年底，累计国内商标申请量为 4141 件，确权商标为 3173 件，在境外 72 个国家和地区进行了商标保护。目前，伊利集团共拥有驰名商标 4 件，著名商标 5 件。

伊利集团在行业内率先打造“绿色产业链”，积极带动产业链上下游实现绿色、可持续发展。伊利集团不但要求自己采用清洁的生产工艺，还从制度上提出明确要求，优先选用注重环境保护的供应商。“达则兼济天下”，伊利人认为，绿色产业链，就是为消费者健康负责的绿色品质之链，也是担负起行业健康发展责任的绿色生命之链。

6. 带领奶农脱贫致富

截至 2014 年，伊利集团为奶户累计发放奶款突破千亿元，以滚动的方式累计向农户发放购牛款突破 30 亿元，带动 500 万奶农走上了脱贫致富的道路。在伊利集团，一个奶站与集团签订协议后，奶站将按家庭牧场的标准，统一选址规划、设计建设，实现统一饲喂、统一防疫、统一技术服务。养殖户以个人承包的方式取得土地的使用权。通过提供融资政策、专业指导，伊利集团将帮助奶站引进新型的养殖模式，提升牧场单产，推动其走上了专业型牧场的道路，帮助奶户变成家庭牧场经营者。再将几个或者几十个“家庭牧场”整合在

一起形成有完善分工的“家庭牧场合作社”，然后，伊利集团会选择与这些“家庭牧场合作社”合作。这样一种做法，一是可以使之具备和市场对接的渠道并且有效抵御市场风险；二是可以有效控制和提高原奶质量；三是可以有效促进县域经济的发展。

开办“奶牛学校”推进技术服务的推广与培训。伊利集团对合作牧场、奶农的技术服务一直走在行业前列。2010 年成立伊利奶牛学校，整合世界顶级行业专家，从事对奶源基地技术人员和牧场管理人员的专业培训。“奶牛学校”为学员提供理论培训和现场操作指导。截至 2014 年底，伊利集团共投入约 124 亿元资金用于奶源升级与建设。仅 2013 年和 2014 年的两年间，伊利集团对奶源基地建设的累计投入就超过了 35 亿元，居行业之首。2014 年 6 月 21 日，伊利“奶牛学校”全面升级为伊利奶牛田间学校，在联合国粮农组织的支持下，携手农业部管理干部学院，以其农民田间学校的教学模式为蓝本开办的全新“奶牛学校”升级版。伊利奶牛田间学校的开班标志着伊利集团在奶源建设上已经从“资源拓展”转向了“以人为本”的内部挖潜，并在充分调动社会各方力量的积极性和创造性的基础上实现内源式发展，从而推动奶源升级。截至 2014 年底，伊利集团组织了 200 多场牧场管理专项培训和专题讲座，培训学员 4636 人次。2014 年全年在大型培训课之余，牧场现场技术指导共 6000 余次。

7. 关爱员工

只有让员工感受到企业的温暖，才能让员工像爱家一样爱伊利。“春雨计划”就是伊利集团关心员工工作、思想、生活，提高员工工作积极性的行动方案。

伊利商学院打造伊利集团人才供应链。为帮助员工成长，伊利集团成立了商学院，旨在帮助各级员工提升自身工作管理能力。商学院从 2012 年起，为中高层管理人员相继开设了系列领导力新课，课程全面覆盖各级管理人员，推动了伊利集团领导力转型。3 年时间，累计认证领导力讲师 84 名，其中包含集团高层 9 名。累计授课 2025 课时，覆盖人群含中高层、经理、主办、生产一线班长等共 4712 人。2013 年 1 月，伊利商学院荣获“TOP100 年度企业商学院（大学）”与“最佳实践奖”。

严格遵守相关劳动法律为员工提供保障。伊利集团根据《中华人民共和国劳动法》《中华人民共和国劳动合同法》的规定，与员工签订劳动合同，为员工缴纳“五险一金”，并建立了更为细致的制度保障措施，让员工共同分享企业的发展成果。2012~2014 年，伊利集团的劳动合同签订率达 100%，社会保险覆盖率达 100%，实现了应保尽保。多年来，伊利集团一直把员工放在首位，关心员工的工作和生活，维护员工的权利和利益，帮助员工解决实际困难。伊利集团多年前就开始在全公司上下推行“员工关怀行动”，将公司内部各种形式的福利项目增加至 40 多项，包括带薪年休假、员工子女营养关怀、男员工护理假、外派人员探亲假、夏季高温防暑补贴、健康体检等。其中法定福利项目占 15%，非法定福利项目占 85%。

拓宽沟通渠道，倾听员工心声。伊利集团关注员工的需求，在实际工作中倾听员工的心声，满足员工的需求。公司开设董事长信息平台，员工投诉信箱、举报电话，合理化建议机制等使员工意见能够及时、有效地传递到伊利集团高层管理者。“春雨计划”项目是伊利集团关心员工工作、思想、生活，提高员工工作积极性的行动方案。“春雨计划”有三大主题：发展、沟通、认可。其中发展包含三条通路，分别为管理职务晋升、专业职务晋升、管理职级晋升。2014 年，伊利集团为管理者和员工提供了十多场“幸福 E 站”系列培训，其中涉及“大学生初入职场角色转换”“情绪压力管理”“亲子家庭关系”“职场心能量”“外派员工幸福家庭训练营”等，通过这一系列培训活动，帮助新入职大学生树立合理的职业发展观，建立合理的职业期望，顺利实现学生到职业人的角色转换；帮助管理者将“心理学”知识融入日常的管理和沟通中，使其更好地与员工进行沟通，实现管理目的；帮助员工缓解压力，学习维持和谐家庭关系的方法、技巧，实现个人成长；帮助外派员工与家庭成员之间进行深入、真诚的沟通，促成其实现家庭幸福和外派工作顺利完成的“双赢”局面。

8. 回报投资者，做负责的上市公司

在总营收和净利润的连年双增下，伊利股份每股收益不断攀上新高，2014 年达到了 1.35 元/股，公司净资产收益率更达到了 23.66%。此外，伊利股份今年一次性分红即高达 24 亿元，给股东带来丰厚的回报，并成为国内首家千亿市值乳业股。

2013 年，伊利股份入选全球主流媒体指数之一的“央视财经 50 指数”。这是伊利股份继入选“上证 50 指数”“中证 100 指数”“中华 120 指数”之后，再次入选全球主流媒体指数。2014 年，伊利集团入选“央视财经 50 指数”，成

为乳业股中首个“五好生”（成长、创新、回报、公司治理、社会责任），这充分证明了伊利股份作为乳品行业翘楚的“含金量”和投资价值；入选恒生 A 股百强指数说明了伊利股份的投资价值不仅得到了 A 股市场的认可，更受到 H 股市场的肯定。2014 年 11 月 17 日，沪港通正式拉开大幕，作为基金第一大重仓股的伊利股份基于良好的基本面以及较高的机构认同度，顺理成章被市场锁定，成为沪港通首单交易标的。

2013 年 12 月，伊利集团荣获“2013 年中国上市公司口碑榜最佳内部治理上市公司”称号。2013 年，伊利集团凭借长期以来在战略布局上的清晰规划、高效可持续发展的企业机制以及连续多年的稳定增长，获评“2013 年度上市公司最佳董事会”。2014 年 4 月，伊利集团荣膺“2013 主板诚信 50 强”。2014 年 6 月，伊利集团获中国证券报第 16 届（2013 年度）上市公司金牛奖。2014 年 9 月，“2014 中国上市公司百强企业排行榜暨高峰论坛”上，伊利集团一举摘得“十大企业领袖奖”“十大明星企业奖”“中国百强企业奖”三项大奖。

三、健康中国责任体系

伊利集团在近 50 年的发展中，始终将承担社会责任作为立身之本，坚持公益理念，全力搭建“健康中国”责任体系。

中国乳业是一个既“小”又“大”的行业，从 GDP 占比角度看，乳业是比较小的，2014 年中国乳业的产值为 3000 多亿元，约占 GDP 的 5‰；但从健康生活角度，乳业又是巨大的，几乎关系着每一个人。伊利集团作为国内乳业的龙头企业，为了满足广大消费者的需求，坚持科技创新，不断加强质量管理，从源头把控产品质量，用实际行动助推健康中国责任体系（如图 9-1 所示）。

1. 健康中国责任体系内容

在健康中国责任体系中，产品的健康安全，产业链上各个环节的可持续发展是伊利集团社会责任体系中的重要内容，毕竟每天伊利集团销售的单体产品（含包、袋、罐等单位）就在 1 亿左右，涉及庞大的消费人群。

伊利集团非常关注青少年的成长及安全。“伊利方舟”工程是伊利集团联合中国西部人才开发基金会、中国红十字基金会、全国多家媒体、NGO 组织等

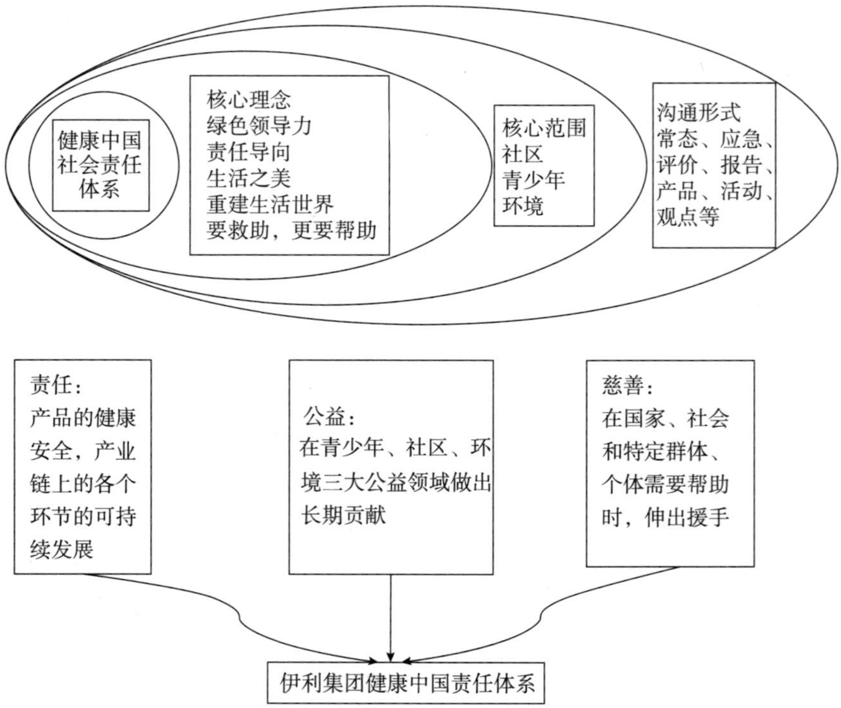

图 9-1　伊利集团健康中国责任体系

共同举办的关注“儿童成长安全”的教育类公益项目。“伊利方舟”以“先有安全，再有梦想”为行动理念，倡导“最好的保护，是教会孩子自我保护”，重点关注两个领域，一是日常生活安全意识和应对能力的提升；二是特定自然灾害的识险、避险及自护能力的提升。该项目致力于打造儿童安全公益行动平台，让更多人关注并参与其中，共同保护儿童安全成长。3 年多来，“伊利方舟”的航迹已走过全国 25 个省市地区，开展了 70 余场儿童安全专项培训，涵盖防拐、防走失、防性侵、防震、防火、防溺水、防暴、防踩踏、交通安全、日常生活安全等近 20 个主题，直接让 20 余万孩子、老师、家长受益。除了这项众所周知的“伊利方舟”工程外，伊利集团还推出了“伊利兴趣课堂”；为贫困小学捐建“伊利爱心图书室”；建立青少年乳品科技创新基地等助力青少年健康成长的公益项目。

在社区方面，为实现社区健康梦想，开展倡导科学母乳喂养、丰富老年生活等一系列活动。如在科学母乳喂养方面，与专业机构联合创建了国内第一个

“乳业研究院”；携手国内外多方权威营养机构，通过对中国母乳的潜心研究，建立了全球第一个针对中国人的母乳数据库；创立了“母婴营养研究中心”；发布了首部《中国母乳研究白皮书》；引领中国乳品行业在针对中国人群特别是中国母婴的营养研究工作上进入了系统化、规范化的发展时代。

在环境保护方面，作为环境的一分子，伊利集团将绿色领导力作为核心理念之一，一直坚持“绿色生产、绿色消费、绿色发展”，践行与自然、社会、公众、行业合作伙伴的和谐共赢之路，从而形成整个产业链可持续发展的“绿色生态圈”，其绿色发展模式已四次获得联合国碳金奖。

在慈善方面，截至2014年底在公益事业上累计投入近8亿元。从1998年洪灾到2003年“非典”；从2005年东南亚海啸到2008年南方雪灾；从汶川特大地震再到2010年西南旱灾和玉树地震，伊利集团每一次都在第一时间向有需要的同胞伸出了援助之手。

在健康中国责任体系中，伊利集团将企业的社会责任与自身的品牌规划融为一体，将健康的理念不断深化。同时，伊利集团还在企业社会责任领域开创了三个“第一”：第一个完整的健康中国社会责任体系；第一个社会责任应急预案；行业内第一份企业公民报告。

“成为全球最值得信赖的健康食品提供者”是伊利集团的发展愿景。为此，伊利集团在美洲、大洋洲和欧洲都有布点，与意大利乳业巨头斯嘉达、欧洲生命科学领域的顶尖学府——瓦赫宁根大学都有着密切的战略合作。同时，伊利集团欧洲研发中心在欧洲“食品谷”建成，在新西兰投资30亿元建设全球最大的一体化乳业基地，主导实施中美食品智慧谷。伊利集团全球织网的战略格局已经形成。

2. 健康中国，始终以社会责任为己任

“健康中国”计划是在2006年博鳌亚洲论坛年会上启动的，距今已整整十年，从最初的“为梦想创造可能”到如今“构建绿色产业链”“严格产品质量保障体系”“参与全球竞争”“科学研究与创新”“注重人才培养，加强科技研发”“带领奶农脱贫致富”“关爱员工”“回报投资者，做负责的上市公司”梦想的不断实现，伊利集团遇到过危机，但最终都用社会责任化解。伊利人深深地认识到，承担社会责任绝不是仅仅靠公关策划、广告投放、市场营销所能奏效的；承担社会责任，在有的企业看来，也许是一种负担，而在伊利集团看来，则是企业发展的动力源泉。

回看2006年“健康中国”计划：

“好奶来自好牛、好牛来自好草”，伊利为奶源基地努力。伊利集团当时拥有中国规模最大的优质奶源基地，覆盖东北、西北、华北等全国各地的大片区域，优质牧场近200个，可控良种奶牛超过200万头。

优质的产品，不光要有优质的奶源，更要有一流的管理体系、技术装备和顶级的研发体系。伊利集团在乳品行业内首次引入医药行业的GSP标准，并逐渐推广，同时伊利集团率先在业内通过ISO14001、HACCP等管理体系认证。

一流的管理体系、技术装备和顶级的研发体系为伊利集团生产“安全”“健康”的优质产品打下了坚实的基础。伊利金典纯牛奶、LGG酸牛奶是伊利集团高品质产品的杰出代表。

伊利集团一直致力于社会主义新农村建设。伊利集团认为，农牧业产品只有大规模地进入市场才能获得较高的回报率，也才能够有效地增加农民收入。因此，伊利集团不断对经营模式进行创新，实现了从个体散养到“公司+农户”，到“公司+牧场小区+奶户”，再到“公司+规范化牧场园区”模式的提升，使更多的奶农“搭乘伊利奶源基地建设快车”，走向共同富裕之路。

未来伊利集团将一如既往地提供健康产品，倡导健康生活，引领行业健康发展。以全球化视野、国际化胸怀竭诚满足不同区域消费者的健康需求，成就消费者的健康生活。

伊利集团在进入全球乳业10强后，董事长潘刚以“思恩”为主题的一番话进一步阐释了伊利集团持续回馈社会的缘由。他表示，“思”字有田，让我们时刻铭记自己是一家食品企业，和土地关联，和数百万奶农、数十万合作伙伴和员工关联；“恩”字有因，让我们时刻知道归因，知道一切成绩的取得来自消费者的信任，来自国家和各级党委政府给予的支持。有人评价这是走向国际的中国企业家的责任与担当。

2014年12月31日，潘刚董事长在面向全体员工及产业链合作伙伴的年会上，提出了更高的发展目标——“伊利要在2020年进入全球乳业5强，实现从百亿级企业向千亿级企业的跨越”。大会上，伊利集团将企业愿景从“成为世界一流的健康食品集团”升级为“成为全球最值得信赖的健康食品提供者”，同时确立了要在2020年进入全球乳业5强的时间表。对此，业内人士分析，此次伊利集团升级自身的发展愿景和战略目标完全是基于自身发展态势和长远布局的考量，也是伊利集团未来发展的指路明灯。从历史上看，伊利集团确立的进入全球乳业20强、10强的目标都已提前实现，相信进入全球乳业5强对伊利集团来说也同样并不遥远。按照伊利集团的路线图，随着在创新、国际化等方面运作的持续深入，伊利集团建立起的国内外创新网络、全球资源布局将发挥更大的威力。

“健康中国责任体系”是伊利集团为践行社会责任而专门建立的体系。在该体系中，伊利集团将企业的社会责任与自身的品牌规划融为一体，将健康的理念不断深化，持续关注青少年健康、社会健康、环境健康，并围绕这三个方向开展了一系列的社会公益行动。“伊利定期发布的企业公民报告系统全面收集了伊利履行经济责任、社会责任和环境责任等方面的实践内容，成为了中国食品行业可供参照的责任标准，为食品行业健康发展起到了表率作用。”伊利集团历年发布的公民报告如表 9-1 所示。

表 9-1　历年伊利集团企业公民报告名称

年份	企业公民报告名称
2006	责任的力量
2007～2008	责任的力量
2009～2010	绿色的力量
2011	行动的力量
2012～2014	品质的力量

2016 年 1 月 21～22 日，由人民网主办的“第十届人民企业社会责任奖颁奖典礼”和由国家食品药品监督管理总局指导、中国食品工业协会等联合主办的全国首届“中国食品企业社会责任年会”在京举行。伊利集团凭借其在社会责任领域的长期实践和突出贡献，分别摘得年会最高奖项“中国食品企业社会责任金鼎奖”和“人民企业社会责任奖十周年领军企业奖”。

伊利集团董事长潘刚表示，在新形势和新要求下，伊利集团更要驱动“两个轮子”，固守“两个根本”。两个轮子分别是创新和国际化；两个根本就是质量和责任。矢志“成为全球最值得信赖的健康食品提供者”，实践“不断创新，追求人类健康生活”的企业使命。

“创新能让一家公司走向优秀，而责任才能真正让一家公司通向伟大”。这是伊利董事长潘刚一直以来坚持的信念。相信在这个信念的支撑下，伊利集团还会带给所有人更多的期待。

第十章
蒙牛传情　草原圆梦

——内蒙古蒙牛乳业（集团）股份有限公司企业社会责任

内蒙古蒙牛（以下简称蒙牛）发展历程：

1999 年 8 月，由牛根生等人出资，采取发起设立方式成立蒙牛。

2000 年蒙牛销售额为 2.9 亿元。

2001 年蒙牛销售额为 8.5 亿元。

2002 年蒙牛成为中国超速成长百强企业（非上市、非国有控股），以 1947.31%的成长速度名列榜首，销售额达到 21 亿元。

2002 年 12 月 19 日，三家著名的国际金融投资公司摩根士丹利、鼎辉、英联共同向蒙牛投资 2600 万美元。

2003 年，经中国载人航天工程部门严格筛选、检验、认证，认定蒙牛产品符合航天员专用标准。

2004 年，蒙牛产品又成为国家体育总局训练局运动员的特选产品。

2004 年 6 月 10 日，蒙牛正式于香港联交所上市，成为第一家在香港上市的中国大陆乳制品企业；2004 年销售额达到 40 亿元，排名上升致第二位。

2005 年，成功举办蒙牛酸酸乳超级女声大赛；老牛专项基金成立。

2006 年，发起“每天一斤奶，强壮中国人”公益活动。

2007 年，成为首个年营收超 200 亿的乳品企业，基本跨入世界乳业战舰的行列；同年还荣获最具市场竞争力品牌奖和人民社会责任奖。

2008 年，获新浪“最佳年度公益企业奖”；由于奶粉事件的爆发，为保护奶农利益，敞开收购原奶，损失 1 亿元。

2009 年荣获“改革开放 30 年内蒙古快速成长企业先锋”；与中粮合作，提出“三化进程”，即原料市场更趋一体化，食品安全更趋国际化，战略资源配置更趋全球化。

2010 年，品牌价值稳步提升，实践绿色低碳发展。销售额首次突破 300 亿元，品牌价值达 95.46 亿元，创行业新高。

2011 年，蒙牛荣获“中国管理学奖”金奖、“全国服务质量先进单位”、连续五年服务博鳌并获得“博鳌之星”称号、连续五年荣列全国市场同类产品销量销售额第一名、“2011 全球广告主周——中国最具消费者信赖奖”、2011 妇博会“展会特别奖”和“2010～2011 年度杰出品牌大奖”等称号，荣获 2011 中国企业社会责任优秀企业奖。

2012 年，蒙牛产品全线开花，特仑苏获中国国际有机食品博览会乳品唯一金奖；未来星荣获第十三届中国国际食品和饮料展 SIAL China 2012 创新大奖、世界食品品质评鉴大会 Monde Selection 大奖、第四届中国国际妇女儿童产业博览会新产品奖；蒙牛佳智有机婴儿配方奶粉获得第四届中国国际妇女儿童产业博览会新产品奖；新养道牛奶获得第四届中国国际妇女儿童产业博览会最具人气奖；优益 C 活性乳酸菌饮料获得第四届中国国际妇女儿童产业博览会优秀产品奖、第十三届中国国际食品和饮料展创新大奖。蒙牛益优特、欧世蒙牛婴儿配方奶粉分别获得第十三届中国国际食品和饮料展创新大奖。

2013 年，蒙牛获得“百佳最爱品牌大奖”“企业交易最佳投资者关系奖”“2013 年最佳公司治理——钛金奖”“影响中国 2013 年度最具企业社会责任品牌”“2014 年 BrandZ 最具价值中国品牌第 21 位”，蒙牛特仑苏获得“影响中国 2013 年度领军品牌”、蒙牛优益 C 获得“最具潜力品牌大奖”及“妈妈最爱品牌大奖”。

2014 年，荣获“2013 年人民企业社会责任优秀案例奖”，蒙牛获纳入恒生指数成分股，成为首家中国企业蓝筹股，荣登“中国最佳表现公司 best50”，蒙牛营收首次突破 500 亿元。

2015 年，蒙牛签约上海迪士尼度假区，并被国家质量监督检验检疫总局评为全国唯一一家出口乳品质量安全示范基地，同时获《财富》世界 500 强排行榜中的第 123 位，彰显了蒙牛品牌影响力。

17 年的时间里，蒙牛将回馈社会的责任融入自身发展之中，在环境保护、公益活动等方面不遗余力，推动乳制品行业一起成长，而在企业社会责任上的长期努力也为蒙牛品牌加分不少。

一、蒙牛对企业社会责任内涵的理解

参观蒙牛，能看到这样一句话：股东投资求回报，银行注入图利息，合作伙伴须赚钱，员工参与为收入，父老乡亲盼税收。在蒙牛看来，企业社会责任已经超越了以往企业只对股东利益负责的范畴，强调对包括股东、员工、消费者、社区、客户、政府等在内的利益相关者的社会责任，强调在生产过程中对人的价值关注。

蒙牛集团成立于1999年8月，是以生产奶食品为主的企业，对于企业而言，“社会责任”就是要随着人民需求水平的不断变化，利用企业的研发力量，加快产品更新换代，以高质量满足人民健康生活的需要。因此，蒙牛郑重承诺：以顾客满意为目标，以技术创新为动力，倡导绿色环保理念、创造安全工作的环境，提供优质健康的食品，追求管理“零缺陷”。公司的经营宗旨是实现质量、效益、环保和安全的可持续发展，缔造“百年蒙牛”。经营的最高目标是公司将在整个生产经营活动中全面贯彻“追求天然，远离污染”的理念，以严格的过程控制和持续创新来生产安全、卫生、营养、健康的绿色食品，以满足超越顾客及相关方面的要求，履行“保护生态环境，构筑绿色家园”的社会责任和义务。这种坚持对消费者、社会、环境负责的态度，赢得了社会各方面的信任。

蒙牛集团这几年一直在为“三民”而忙，在为“三军”而干。“三民”是指“消费市场的亿万公民，资本市场的千万股民，原料市场的百万农民”；“三军”是指“草畜工贸四结合”的草产业链上的“生产大军、销售大军和供应大军”。蒙牛以此作为以民为本、产业报国的首要责任。套用内蒙古自治区和林格尔农牧民朋友的一句顺口溜来说明蒙牛企业社会责任更广泛的影响：一家一户一头牛，老婆孩子热炕头；一家一户三头牛，三年一座小洋楼；一家一户十头牛，我比牛根生还要牛。正如国务院总理温家宝在十届全国人大三次会议上所做的《政府工作报告》中强调，“要着力解决与人民群众切身利益相关的突出问题，维护社会稳定，努力构建社会主义和谐社会”“要建设民主法治、公平正义、诚信友爱、充满活力、安定有序、人与自然和谐相处的社会主义和谐社会，要广泛团结一切可以团结的力量，充分调动一切积极因素，激发全社会的创造活力；要妥善处理各方面利益关系，让全体人民共享改革和建设的成果；要正确处理改革发展稳定的关系，努力为经济社会持续发展创造有利条件和良好环境”。可见，企业的社会责任已经成为调剂经济发展与社会进步的重要因素。

蒙牛人的社会责任观是多方面、多层次的（见图 10-1）。蒙牛社会责任管理模型表达的思想是企业携手牧场主、供应商、城市经理人等合作伙伴，以创新的形式履行社会责任，在食品健康与安全、产品与服务创新、高效运营与管理、低碳与绿色发展、员工关爱与成长、社区参与与发展六大社会责任核心领域，创造经济、社会、环境综合价值，构建可持续发展生态圈，为消费者奉献优质健康的营养食品，增进牧场主、城市经理人的合作共赢，共同推动蒙牛和社会的可持续发展①。

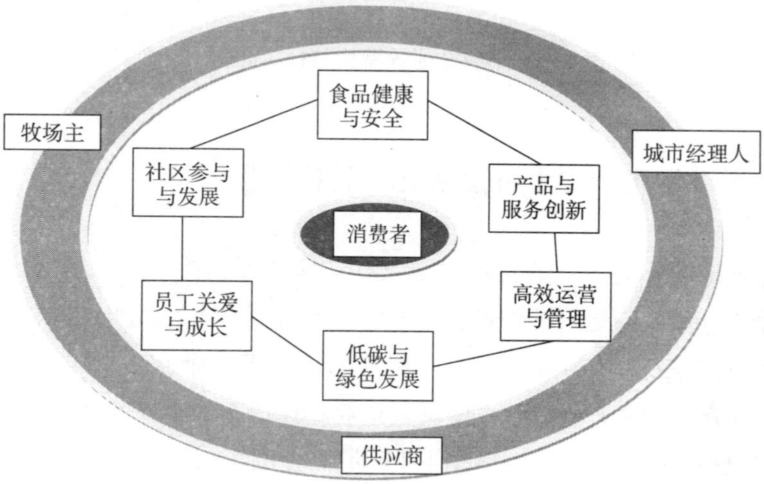

图 10-1 蒙牛企业社会责任管理模型

由图 10-2 可以中看出，蒙牛过去专注于产品竞争力和产业竞争力，致力于生产品质最好的产品，为公司赢得竞争优势。如今，蒙牛开始致力于整合产业链资源，促进产业合作，构建可持续生态圈。未来，蒙牛将进一步发挥生态圈的价值共享、跨界协作功能，携手三大核心伙伴，整合三大产业资源，履行六大责任，努力实现企业、产业、社会的可持续发展。《WTO 经济导刊》主编于志宏说，蒙牛可持续生态圈的价值超越了企业自身履行社会责任的范畴，形

① 只为点滴幸福——中国蒙牛乳业有限公司社会责任报告（2008~2013）［EB/OL］. 蒙牛官网，http://www.mengniu.com.cn，2014-09-16.

成了企业与利益相关方相互促进、和谐共生的生态环境，共同解决社会问题，是促进社会创新的新模式。

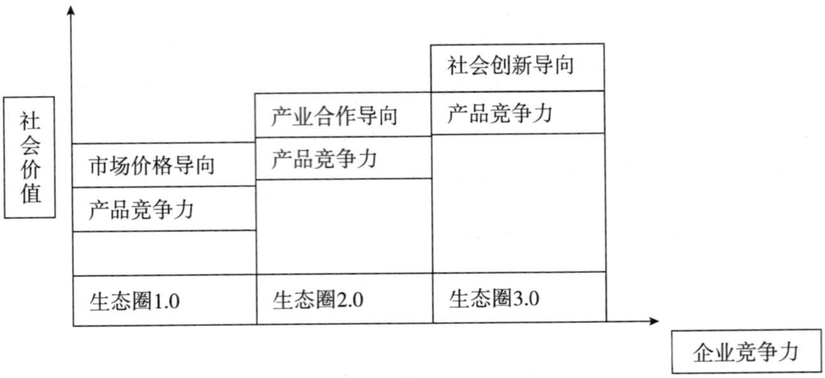

图 10-2　蒙牛企业竞争力与社会价值关系

二、蒙牛致力于企业社会责任所做的工作

蒙牛是中国乳业经营成功的企业之一；蒙牛是国内第一家捐款抗击“非典”的企业；蒙牛与亿万消费者、千万股民、百万奶农及数十万产销大军结成命运共同体，是西部大开发以来中国最大的“造饭碗企业”；蒙牛荣获中国成长企业 100 强第一名，创造了中国民营企业超速成长的最高速度——“蒙牛速度”；蒙牛枕销量居全球第一，冰淇淋销量居全国第二；蒙牛工厂被利乐公司列为“全球样板工厂”，这在中国境内尚属首例；蒙牛在国内首创“运奶车桑拿浴车间”，保证奶源清洁；拥有全球放置生产线数量最多、处理鲜奶能力最大、智能化程度最高的单体车间；拥有内蒙古自治区民间一次性引进外资数额最大的项目，摩根士丹利、鼎晖、英联投资公司同时投资蒙牛。很少有企业在短短的时间就取得如此巨大的成功，而蒙牛致力于企业社会责任所做的工作，为蒙牛的进一步完善和发展打下了良好的基础。

1. 加快企业发展，为社会创造更多财富

创造财富是企业贡献社会、实现“产业报国”的首要责任。蒙牛由自然人出资，采取发起设立方式于 1999 年 8 月成立，短短几年间总资产从 1000 多万元增长到 40 亿元，市值将近 70 亿元；年销售额由 1999 年的 4365 万元增长到

2004年的72.138亿元，销售累计154多亿元；在全国乳制品企业中的排名由1116位上升至第2位；到2004年底累计纳税42382万元；依据销售额计算，平均发展速度为365%，年平均增长率达265%。蒙牛被内蒙古自治区列为“二十户重大企业”之一、“亿元工程企业”和“重点保护单位”；市委、市政府授予企业“纳税状元单位”称号，“经济快速发展突出贡献大奖”等。2013年，公司市值为527.61亿元（2013年12月31日）、主营业务收入为433.57亿元、净利润为16.31亿元、纳税额为27.11亿元。由此我们看到，企业发展的同时，也为社会创造了大量的财富。

2. 提高产品质量，为社会提供健康产品

蒙牛的核心业务是液态奶和冰淇淋，婴幼儿奶粉是正在全力发展中的业务，植物蛋白是刚刚起步的业务，无论是成熟市场业务还是正在发展中的市场业务，蒙牛都认真对待，努力为消费者奉献一点一滴的爱。

蒙牛奉行“产品等于人品”的质量理念，追求“出厂合格率100%”的质量目标。企业通过ISO9001、ISO14001、OHSAS18001、GMP、HACCP五大体系认证，通过绿色食品认证。企业在质量管理上创造性地采取了两项举措，被概括为“一净一稠”。“净”，是指蒙牛在国内第一个建起了“运奶车桑拿浴车间”。奶罐车从奶源基地每向工厂送完一次奶，都要在高压喷淋设备下进行酸、碱、蒸汽及开水清洗，上上下下，里里外外，杜绝了残留陈奶污染新奶，最大限度地保持了草原牛奶的原汁原味。“稠”，即蒙牛添加了“闪蒸”工艺，在百分之百原奶的基础上再剔除掉一定比例的水分，从而使蒙牛牛奶闻更香、饮更浓。2013年，蒙牛液态奶荣列全国市场同类产品销量、销售额第一名，良好的产品和服务带来的是良好的企业形象和信誉，是消费者的信赖，是蒙牛的利润。

3. 以人为本，营造良好工作环境

以人为本的管理核心就是对人心和人性的管理。通过企业经营理念调动职工的积极性，使被管理者从心理和生理上产生旺盛的精神、奋发的热情和自觉的行动，为实现企业的经营目标而不懈的努力，从而产生“未见其人，先得其心；未至其地，先有其民”的效果。在职工中积极倡导四讲：“讲奉献，但不追求清贫；讲学习，但不注重形式；讲党性，但不排除个性；讲公司利益，但不忘记国家利益。”在用人方面，“尊重人的品德，重视人的智慧，承认人的价值；珍惜人的感情，维护人的尊严，提高人的素质”。通过先进人物等理念化身的榜样示范，鼓舞激励、启迪教育、调动职工的积极性，培育团队精神，增强企业向心力。企业经常性地对员工进行培训，推出“尊师爱徒”计划，对做出突出成绩和提出合理化建议的员工给予表彰和奖励，慰问特困员工，为员工举行集体婚礼等，使员工真正有主人翁的感觉，调动了员工的积极性，为企业的发展奉献自己的力量。蒙牛集团坚持以事业留人、以感情留人、以待遇留人。蒙牛的“人和”优势是蒙牛持续增长的最根本动力。

4. 保护环境，使社会可持续发展

蒙牛在环保方面倾注了大量的心血，如蒙牛在建设国际示范牧场时，其目的有二：一是为蒙牛的“全球样板工厂”建设配套牧场；二是通过样板示范，为中国引进国际奶牛业的先进理念、先进管理模式，以推进我国奶牛养殖业的科学化、规模化、现代化的发展。从环境保护上看，牧场配备环保型、无公害、无污染的粪便处理系统。粪便通过自动清洗进入一级沉淀后，输入二级沉淀池和三级过滤沉淀池，使污水变清再由水泵抽回进行循环利用，被沉淀的粪便进入大型沼气池进行发酵，产生的沼气作为能源来供暖、照明，经过无害发酵后的粪便，用深耕法进入种植区，既形成环保生态圈又合理利用资源。企业在经济活动中充分考虑资源的合理利用、环境的保护、污染的治理等目标，担负起了相应的社会责任。

5. 支持慈善事业，捐赠社会公益事业

蒙牛认为，支持慈善事业、捐赠社会公益事业是企业应尽的责任。蒙牛在短短的几年发展中，为慈善事业和社会公益事业做了大量的工作。抗击“非典”，蒙牛捐款捐奶总计 1200 万元；申奥成功，蒙牛赞助 1000 多万元；在赤峰地震灾区将价值 30 万元的 10000 箱蒙牛纯牛奶直接送到灾民手中；锡林郭勒盟地震蒙牛捐赠价值 32 万元的 10000 箱牛奶产品；教师节，蒙牛牛奶大派送，向全国 17 个省市的 120 余万名教职工赠送牛奶；蒙牛公司上万名员工纷纷慷慨解囊，掀起捐助海啸灾难者热浪。蒙牛回报社会的案例举不胜举，主动为政府分忧，为百姓解难。截至 2013 年，蒙牛对外公益总投入为 1807.5 万元，志愿者人数达 6832 人，累计受益乡村学校为 400 多个，参与蒙牛公益合作伙伴数量为 58 家。蒙牛积极承担企业社会责任的行为，为企业树立了良好的社会形象。

蒙牛在发展过程中的每一步都体现了其社会责任。由于蒙牛的发展，上缴

国家大量利税，吸收了大量就业人员，为政府分忧。蒙牛生产着高品质的产品，让消费者享受着天然牧场养育的奶牛产品。企业经营以人为本，追求天然远离污染，保护生态可持续发展，构筑了绿色家园新景观，为子孙节约了资源能源。牛根生说，什么是中国人最深层的文化呢？那就是一颗真诚的感恩心。“以蒙牛事业为己任，不以蒙牛利益为己有”源自对员工的感恩；“提供绿色乳品，传播健康理念”源自对消费者的感恩；“市场在变，诚信永远不变”源自对客户的感恩；“财散人聚，财聚人散”源自对股东的感恩；“关注环保，回报社会”源于对社会的感恩；“98%的品牌是文化，98%的矛盾是误会”源自对蒙牛事业整个价值链条之间的相互感恩。

三、蒙牛企业社会责任特点

蒙牛在 6 年的发展中取得了巨大的成功，其与企业承担社会责任有很大的关系，社会责任使蒙牛有了大眼界、大胸怀，做大、做强了整个产业链。可以说，蒙牛社会责任有自己独特的特点。

1. 社会责任与企业使命紧密相连

蒙牛的企业使命是“为国家创建一个具有国际竞争力的卓越企业，为民族创建一个具有百年发展力的世界品牌，为提升消费者的健康品质服务，为员工搭建人生价值的实现平台”；愿景是构建可持续生态圈，实现以“消费者为中心，成为创新引领的营养健康食品公司”。一个企业的使命、愿景反映了企业对自己未来的憧憬，要让员工、顾客、股东以及社会清楚地知道企业在做什么，这是企业得到外部认可的前提，也是生存发展的基础。企业如果只强调经济利益，不承担经济之外的任何社会责任，那么相应地也会导致员工追求薪资最大化，这样员工就不会产生事业的使命感和成就感，他只是在谋生，而不是在从事一项事业；他是被动地应付工作，而不是主动开拓创新。因此就很难从内心深处激发员工的积极性和创造性，其潜能很难发挥，也就很难取得真正的成就。员工只有从内心深处真正认同企业的目标，才能激发出使命感和成就感，成为自觉的战士，真心诚意为企业做贡献。

曾有人告诉牛根生说，中国企业有一种“六同”现象，创业时期“同心同德、同舟共济、同心协力”，到了和平时期就“同床异梦、同室操戈”，最后是“同归于尽”。牛根生认为，这种闹剧或者说悲剧的产生首先是由于制度设计的缺陷，但背后其根源还是企业责任感的缺失和企业使命拉动不足。

2. 社会责任目标与企业利润目标相协调

任何一个企业其纯粹的经济目标是不能使员工真心认同的，因为在现有的体制下，企业的剩余经济利益只属于所有者（股东）。这种对企业目标的不认同在企业管理层面必然会导致企业战略错位、组织和制度混乱等一系列问题，企业的内耗会大大增加，战斗力就会大大降低，单纯追求利润最大化只会产生投机心理和短期行为，企业必须有利润之上的追求。

创造利润是企业承担社会责任的基础。经商获利是企业的天职，利是经济建设的资本，是富国强民之源。利之得，人心聚；利之丰，企业强；利之多，社稷兴。多创利润是企业持续发展的物质基础，也是企业承担社会责任的物质基础，发展是硬道理。因此，绝不能将企业创造利润与企业承担社会责任绝对地对立与割裂开来，不能认为企业承担社会责任就意味着成本的增加与利润的下降。即使从追逐利润的角度看，"企业社会责任"给企业带来的利益空间也是很大的，其中包括减少运作成本，提高企业声望；提高销售额和客户的回头率，提高生产力；更容易招募到优秀员工和激励员工的工作积极性；减少常规性的错误。因此，企业从自身的生存与长效运作考虑，应在社会中树立良好的企业形象，提高承担社会责任意识，强化企业自律精神，不逃避社会责任，并尽可能多地承担社会责任。

3. 社会责任与企业品牌形象建设相结合

品牌象征着财富，标志着身价，证明着品质，沉淀着文化。蒙牛的企业目标是成为中国和世界乳品专业制造商的领导者。经过6年的努力，蒙牛从无到有，从小到大，从幼稚走向成熟，都离不开"以国际竞争的眼光来制定发展战略，强化学习型企业文化建设，用创新的方法，整合全球有效资源，用5~10年的时间，成为中国和世界乳品专业制造商的领导者"这样的目标。蒙牛在打造"内蒙古牛、中国牛、世界牛"（2003年中国牛、2010年世界牛）的过程中，一直在寻找"长寿基因"。寻找的结果认为，所有"长命"企业都有一个共同的特点，那就是不仅运筹企业，而且运筹事业，运筹社会。因此，企业提出三个"大"：造大品牌，讲大道德，顾大利益。

蒙牛在2000年9月推出旨在维护内蒙古自治区共同品牌的公益广告，正面主题为《为内蒙古喝彩》，下书为"千里草原腾起伊利集团、兴发集团、蒙牛乳业；塞外明珠辉照宁城集团、仕奇集团；河套峥嵘蒙古王；高原独秀鄂尔多斯……我们为内蒙古喝彩，让内蒙古腾飞。”背面的主题为“我们共同的品牌——中国乳都·呼和浩特”。在这次活动中蒙牛把自己和内蒙古自治区的一些著名企业放在一起，提出共建中国乳都，这种依靠伊利集团和其他著名企业的比附定位策略有利于让品牌迅速成长。而这种品牌推出的方式既有利于企业的发展，又避免了将来的企业间恶性竞争，还把内蒙古自治区诸多品牌隆重推出。2001 年 6 月，蒙牛把呼和浩特建为“中国乳都”概念形成，蒙牛为内蒙古自治区创造了一笔巨大的无形资产。在品牌经营中，蒙牛不仅注重自身品牌的建设，而且注重地区品牌的建设；不仅爱护自己的品牌，而且保护相关的竞争品牌——草原品牌，这是一个造大品牌的企业的气势，“不谋全局者不足以谋一域，不谋万世者不足以谋一时”。企业把社会责任作为企业发展的战略，而不仅仅是机会，把市场环境的改善、贫困的减少和社会的和谐以及自然资源的持续有效利用看作是一个企业“立于不败”的基础。市场经济在一定程度上讲就是名牌经济，竞争的最终局面是名牌瓜分天下，精品扮演主角。名牌可以“创造”更多的价值，使消费者得到更多的实惠，承担更多的社会责任。

4. 社会责任与产业链的发展息息相关

任何一个企业都和其他企业相关联，是其他企业生产环节的一个部分。以乳业为例，从最前端的种草养牛，到中间的乳品制造，再到后端的市场营销，处处要讲生态平衡。正如牛根生所说，这个生态圈像奥运标志一样五环相连，资源圈、制造圈、市场圈、品牌圈、资本圈五环闭合首尾循环，就形成了一个完整的企业生态圈。每个企业都有自己的生态圈，同时企业与企业又合成一个更高层次的生态圈，所以在市场中只有“队友”，没有“对手”。未来的竞争已经不是一个企业与一个企业之间的竞争，而一定是一个生态圈与另一个生态圈的竞争。

只有当一个企业的命运与地区的繁荣、国家的发展、社会的进步紧密融为一体时，企业才能可持续发展。牛根生说，我们向政府、向农户先后提出“强乳兴农”“城市多喝一杯奶，乡村致富一家人”，以实际行动来促动中国“三农”问题的改善和进步。这是蒙牛所追求的最大责任感。

四、蒙牛企业社会责任的建议

百年蒙牛的打造才刚刚开始，为了百年蒙牛的成功，笔者提出如下拙见：

1. 使企业社会责任管理与国际接轨，逐步建立企业社会责任内部评价体系

在西方发达国家，对任何一个企业的评价都是从经济、社会和环境三个方面进行的，经济指标仅仅被认为是企业最基本的评价指标。一些跨国公司都把履行企业社会责任作为实现企业好公民形象的条件，并且将企业社会责任作为一个制度化、规范化的管理体系，有明确的计划、有专门负责的部门、有一定的经费保障、有可操作的规范化的管理程序。而在中国，对企业的评价仍然停留在经济指标上，这样的评价体系已经不能适应经济全球化的趋势和要求，也不利于中国企业提高国际竞争力。

2. 加大企业内部对社会责任的学习

让企业员工都来关注企业社会责任，参与到推动企业社会责任的运动中来，营造推进企业社会责任的氛围。要让员工认识到在创造利润的过程中，不能忽视企业的社会责任，积极推进企业社会责任有利于企业发展，否则，对企业发展会产生不利影响。美国心理学家斯金纳的强化理论告诉我们，个体行为的强化可以起到激励作用。同样企业行为的正面强化可以引导和推动企业自身的道德意识和社会责任行为；反之，企业行为的负面强化，可以规避企业自身的不道德意识和不负责任的行为。企业可以定期表彰认真履行企业社会责任的个人，对那些严重违反《中华人民共和国劳动法》《中华人民共和国生产安全法》和《中华人民共和国环境保护法》的个人提出批评或惩罚，从而引导员工转变观念，朝着积极履行社会责任的方向发展。

3. 无论企业发展到何种程度，贯彻企业社会责任理念要始终如一

一些企业随着自身的成长壮大，将创办之初的良好愿望和承诺抛之脑后，经营中更是以“利润最大化”为企业活动的最终目的。凡是企业不顾制约，侵害他人权益的，也基本始于“利润最大化”的“指导方针”。

蒙牛作为一个高速成长的企业，经济力量所能提供的发展动力会随着时间的推移越来越有限，企业的发展将会进入一个高原期。在经济动力趋同的情况

下，能把握住社会责任的企业，相当于为其前行注入了一个催化剂。虽然社会责任不是万能的，但至少在一个时期对企业有强劲的促动力。另外，人类对伦理文明的渴求必然会随着经济一体化的到来，成为企业建设和创新关注的焦点。当然，在某一特定时期，企业还要制定具体的社会责任目标，并且企业还要根据变化了的内外社会环境适时调整其社会责任战略。

4. 企业在决策中要始终坚持将社会责任作为条件之一

作为企业管理层，如果在管理时未过多地考虑企业社会责任问题，制定的规章制度和国家的相关法律相违背，那么职工的权益就受到了损害，会引起职工的不满，甚至是社会舆论的谴责或者政府的干预，直至法律的制裁，企业就有可能遭受巨大的经济损失。企业在决策时考虑其社会责任的目的就是要防止不道德的行为对企业造成的不良影响。更深层次的企业决策应该考虑如何满足利益相关者的需要，把社会责任内化为企业的自觉行为。

其实，蒙牛发展到今天，对社会责任的理解已经非常深刻。蒙牛提出的社会责任管理原则是以食品安全为基础，以产品创新为先导，以责任项目促管理，以社会贡献为衡量。

五、蒙牛企业社会责任的启示

蒙牛集团的社会责任管理给其他企业发展的启示有以下几点：

1. 人性化管理是企业发展的必由之路

社会责任是把企业的行为纳入社会的大环境来定位。要求企业在重视经济效益的同时注重其行为的社会效益。企业不仅要为社会创造财富，提供物质产品，改善人民的生活水平，还要为员工提供符合人权的劳动环境，教育职工在行为上符合社会公德，在生产方式上符合环保要求。引导企业员工去关心社会、关爱社会、支持社会。

2. 社会责任是挑战，更是机遇

中国加入世界贸易组织以后，市场变了，竞争对手变了，经济活动的规则也变了。以前只关注国内市场，现在必须关注国际市场。过去民营企业跟国有企业竞争，是国内企业之间的竞争；现在面对的是国际大型集团，是国际企业

之间的竞争。过去我们的经济活动没有和国际接轨，人治和计划经济的痕迹很浓；现在必须符合国际标准，否则就没有活动的空间。从这种意义上讲，社会责任的出现确实是一场挑战。但是，加速国际标准化的进程可以使中国企业避免发达国家曾经走过的弯路和遇到的问题，如发展经济与环境保护问题，避免两极分化重视劳动者权利问题，保证市场竞争的平等性问题，经济活动中的诚信问题等，有利于企业的健康发展，是企业调整自己的战略目标难得的机遇。重视社会责任的企业，就等于抓住了这一机遇，忽视社会责任的企业，就会在今后的发展中处于不利地位，甚至内外交困，使企业陷入被动局面。

3. 借社会责任，建立企业信用体系

前些年，由于一些企业诚信观念薄弱，导致经济活动中的社会信用出现了危机，企业三角债、银行坏账呈上升趋势。近几年，企业拖欠工人工资问题也日趋突出，经济犯罪不断出现。这些现象不仅破坏了正常的经济秩序，也制约了中国经济的发展。“诚信”成为中国经济继续发展的头等问题。日前，中国的银行系统已经率先建立了个人社会信用体系。在建立正常经济秩序方面，SA8000 在很大程度上也有助于企业社会信用体系的建立和完善，有助于企业树立良好的形象。通过 SA8000 的企业，不仅在银行贷款方面有较高的信誉，对于求职者也具有更大的亲和力，更容易得到劳动者的认同，它会直接影响人才的流向。在国际上，通过 SA8000 的企业，比其他企业有更大的国际公信力，同时，也可以减少企业广告宣传的成本。

4. 利用社会责任，推动企业文化建设

企业文化是企业发展的精神动力，其核心是对人的重视和尊重。对内部而言，企业文化可以对员工在心理上产生一种凝聚力；对外部来说，它必须符合社会的道德观和价值观，与社会发展的方向同步和协调一致。经济利益始终是一项衡量企业管理水平的重要标志，也是企业生存的基本条件。但是，在许多情况下，一些企业的管理者常常以牺牲劳动者和社会总体的利益来换取更大的利润，“见利忘义”者大有人在。要保证企业可持续发展，要做到“君子爱财，取之有道”，则需要靠先进的企业文化。社会责任不再是一种道德的呼吁，而是一种和利益挂钩的市场机制。它使企业的管理者不断提高社会责任意识，使尊重知识、尊重劳动、尊重劳动者成为企业的自觉行为，使企业文化所蕴含的深刻内涵具体化、形象化，从而促进我国经济发展沿着健康快速的方向前进。

通过以上分析，我们有理由相信，坚持企业社会责任，把社会责任优势转化成竞争优势，才能使企业在激烈的市场竞争中立于不败之地。蒙牛从成立伊始就注重企业社会责任，为企业的快速发展奠定了坚实的基础，也为内蒙古地区其他企业的发展提供了可资借鉴的经验。

正如杰克·韦尔奇在其自传中关于“企业与社会”一章时说：“我认为一个强大、有竞争力的公司才能对整个社会负起责任。只有健康的企业才能提高并丰富人类及其社区的生活。一个强大的公司，不仅仅通过纳税这一主要方式服务于社会，它更为全球提供了各种便利条件，增进了安全和环境的标准化。强大的公司会再投资人力和设备，而健康发展的公司则提供良好而稳定的工作，职员可以获得充足的时间、精力和各种资源，成倍地回报给社会……”

第十一章
关爱生命　善待自然

——亿利资源集团有限公司企业社会责任

亿利资源集团有限公司（以下简称亿利资源集团）是中国百强民营企业，是沙漠中成长起来的半公益化企业，全体创始股东捐赠了30%股份的永续分红收益设立了“亿利治沙公益基金会”，致力于治沙绿化、环境改善等公益事业，是全球领先的生态修复企业。特殊的环境成就了企业博大的责任情怀——关爱生命、善待自然。

一、亿利资源集团的企业社会责任观

亿利资源集团（ELION）创立于1988年，长期致力于“从沙漠到城市的生态修复和生态产业”，立志“让荒漠土地长出绿草丛林、长出健康食品；让污水沟、垃圾山变成绿水青山，变成生态家园”。同时企业还专注于清洁能源的开发与服务。亿利资源集团的发展经历了三个阶段。1988~1995年，“沙漠生态+盐化工”；1995~2005年，“生态产业+能源循环”；2005年至今，从沙漠到城市的生态环境修复，包括“绿土地、绿能源、绿金融+互联网”，构筑亿利生态圈。在28年的时间里，亿利资源从沙漠中一个濒临倒闭的无机盐小厂发展壮大为资产百亿的集团化公司。2015年公司实现营业收入305亿元，利税13亿元，员工7100名，总资产815亿元。被中国政府授予“国土绿化奖”，被联合国授予“全球治沙领导者”奖。

亿利资源集团秉持“关爱生命、善待自然”的发展理念，在“亿利资源，绿动无限”品牌思想指引下，以“艰苦奋斗、敢为人先、锲而不舍、忠诚执行”的穿沙精神，努力成为“绿色企业的领跑者”，始终把“引领沙漠绿色经济，开拓人类生存空间”作为企业发展的愿景。

企业对待利益相关者的态度是极其明确的，其坚持做到以下几点：

第一，要解决内部问题，必须要善待员工，若不这样，从道义上讲也过不去。企业不善待员工，员工也不善待企业。

第二，善待股东、股民和合资伙伴，为股东和伙伴追求利益最大化。

第三，要善待消费者，不坑害消费者，这是一个企业经营的道德底线。

第四，要善待环境，这是很重要的一点，是每个企业的责任。无论是企业运行中的生态环境、内部发展环境和周边环境的软环境，还是通过增加产品、工艺的科技含量，而避免污染环境、污染大自然的硬环境，企业都要善待。亿利资源集团与沙漠有着很深的情结，这也是其持续在沙漠投入的原因之一。

第五，企业要善待百姓。企业不敢说善待中国人民，但起码要做到善待社区的百姓、善待周围的百姓。

第六，作为企业，要有责任善待政府，特别是在我们目前的体制下，哪个企业的发展不是因为政府的支持。虽然现在是市场经济了，但政府是个大的载体，承载着社会的和谐和企业的发展。我们要依法纳税，这也是一个企业的起码底线。

亿利资源集团28年来以“诚”对员工、对股东、对消费者、对环境、对百姓、对政府的社会责任观，切实践行“低调、老实、严谨、谦和”的企业文化，坚持“不说谎、不做假、不浮躁”，踏踏实实做人、兢兢业业做事的原则。

二、亿利资源集团向沙漠进军

库布其沙漠是我国第七大沙漠，面积为1.86万平方公里。亿利资源集团化工产业基地位于库布其沙漠边缘，这里既有企业赖以生存和发展的资源，又是企业进一步发展的桎梏。

为了改变作业环境，保护优势资源，亿利资源集团对库布其沙漠进行了长达28年的治理。

1. 筑路

企业先后修筑了五条横、纵穿越库布其沙漠的“穿沙公路”，计350公里，使1.1万平方公里沙区的人流、物流、信息流得以畅通，3.2万农牧民的生产生活条件得到极大的改善，为沙漠治理创造了先决条件。

2. 沙漠治理

亿利资源集团是全球治理沙漠面积最大、拥有专利技术最多的企业。依靠28年研发的100多项生态种植技术，1000多个耐寒、耐旱、耐盐碱的生态种子，治理沙漠面积达1.27万平方公里，成功治理了中国第七大沙漠——库布其沙漠，创造了4600多亿元的生态财富，带动脱贫人数达10.2万人。库布其沙漠治理模式和技术已向新疆南疆塔克拉玛干沙漠、甘肃腾格里沙漠复制推广，并积极向中亚、西亚和澳大利亚输出。

3. 土地修复

企业利用生物技术和生态技术修复退化土地，在治理沙漠的基础上，修复沙漠土地近1000万亩，使其具备了耕作条件。沙区近万户农牧民以荒沙、荒漠土地使用权入股与亿利资源集团结成紧密的利益共同体，在库布其沙漠北缘、黄河南岸采用企农联手方式建设了长242公里、宽5公里的保护母亲河、封育库布其沙漠的锁边林工程。土地修复业务涵盖荒漠化、盐碱化土地修复、矿山修复以及耕地重金属治理、城市污染土地治理等。

4. 草药种植及产业化

企业大力实施以甘草等为主的沙旱生中药材种植、中间体提取以及制药加工的产业化工程，利用沙漠独特的自然资源条件和技术创新与国内外专业企业合作，发展了节水农业、沙漠中药材、沙漠旅游等沙漠绿洲经济产业，包括在全国五大沙漠建设“中国沙漠绿色安全食品基地”，与国外先进技术合作实施甘草、肉苁蓉高端提纯产业化工程，在库布其、腾格里和塔克拉玛干建设沙漠国家公园等，经济效益明显，生态效益显著。

5. 开发沙漠旅游资源

科学利用沙漠自然景观和生态建设的成果，打造以沙漠七星湖为主要景区的“库布其沙漠公园”，形成以特色沙漠风情为主的旅游产业化工程，延伸产业链，吸引游客，创造更多经济效益。

6. “新农村”建设

企业坚持人工治理与大自然自身修复相结合的原则，建设沙漠“新农村”，使新农村既成为生产生活的场所，也成为库布其世界沙漠公园的一个供游客参观、游览的民俗景点。这样，不仅改变了农牧民过去“日出而作，日落而息”的传统生活方式，也使农牧民获得了更高、更稳定的经济收入，使其生活更加和谐富裕。

7. 生态城建设

企业依托从沙漠到城市的生态环境修复核心能力，建设集生态旅游、生态社区、智慧能源、生态电商于一体的“亿利生态城”，打造“生态 3.0”品牌与服务差异化竞争优势，先后在内蒙古自治区鄂尔多斯市、乌兰察布市，河北省固安县，福建省宁德市等地建设实施“亿利生态城”，目前正积极推动天津市中新生态城建设。区域拓展立足京津冀、关注长三角，选择性布点海外。

8. 沙漠生态治理技术延伸服务

亿利资源集团依托治理沙漠积累的技术、资源和团队，向城市河道综合治理、大型绿化工程、海绵城市建设等重大生态工程提供技术和服务，成功为 2022 年冬奥会生态修复工程、国家三北防护林改造工程提供了生态技术整体解决方案。

基于“极端环境下的极端资源必有其极端价值”的哲学理念，企业在漫漫黄沙上实现了多元化的科学发展。

三、建构循环经济和谐产业链

以聚氯乙烯（PVC）为主的能源重化工是亿利资源集团的主导产业之一。企业投资近 300 亿元，引进神华集团、上海华谊集团等行业巨头企业合资建设了国内大型的聚氯乙烯（PVC）和煤、电配套项目。亿利资源集团的化工能源基地向我们展示了一个现代化循环经济的流程。产业链中煤炭开采出的煤矸石先进入发电厂项目；电厂产生的电力并入电网，并承担产业链中其他项目的供电，电厂产生的热水、热能进入为当地居民供热的服务领域；烧碱项目在使用电力项目电能的同时，一方面为电厂反馈大量的氢气产品，另一方面为其下游的真空盐、MDI 提供氢气、氯气等提供原料供应；再下一环节中产生的氯化氢、聚氯乙烯等产品再次相辅相成形成供给关系；同时，各单元运行中产生的废渣和余热又分别成为环保水泥项目的原料和居民供热系统的蓄援。综观整个循环系统，体系内几乎无任何废料和污染导出体外，均在自身消化再利用中实现可持续的健康发展。

该循环链条经济效益可观，社会效益明显。在实现经济效益最大化的同时，“资本下乡”和一体化的循环产业模式带动了地区工业经济和“新农村建设”的发展步伐，拉动了县域经济的发展和当地现代化农业，拉动了第三产业和农民的就业。

2000 年以来，亿利资源集团坚持资源节约、环境友好的发展宗旨，依托内蒙古地区丰富特色的资源优势，按照“节能减排、集约利用、一体化建设，多元化投资，循环式链接”的模式，科学规划了“煤炭开采、煤矸石发电、特种 PVC 树脂、离子膜烧碱、PVC 高端加工、煤炭物流、化学合成纤维新材料、煤制天然气、工业废渣制水泥、煤炭化工产品运输物流”等循环经济产业集群，并形成了完全闭合的现代煤化工循环经济产业链。

目前，现代煤化工循环经济产业基地已形成“煤—煤矸石发电—离子膜烧碱—PVC—工业废渣制水泥—化学合成纤维新材料”的一体化循环经济产业链。这条产业链每年可节煤 250 万吨，节水 800 万立方米，节电 8000 万度，减少工业垃圾填埋 350 万吨，减少二氧化碳排放 43 万吨，实现了污水“零排放”，工业废渣回收再利用，并得到了联合国“全球契约”的认可和推广。

亿利资源集团自主研发的“微煤雾化”技术，实现煤炭的清洁利用，项目已成功落地山东省、河北省、天津市、江苏省、江西省、浙江省等多个省市，实现了多省联动，该技术成为控煤减霾的主力。

利用沙漠充足的光照和空间优势发展沙漠太阳能。创新实施“发电+种树+种草+养殖”的特色生态光能产业，实现了修复沙漠土地、生产绿色能源、创造绿色岗位的多重效益，规划建设发电装机容量为 1 吉瓦，目前已建成 300 兆瓦吉瓦。同时，亿利发展的城市和交通燃气业务已遍布全国 20 多个省，100 多个城市，300 多个网点。

四、亿利资源集团社会责任产生的效益及启示

1. 亿利资源集团社会责任产生的效益

通过沙漠治理和生态建设，亿利资源集团实现了五个效益。

（1）生态效益显著。目前，亿利资源集团沙漠总治理面积达到 900 多万

亩，可控制数量已经是整个库布其沙漠的一半，也就是一个企业“包打”了多半个沙漠，既遏制了沙化，又保护了242公里长的母亲河流域，还改善了当地几十万老百姓的生活环境。

（2）百姓效益明显。当地农牧民以“五荒”沙地入股，变废为宝，变“沙害”为“沙利”，当地农牧民既成为企业的股民，又是生态建设的工人；既有股权收益，又有劳务收入。近几年，每年有近万农牧民参加了生态建设，劳务收入高达6000多万元。亿利资源集团治沙行为既推动了地方经济的发展，也改善了当地的生存环境和投资环境。

（3）经济效益突出。亿利资源集团治理区域内的土地基本具备了资本化条件，为下一步多元化投资开发沙产业奠定了基础，创造了条件，同时企业得到了直接的实惠。目前甘草医药产业规模已达40亿元，正在积极谋划医药产业的整体上市工作。

（4）示范效益较高。通过亿利资源集团防沙、治沙、用沙的成功实践，沙漠林、草、药材规模化种植和龙头产业化的拉动与示范作用，周边的农牧民近几年也在当地政府的推动下，实施了大面积的林、草、药材基地建设，收到了较好的经济效益和生态效益。

（5）环境效益明显改观。荒漠变绿洲，涵养了水源，改善了当地的小气候，遏制了刮向北京的沙尘暴，阻隔了冲向母亲河的泥沙，切实改变了当地的生存、生活和生产环境。同时按照“锁住四周，渗透腹部”的治理方式，基本控制了一万多平方公里库布其沙漠的沙化；几十年的耕耘，使库布其沙漠形成了一个集治沙、绿化、种植、养殖、加工、旅游于一体的循环产业基地，基本实现了“沙漠绿了，环境好了，农民富了，企业强了”的多赢目标。

2. 亿利资源集团社会责任启示

（1）承担社会责任与提升企业经济效益相结合。建立在社会责任基础上的亿利资源集团探索了一条可持续发展的路子，如治沙链条中的“治沙、生态、产业、扶贫”平衡驱动的模式、能源化工生产中的“煤—煤矸石发电—离子膜烧碱—PVC—工业废渣制水泥—化学合成纤维新材料”的一体化循环经济产业链，用科学发展观建立了一条循环产业价值链，使企业自身的发展与地区社会环境的改善以及地区百姓的福祉紧密挂钩。

北大专家组在调查中发现，肩负强大社会责任重担的亿利资源集团，不但没有背离资本市场对企业利润最根本的游戏规则，而且这种责任对企业成本利润的优化助推十分明显。以交通运输费用为例，正是由于铺设了穿沙公路，每年仅为企业节约的运输费用就达近 2000 万元，10 年就是 2 亿元，这本身就是企业治沙成本的回报。同时百万亩日渐丰产的甘草等耐旱植物直接成为亿利资源集团甘草类重要产品的低成本原料，这笔收入又能抵偿一笔治理沙漠的投入成本。因沙漠绿化改良而得到水源涵养的哈拉芒奈湖、七星湖分别成为亿利资源集团化工基地所需要的盐碱硝原料地和中国第一家世界沙漠公园的旅游核心。这两个经济增长点产生的直接收益都会很快为企业的投入带来丰厚的回报。

所有上述这些都是企业的直接收益，而在此之外为农民带来的收入、为周边城镇提供的电热以及因此为政府节省下的大量用来防风、防沙、造林补贴受灾农民的资金等方面更是无法计算。

“亿利资源，和谐共进”，企业与社会是一种共荣共存的鱼水关系。作为企业要承担经济责任，同时也要承担社会责任。经济责任就是要把企业做好，实现可持续发展，只有这样，才能更好地承担社会责任；社会责任就是要善待员工、股东、客户、消费者、百姓、环境以及政府。亿利资源集团一直以来秉承着“企业社会，和谐共进”的发展哲理和“关爱生命，善待自然”的发展理念，并以此来规划企业的发展战略，定位企业的战略目标，规范企业的战略部署。

2006 年 12 月，亿利资源集团荣获“最具社会责任感的企业”奖项，正如亿利资源集团的颁奖词所说，“一家成长在沙漠中的企业，打造出了一个沙漠生态循环经济产业链，修筑了横贯大漠的‘穿沙公路’，并成为了绿色长廊，使当地数万百姓受益。在沙漠生态产业化过程中，当地农牧民不但是田间的农业工人，还成为企业的股东”。

（2）承担社会责任与科学发展观相结合。2012 年 6 月，库布其沙漠生态文明被列为联合国“里约+20”峰会重要成果向世界推广。亿利资源集团董事长王文彪获得了联合国颁发的“全球环境与发展奖”。联合国防治荒漠化公约组织提出了“2030 年世界耕地荒漠化‘零增长’”的目标，其决策依据就来自于中国库布其沙漠发展模式①。

亿利资源集团在治沙活动过程中，始终本着尊重科学的精神进行不断的探索，提出沙漠治理的 24 字方针：“锁住四周，渗透腹部，以路划区，分块治

① 亿利资源荣获“中国企业社会责任”两大奖项［EB/OL］. 凤凰财经网，http：//finance. ifeng. com，2014-01-23.

理，技术支撑，产业拉动”，并以科学发展观切实把社会责任落到了实处。王文彪说，“亿利资源二十多年如一日致力于库布其荒漠化防治，这就是亿利资源集团的社会责任，关注生态环保不是今天才有的自觉，而是发展以来就有的行动和理念”。王文彪的治沙精神值得赞赏，但蕴藏其中的科学治沙行动同样值得推崇，王文彪曾说，人生战略有三条：一是选择能使你成功的事情做；二是应该找一个能使你成功的环境；三是选择一个能使你成功的那个人①。

由此可知，选择治沙的事业同样需要担当的勇气和超常的智慧。

28 年中，亿利资源集团始终秉承“绿色、循环、清洁、低碳”的发展宗旨，积极致力于沙漠生态建设，累计投资近 568.4 亿元，绿化库布其沙漠 6217 平方公里，并在此基础上发展了三大沙漠生态新经济产业。一是沙漠甘草种植和制药产业，现营业收入已达 30 亿元/年；二是沙漠七星湖生态旅游产业，年接待高端游客 20 万人；三是沙漠太阳能、生物质能产业。坚持不懈的生态建设，不仅提升了企业效益、改善了经营结构，而且还控制了 7000 平方公里沙化面积、遏制了沙尘暴、吸收了大量的二氧化碳，实现了“生态与生计兼顾，治沙与致富并举，绿起来和富起来结合”的多赢格局。

绿一方沙漠，富一方百姓，既是亿利资源集团义不容辞的责任，也是其兴一方沙漠产业、履行社会责任的舞台，亿利资源集团将以对国家、对人民、对子孙后代高度负责的态度把荒漠化防治一代一代进行下去，并使亿利资源集团的事业永续发展，基业长青。

亿利资源集团是全球治理沙漠面积最大、拥有专利技术最多的企业。依靠其 28 年研发出的 100 多项生态种植技术，1000 多个耐寒、耐旱、耐盐碱的生态种子，治沙控沙面积达 1.1 万平方公里，成功治理了中国第七大沙漠——库布其沙漠，创造了 4634 亿元的生态财富，带动脱贫人数达 10.2 万人。库布其沙漠治理模式和技术已向新疆南疆塔克拉玛干沙漠、甘肃腾格里沙漠复制推广，并积极向中亚、西亚和澳大利亚输出。

（3）承担社会责任与生态扶贫相结合②。亿利资源集团成立之初，就是以改变库布其沙漠贫穷落后的面貌为初衷。亿利人从种树绿化、保卫盐厂、摆脱贫困的朴素愿望出发，和当地老百姓一起开始治理沙漠。通过治理沙漠，不仅

---

① 王文彪 . 亿利资源集团转型 PVC 循环经济产业链［EB/OL］. 新浪财经，http：//www.sina.com.cn，2007-07-19.

② 探索生态扶贫的新路子——亿利资源集团库布其治沙扶贫经验汇报 . 企业内部资料，2016-07-03.

保护了当地的耕地和农田，增加了土地产出能力，还增加了上百万亩的耕地。治沙的同时，因地制宜发展循环经济、沙漠太阳能、生态旅游等沙漠特色产业，建成了达拉特循环经济工业园、库布其生态工业园区、生态光伏基地、库布其国家沙漠公园旅游基地、700 多个甘草种植基地、古如歌蒙元文化牧民新村、独贵塔拉农牧民新村、杭锦淖儿沙区扶贫示范村（正在建设）；捐建了亿利东方学校，建成了农牧民党校和职业技术培训基地、亿利公益基金会；修建了扶贫穿沙公路；组建了 220 个民工联，引导农牧民参与旅游和生态产业；建立了全球第一所企业创办的沙漠研究院，建成了中国西北最大的种子资源库；亿利资源集团还独创了“气流法”“迎风坡造林”和甘草平移栽培技术等。

亿利资源集团为这么多年的治沙及产业延伸进行了别有风味的总结：绿化了一座沙漠，生态修复换穷貌；建成五个生态产业园，产业带动破穷境；建设三个旅游风情小镇，帮扶移民挪穷窝；建设中小学和职业技校，教育培训拔穷根；修建五条扶贫穿沙公路，修路筑桥甩穷途；搭建就业创业平台，自力更生解穷困；搭建技术研发平台，科技创新治穷病。

1）体会。亿利资源集团治沙扶贫有很重要的三点体会：

第一，产业扶贫需要较大的资金投入。根据企业的经验，帮扶并且稳住 1 个贫困人口，至少需要 10 万元以上的产业投入，亿利资源集团帮扶杭锦旗 10 万人脱贫，投入产业资金超过 500 亿元。

第二，精准扶贫贵在坚持，必须持之以恒。精准扶贫是有客观规律和周期的，从观念的改变、技能的提升，到环境的改善、产业的导入，是一个相对较长的过程。

第三，“造血扶贫”必须依靠产业化投资。亿利资源集团的扶贫之所以能够取得成功，就在于企业把治沙扶贫和生态产业的发展始终紧紧地捆绑在一起，并且让农牧民以市场化的方式参与进来，形成多种收益形式。

2）经验。亿利资源集团治沙扶贫的经验有以下几点：

第一，党的领导是根本。库布其治沙扶贫之所以能够取得成效，首先靠的是党的坚强领导、政府的坚定支持，其次是企业践行了“绿水青山就是金山银山”的发展理念。

第二，产业带动是引擎。库布其治沙扶贫始终紧紧扭住发展沙漠生态产业这个“牛鼻子”，依靠创新“向沙要绿、向绿要地、向天要水、向光要电”，创造出“生态修复、生态牧业、生态健康、生态旅游、生态光能、生态工业”的“六位一体”产业体系，并被联合国确立为“全球沙漠生态经济示范区”。通过产业的带动，加快了治沙扶贫进程，实现了“输血型”向“造血型”扶贫的转变。

第三，综合施策是保障。库布其治沙扶贫事业综合体现了“创新、协调、绿色、开放、共享”的新发展理念，创新性地提出了“政府政策性支持、企业产业化投资、农牧民市场化参与”的机制，实现了“治沙、生态、产业、扶贫”平衡驱动的可持续发展。

第四，受益机制是关键。库布其治沙扶贫让当地农牧民有了多种收益方式，有了“五种新身份”，包括沙地转租受益者、沙漠入股的股东、生态产业工人、沙漠旅游业的小老板、新型农牧民，企业始终把农牧民如何参与治沙、参与产业发展摆在优先位置。

第五，教育培训是基础。扶贫必先扶智，经过培训后的贫困农牧民自力更生摆脱贫困的意识大大增强，参与治沙生态产业致富的能力大大增强。

总之，28 年来亿利资源集团治沙扶贫累计投入产业资金 568.4 亿元，绿化库布其沙漠 6217 平方公里，帮助库布其沙区 10.2 万人彻底摆脱了贫困，创造了 107.5 万人（次）的就业岗位，创造生态财富 4634 亿元，走出了一条“生态与生意”“产业与扶贫”互促共赢的新路子。

（4）把社会责任提升到企业战略高度。“今天的主题是战略，首先做一个深刻的检讨，亿利的品牌战略做得不好。我相信更多的同学和老师对我们公司知之不多，所以我们的品牌战略学得不够到位、做得不够扎实。”[①]这是王文彪 2007 年的一次讲话中的开头。然而，到 2012 年 11 月，亿利资源集团不仅启用绿色风车形状新标识，还在新标识中注入浓浓的社会责任情怀。新标识由三个大写英文字母 S 以及公司名称 ELION/亿利资源组成（如图 11-1 所示）。

图 11-1　亿利资源集团 Logo

资料来源：亿利资源集团官网。

① 王文彪．亿利资源集团转型 PVC 循环经济产业链［EB/OL］. 新浪财经，http：//www.sina.com.cn，2007-07-19.

三个 S 所代表的意思如下①：

第一个 S 是“Sand”（沙），代表亿利资源集团的事业源自沙漠；沙漠是亿利人事业的心脏；沙漠既是亿利人永远的精神家园，也是亿利人用之不尽、取之不竭的力量源泉。第二个 S 是“Source”（资源、根源、来源），代表亿利人敢为天下先，根植大漠，将沙漠、阳光以及自然给予的一切视为珍贵资源。第三个 S 是“Sustainability”（可持续发展），代表亿利人从沙漠上获得全新发展的智慧，引领全球沙漠绿色经济，开创影响世界的生态文明建设模式。

3S 形成一个立体结构图形，它代表着亿利人、亿利企业、人类社会的沙漠绿色事业圆满。

由 3S 汇聚而成的这个生生不息的绿色生命圆塔，代表着在亘古大漠上，生命新绿绵延无限，彰显了全体亿利人同心同德、聚沙成塔的凝聚力。

3S 主标识整体展现出的新春嫩绿的色彩，代表着关爱生命、善待自然的沙漠绿色事业蕴藏着春天般巨大的生命活力。

3S 主标识下方的集团公司英文名称“ELION”中的绿色地球代表着亿利资源集团的愿景：追求至高无上的绿色事业，打造具有全球领导力的沙漠绿色经济企业，福祉全球，追求超越利润的绿色企业。

“ELION”含义如下：

“ELION”一词，英译为东方雄狮，其还有在财务上取得巨大成功的意思，因为“ELION”的数量含义超过了百万（Million）、十亿（Billion）和万亿（Trilion）。“ELION”一词在希伯来语中有至高无上、卓越成功的意思，传递了一个“向前看、充满自信、有驱动力和奉献精神直至最佳和成功”的信息②。

“作为务实的企业家，我认为企业的战略就是企业的导航系统……它能预定这个企业能走多远，能走多快，能走多稳，能走多好，能做多大。因此，四两拨千斤的战略可能使企业能够在几年时间内如日中天。当然一个很好的战略还要抓住机遇，因为从我本身十几年管理企业的经历看，我想战略和机遇的结合是很重要的。如果战略很好，没有抓住机遇也是一个问题，当然机遇还有个执行力问题，离开执行力和机遇讲战略是有问题的。”③

---

① 亿利资源集团 . 亿利资源品牌含义［EB/OL］. 亿利资源集团官网，http：//www. elion. com. cn，2012-11-20.

② 亿利资源品牌含义［EB/OL］. 亿利资源集团官网，http：//www. elion. com. cn，2012-11-20.

③ 王文彪 . 亿利资源集团转型 PVC 循环经济产业链［EB/OL］. 新浪财经，http：//www. sina. com. cn，2007-07-19.

“十三五”开局，王文彪给亿利人画了一张新蓝图：“亿利将从传统制造业向制造服务业转型”（资源+技术+服务+金融），打造产融网一体化的生态金融企业。到2018年，即亿利资源集团成立30周年时，集团资产+市值达到2000亿元，创造生态财富8000亿元；到2020年，再治理沙漠1万平方公里，生态减贫10万人以上，创造生态财富1万亿元。

2016年“两会”期间，习近平总书记在参加全国政协民建、工商联委员联组会时，对亿利资源集团“履行社会责任，坚持治沙扶贫”给予了关怀、慰问、肯定和鼓励。王文彪当面向总书记立下了军令状，“5年再绿化1万平方公里沙漠、带动10万农牧民脱贫”。

相信亿利人在新的号角引领下，一定会抓住机遇，勇于担当，再造辉煌！

第十二章
百年伊泰　绿色能源

——内蒙古伊泰集团有限公司社会责任

一、伊泰集团概况

内蒙古伊泰集团有限公司（以下简称伊泰集团）成立于 1997 年 8 月，是由伊泰集团独家发起、募集设立的 B+H 股上市公司，是以煤炭生产、经营为主业，以铁路运输、煤制油为产业延伸，以房地产开发等非煤产业为互补的大型现代化能源企业。

伊泰集团是内蒙古自治区最大的煤炭企业及中国最大的煤炭企业之一。公司连续 11 年跻身中国企业 500 强，2015 年位列第 343 位，位居中国煤炭企业 100 强第 21 位，位居内蒙古自治区煤炭企业 50 强之首，被国务院列为全国规划建设的 14 个大型煤炭基地骨干企业之一。

目前，伊泰集团总资产超过 1000 亿元，职工 7500 余人，下属内蒙古伊泰煤炭股份有限公司、内蒙古伊泰准东铁路有限责任公司、内蒙古伊泰呼准铁路有限公司、内蒙古伊泰煤制油有限责任公司、中科合成油技术有限公司、内蒙古伊泰置业有限责任公司等 61 家直接和间接控股公司，其中内蒙古伊泰煤炭股份有限公司为煤炭行业首家 B+H 股上市公司。

伊泰集团现有大中型生产矿井 14 座，在建矿井 2 座，总生产能力超过 5000 万吨/年。煤矿全部实现了综合机械化开采，采区回采率达到 80%以上。公司生产的煤炭具有低灰、特低磷、特低硫、中高发热量等特点，是天然的“环保型”优质动力煤。公司一直秉承“安全是企业的最大政治、员工的最大福利、企业的最大效益”的指导思想，不断加大安全投入，所有矿井都按要求完善了井下安全避险“六大系统”，安全生产得到了有效保障。

截至2015年12月31日，伊泰集团实现营业收入195.7亿元，同比下降23%；归属于上市公司股东的净利润9050万元，同比下降96%；营业总成本193.9亿元，同比下降12.1%。

二、伊泰集团履责实践

1. 经济责任

伊泰集团自上市以来，合法经营，照章纳税，累计为国家上交各项税费216.53亿元，其中2012年上交各项税费60.49亿元，成为鄂尔多斯市地方企业纳税第一大户。公司以兼顾企业价值最大化、股东利益最大化为经营宗旨，重视对投资者的合理回报，制定了合理的利润分配政策，积极回报股东。从1997年上市到2012年15年间，除1999年因实现微利未进行利润分配外，其余每年都进行了利润分配，累计分红（含股票股利）已达114.41亿元。公司一贯奉行“诚和”文化，加强与利益相关方的对话交流，通过加强与大型煤炭企业的技术合作，加强与重点电力客户建立上下游产业的产权合作关系，以诚信对待股东、监管部门、中介机构、新闻媒体，为企业营建了良好的公共关系氛围，使企业在发展中能够凝聚各方合力，协调推进企业与社会可持续发展①。

2. 环境责任

伊泰集团在发展中严格遵守国家的环保法规，积极主动承担环保责任，推进技术创新，提高资源利用效率。深入贯彻落实“百年伊泰绿色能源”的环保方针，以“预防为主、防治结合、清洁生产、全过程控制”的环保理念为指导，坚持环境保护与节能减排、节约资源、发展循环经济相结合，建立健全环保管理体系。公司始终坚持科学发展观，走可持续发展道路，在谋求自身发展的同时，兼顾煤炭产业和相关产业协调发展，煤炭开发与生态环境协调发展，保护和治理矿区环境，实现企业发展与社会、环境的协调统一。

---

① 陶克陶．内蒙古煤炭企业社会责任协同推进机制研究［R］．呼和浩特：2012内蒙古规划办课题研究报告，2012.

在实践中，公司认真落实国家相关法律、法规；严格履行建设项目环评、水保“三同时”制度。积极主动与各级环保、水保、国土资源等行政主管部门沟通，在项目审批方面取得了较大进展，圆满地完成了公司建设项目环保、水保审批、验收等各项工作任务。2013 年，全公司未发生环境污染事故和群众投诉的环境污染纠纷事件，并完成建设项目环评审批 8 项，其中自治区环境保护厅审批项目 1 项，鄂尔多斯市环境保护局审批项目 7 项。完成建设项目水土保持方案审批 2 项，其中自治区水利厅审批项目 1 项，鄂尔多斯市水保局审批项目 1 项。同年，公司有 15 个下属单位新增了绿化计划，新种植乔木 417. 71 万株，灌木 14. 5 万株，沙柳 21. 6 万亩，沙柳网格 1640 亩，种草 2. 8 万平方米，绿化投资额合计 17401. 98 万元。公司所属各生产经营单位每年进行的四次工业企业厂界噪声、大气污染物、水污染物的排放指标均达到国家相应的排放标准。保证了上市公司环境保护信息披露无误，为实现“百年伊泰”保驾护航①。

3. 公司对员工的责任

截至 2013 年底，公司共有员工 7408 人。其中，大学及以上学历的人员占员工总数的 42%，技术人员占员工总数的 8%。伊泰集团对员工的责任主要体现在以下几个方面：

（1）公司重视员工的发展。公司注重对人力资源的选拔、开发与激励，积极推进人才强企战略，抓好吸引、培养和用好人才三个环节，加快以高层次人才和高技能人才为主体的人才队伍建设，形成了一支结构合理、专业配套、素质优良、符合公司发展战略需要的人才队伍。公司注重全员培训，充分利用公司系统培训资源，加强与外部培训机构的合作，开展多层次、多渠道、多方位的培训。倡导员工终身学习的理念，形成全员学习和终身学习的氛围和机制，努力提高员工的综合素质。

截至 2013 年底，公司组织的宏观经济分析、战略管理、企业运营与管控、人力资源管理、企业组织行为实践、学习型组织、沟通管理、博弈论与企业竞争策略、低碳经济与新能源政策、财务管理、公司法、质量管理、公文写作、人力资源管理、企业文化建设、沟通管理等各级各类培训 232 期，累计培训 10215 人次，累计支出培训费用 888. 52 万元。公司注重为员工搭建成长平台，

① 内蒙古伊泰集团有限公司 . 2013 内蒙古伊泰集团有限公司社会责任报告［M］. 鄂尔多斯：内蒙古伊泰集团有限公司出版社，2013.

实现员工和企业的共同发展。通过建立“竞聘上岗、择优录用”的用人机制，开展多层次的技能竞赛和评优争先活动，为优秀人才脱颖而出提供平台。加强专业技术人才队伍的建设，完善专业技术资格管理体系，做好技术专家选拔和高级专业人才推荐工作，截至 2012 年底，230 人晋升职业资格①。

（2）公司注重保护员工的权益。公司始终坚持公平、公正、公开的用工政策，认真贯彻落实《中华人民共和国劳动法》《中华人民共和国劳动合同法》和《劳动合同法实施条例》等法律法规，加强劳动合同管理，公司员工通过每年签订年度劳动合同的形式与公司建立关系。公司依据《中华人民共和国工会法》建立了工会组织，各级工会组织认真履行职责，维护员工合法权益，鼓励员工参与管理决策，共同实现企业的经济目标，并协助调解企业与员工之间的争议。公司高度重视员工的健康安全。公司及各子公司均建立了员工健康安全保障机制，定期进行全员体检，并对从事接触职业病危害源工作的员工进行专项体检。此外，公司还建立了企业内部的大病医疗风险基金，对规定的 10 种大病，在医保报销后，剩余部分通过公司医疗风险基金解决。公司根据实际情况不定期、不定量为员工发放劳保福利②。

（3）完善的激励和保障机制。公司坚持“尊重历史贡献，注重岗位提升，引导未来发展”的人才理念，为员工创建理想的职业发展平台。公司建立了竞聘上岗的优胜劣汰用人机制，实行以岗位确定基本薪金，奖金分配与业绩考核结果挂钩的薪酬激励体系，给每位员工平等的择业机会，优化每个岗位的人员安置，为员工提供了职业生涯发展的良好平台。同时，以绩效论贡献，以绩效考核结果确定收入分配，建立了良好的激励机制，创造了和谐的劳动关系。公司积极推进企业社会保障制度，按照社会保险有关规定，为员工足额办理了养老保险、基本医疗保险、大额医疗保险、失业保险、工伤保险、生育保险及住房公积金，同时，还为员工办理了补充医疗保险、意外事故保险等商业保险；推进企业年金规范化，关心员工生产生活，为困难员工实施生活扶助和救助③。

三、新形势下伊泰集团的社会责任

我国的煤炭资源大部分分布在新疆维吾尔自治区、内蒙古自治区、山西

---

①②③　内蒙古伊泰集团有限公司 . 2013 内蒙古伊泰集团有限公司社会责任报告［M］. 鄂尔多斯：内蒙古伊泰集团有限公司出版社，2013.

省、陕西省、贵州省（区），已探明资源储量为38114.88亿吨，占全国总量的83.73%。截至2012年底，内蒙古自治区原煤产量达10.66亿吨，占全国的29.2%，居于全国各省份之首。我国五大露天煤矿中，有四处分布在内蒙古自治区（霍林河、伊敏、元宝山和准格尔露天煤矿），已建成的大型煤炭基地主要有内蒙古宝日希勒、贺斯格乌拉、白音乌拉、巴彦宝力格、魏家卯等，分布在内蒙古自治区东北部的呼伦贝尔地区，东部锡林浩特、霍林郭勒，东南部赤峰以及内蒙古自治区中西部的包头市、鄂尔多斯市、乌海市等地①。

在内蒙古自治区经营、开采的5000万吨级煤炭企业有三户（神东、神华集团准能公司、伊泰集团），1000万吨级企业有5户（万利、金烽、汇能、伊东、乌兰），500万吨级的企业有16户（满世、蒙泰、天隆、聚祥、聚能、广利、星光、西蒙、特弘、呼氏、中煤蒙发、利民煤焦、鸿运、棋盘井矿业、鄂尔多斯市电力公司、瑞德公司）。据统计，2014年，全国煤炭企业100强中的内蒙古自治区煤炭企业营业收入总额为16917335万元，占100强企业营业收入总额的4.07%，如表12-1所示。据统计，2015年中国煤炭百强企业营业收入平均为415.9亿元，内蒙古自治区65家企业为105.7亿元②。

表12-1　2014年中国煤炭企业100强营业收入——内蒙古自治区16家

单位：万元

名次	企业名称	2013年度营业收入
21	内蒙古伊泰集团有限公司	3646355
35	内蒙古伊东投资集团有限公司	2019417
43	鄂尔多斯市乌兰煤炭（集团）有限责任公司	1238648
44	内蒙古蒙泰煤电集团有限公司	1209131
45	内蒙古汇能煤电集团有限公司	1143652
47	内蒙古特弘煤电集团有限责任公司	1023531
48	华能呼伦贝尔能源开发有限公司	955878
49	内蒙古满世投资集团有限公司	952731
55	内蒙古太西煤集团股份有限公司	850193
61	内蒙古平庄煤业（集团）有限责任公司	776301
64	内蒙古博源控股集团有限公司	665844

①② 陶克陶．内蒙古煤炭企业社会责任协同推进机制研究［R］．呼和浩特：2012内蒙古规划办课题研究报告．

续表

名次	企业名称	2013年度营业收入
65	内蒙古霍林河露天煤业股份有限公司	622101
66	内蒙古西蒙集团有限责任公司	620204
68	内蒙古德晟实业集团有限公司	589058
72	内蒙古神东天隆集团有限责任公司	471688
92	内蒙古怡和能源集团有限公司	132657
	合计	16917335
	占100强企业年度营业总收入比例	4.07%

资料来源：根据《2014中国煤炭企业100强》整理，中国煤炭资源网，http：//www.sxcoal.com/。

数据显示，内蒙古自治区煤炭资源型企业在全国煤炭企业中，无论是在数量上，还是在营业收入、资源产量方面，均占有相当大的比例。内蒙古自治区煤炭资源型企业的发展状况对我国煤炭行业的持续、稳定影响重大，对地方经济发展起着重要作用。

1. 责任重大

2012年以来，煤炭行业整体需求下降、产能严重过剩、无序竞争激烈。在经济发展新常态下，对能源生产提出新的要求，国家发改委、能源局出台多项政策，如《关于严格治理煤矿超能力生产的通知》和《做好2015年煤炭行业淘汰落后产能工作的通知》，两份通知分别规定，煤矿全年产量不得超过公告的生产能力，月度产量不得超过月度计划的110%。2014年全国原煤产量同比减少2.5%左右，这是煤炭产量在连续上涨14年后，首次出现下跌，伊泰集团也不例外，2015年累计生产商品煤3434万吨，同比下降20.5%；销售煤炭5982万吨，同比下降10.2%；煤炭销售均价285元/吨，较上年下降15.9%。

针对煤企销量下滑，煤价持续走低，企业大面积亏损（亏损面达到90%），缓发、减发、欠发工资现象普遍——越“拖”越“困”成了煤炭脱困之困。2015年3月，国家发改委约谈包括山西省、内蒙古自治区、陕西省等14个省区人民政府及项目核准、行业管理、安全监察部门（机构）以及神华、中煤、同煤、冀中能源、陕西煤化、伊泰集团等17家煤炭生产企业，提出了“四个严格”（严格治理违法违规建设生产、严格治理超能力生产、严格治理不安全生产、严格治理劣质煤生产使用）、“四个严肃”（严肃地记账算账、严肃地检查督查、严肃地联合惩戒和严肃地分类问责），使煤炭企业走出了困境。

2. 伊泰集团社会责任路径

伊泰集团的脱困路径包括减量化、清洁化、多元化。

2016 年 6 月，在中国煤炭工业协会组织召开的煤炭行业企业社会责任报告发布会上，伊泰集团副总经理翟德元告诉记者，伊泰集团主动调整生产矿井产量和产品结构，加强煤炭洗选，提高产品质量，努力实现生产效益最大化。2015 年，伊泰集团在 2014 年产煤 4345 万吨的基础上，主动压缩原煤产量，煤炭产量同比下降 22.5%，与公司产量最高的 2011 年相比减产了 42.6%。同时，依托产运销一体化，以互惠互利、产品定制、完善售后服务机制等举措，在行业亏损 90%以上的形势下，依然实现微利运行（煤炭销售收入实现 170.8 亿元，销售成本 132.5 亿元，实现毛利 38.2 亿元）。

翟德元说，伊泰集团坚持走清洁生产、循环经济、绿色矿山、植树减碳的发展路径。目前，公司各单位工业场地绿化率达到 95%以上，所属的大地矿、宝山矿、丁家渠矿被确定为绿色矿山建设试点单位。针对鄂尔多斯地区缺林少绿多风沙的现状，从 2011 年开始，伊泰集团征用库布其沙漠荒地开展碳汇林建设。截至 2015 年，圆满完成百万亩碳汇林工程，累计投资 3.6 亿元，总造林面积 34 万亩，防风固沙控制面积 77 万亩。

多元化主要是提升抵御市场风险的能力。伊泰集团加快了产业升级的步伐。2015 年生产各类油品 20.2 万吨，在国际原油价格持续下跌的情况下，仍然实现了净利润 1100 万元。随着示范项目标杆效应的逐渐显现、关键技术的渐趋成熟，企业取得了明显的社会效益和较好的经济效益。2015 年，在年产 16 万吨项目成功运行的基础上，积极建设杭锦旗 120 万吨/年精细化学品项目，同时稳步开展准格尔旗 200 万吨/年煤制油工程和新疆伊犁 100 万吨/年煤制油示范工程建设的前期工作。伊泰集团自有铁路累计货运量 8352 万吨，其中外运量为 4240 万吨，实现净利润近 5 亿元，成为公司新的利润中心。

伊泰集团 2015 年年度报告分析认为，“十三五”时期，国内经济社会发展呈现新趋势，能源革命提出新要求，煤炭行业发展机遇与挑战并存。煤炭安全高效智能化开采和清洁高效集约化利用将成为发展的主旋律，行业发展将从数量、速度、粗放型向质量、效益、集约型增长转变。伊泰集团将以国家加快煤炭资源整合、淘汰落后产能为契机，整合内外资源，充实公司战略资源；推进运输市场开放，择机引入铁路合作伙伴，充分激发自营铁路的成本和运能优势，增加铁路运输效益；发展洁净煤技术，提高产品附加值，延伸煤炭产业链，全面部署新型煤化工项目，加快产业转型升级步伐。[①]在坚持四个不变原则（坚持加强党对企业的领导、公司党委是领导核心不变；坚持合法经营，照章纳税，两个文明协调发展的方向不变；坚持依靠广大职工，充分尊重广大职工的主人翁地位的宗旨不变；坚持为地方和国家的社会主义建设积极做出贡献的思想不变）前提下，充分发挥“国家能源体系节点，区域及企业利益相关方合作平台”的使命。

① 伊泰集团．内蒙古伊泰煤炭股份有限公司 2015 年年度报告摘要［EB/OL］．伊泰集团官网，http：//www.yitaigroup.com/，2016-03-31.

第十三章
品牌建设　引领企业发展

——内蒙古鄂尔多斯投资控股集团有限公司社会责任

内蒙古鄂尔多斯投资控股集团有限公司（以下简称鄂尔多斯集团）是1981年通过补偿贸易方式建立起来的羊绒制品加工企业。羊绒产业是鄂尔多斯集团的事业基础和品牌支柱，30多年来，鄂尔多斯品牌价值不断提升，由1996年的12.85亿元上升到2016年的808.55亿元；鄂尔多斯品牌知名度也在不断提升，由一个地方品牌逐步培育成为一个世界名牌，践行了“鄂尔多斯温暖全世界”的豪情壮志。鄂尔多斯集团曾在2001年提出“创世界名牌，办长寿企业”的战略方针，并始终以品牌建设引领企业发展，如今鄂尔多斯又以“立民族志气，创世界名牌”作为行业领军使命。可以说，鄂尔多斯的成功除依托高品质的羊绒原料、精益求精的生产经营，其强烈的品牌意识、卓越不凡的品牌战略是其成功的重要因素。

一、鄂尔多斯品牌建设的主要历程

品牌，是一个名称、术语、标记、符号、图案或这些因素的组合，是区别一个或一群卖主同其他卖主之间产品或劳务的标志，是赢得顾客决定购买的主因。就其实质来说，品牌代表着消费者对交付给买者的产品的特征、利益和服务的一贯性承诺。鄂尔多斯品牌标识如图13-1所示。

鄂尔多斯集团成立之初，就清醒地认识到了品牌建设的重要性。由于企业位于举世闻名的鄂尔多斯高原，在进行品牌名称选择时，明智地选用了“鄂尔多斯”作为自己的品牌，一是以借地名为自己的品牌造势，二是进一步提高地

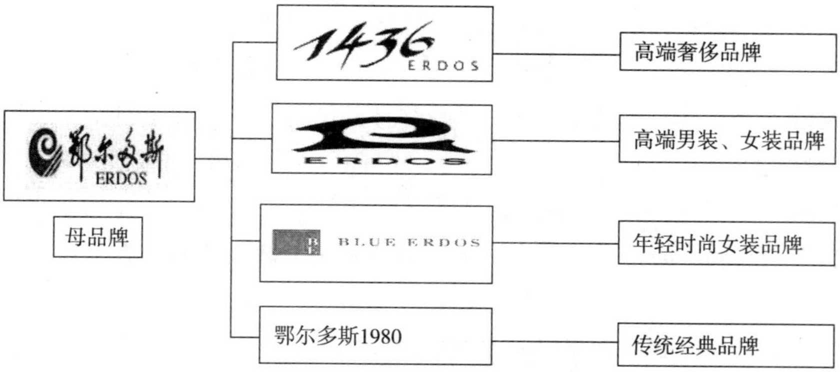

图 13-1　鄂尔多斯品牌标识

方的知名度，以达“双赢”的目的。

1981 年，鄂尔多斯产品一炮打响；获世界服装展示会全优产品称号，1992 年 12 月，“鄂尔多斯”商标被内蒙古自治区工商行政管理局、内蒙古消协选评为内蒙古自治区著名商标。企业利用其获得的著名品牌在之后的发展道路上，又以品牌扩展的战略来进一步发展自己的品牌，即利用一种成功的品牌名称，在一个新的种类里生产新的产品或经过改进的产品。

鄂尔多斯集团非常清醒地看到，中国服装企业高利润成长的时期已经过去，下一轮的竞争仅仅依靠产品已经远远不够，竞争的焦点必将集中在品牌竞争上。因此，“鄂尔多斯”这一品牌打响后，企业开始实施从单一产品向多领域辐射品牌的延伸战略，意在通过产品的推陈出新，即增加高档次产品生产线使商品进入高档市场，从而提升品牌的附加值、扩大品牌效应，进一步提高整体品牌组合的投资效益。按照集团的品牌发展战略，随后分别推出一系列的延伸品牌。

2001 年，鄂尔多斯集团新开发的顶级产品与大众女装上市，分别使用新品牌名称“鄂尔多斯·诺贝”（ERDOS-NOBLE）“鄂尔多斯·欧蕊儿”（ERDOS-OREA）。既根据不同目标的消费群、产品价格相区分，又在“鄂尔多斯”“姓氏”庇护之下，采取了易于启动市场的家族式品牌战略。

2002 年鄂尔多斯集团推出“奥群”品牌，“奥群”在羊毛衫领域有着“傲视群雄”的气魄，鄂尔多斯—奥群精神是一种积极健康的生活态度，其融入了对人生精辟的理解。“奥群”上市后凭借其舒适、温暖的高品质保证牢牢抓住消费者的心，显示了品牌带动效应。

2003 年初，新品牌“S’FAVORI”“ERDOS 男装”正式推出。此举源于“鄂尔多斯”对自身发展的清醒认知和品牌资产的全新运营。换言之，羊绒精品“S’FAVORI”和“ERDOS”男装的推出，并不是单纯的鄂尔多斯品牌风格的延续，更不是简单借用表面上已经存在的品牌名称，而是对整个品牌资产的策略性使用。

2004 年，鄂尔多斯集团推出“牧星绒”品牌。“牧星绒”是鄂尔多斯集团着力打造的年轻、时尚品牌，主要参与羊绒制品中低档二线品牌和小品牌的市场竞争，目的是进一步扩大产品的市场占有率[①]。

鄂尔多斯集团至此初步完成了网络建设和对品牌的塑造，一举打破了单品打天下的战略格局，在羊绒产品经营完全能掌控的同时又大举进入了羊毛衫、休闲男装、休闲女装、羽绒服、皮草、精品内衣等服装领域，形成了主业引路、从业并进的大服装发展态势。

2005 年，鄂尔多斯实施“大服装战略规划”，其战略目标是通过品牌延伸和市场扩张，构建与羊绒齐头并进的非绒类系列服装实业平台，最大限度地提升市场占有率和经营效益，进一步做精、做强、做久，逐渐扩大集团在整个纺织服装行业的影响，逐步把“鄂尔多斯”打造成为国际名牌。

2006 年，鄂尔多斯集团又创建了顶级奢侈品牌“1436”，2007 年，“1436”凭借其优质的原材料，完美的工艺制作及典雅的设计被选定为“中华国宾礼”。

同年 7 月，“鄂尔多斯”品牌被评为中国羊绒行业标志性品牌。中国行业标志性品牌是由中国品牌研究院独立评定的，只有获得中国驰名商标或中国名牌产品的企业，才有资格参加中国行业标志性品牌的评选，且每个行业只有一个品牌能够获得该行业的这项最高荣誉[②]。

2009 年 5 月，“鄂尔多斯”荣获“2009 亚洲服装业最具影响力十大驰名品牌”称号，“控股集团”荣获“2009 亚洲服装业最具综合实力品牌企业 100 强”称号，这是继“中国驰名商标”“世界羊绒大王”等称号之后，“鄂尔多斯”品牌与集团所获得的又一殊荣[③]。

同年，鄂尔多斯集团启动从“羊绒品牌”向“羊绒时装品牌”的品牌升

---

① “牧星绒”开局良好［EB/OL］. 鄂尔多斯集团官网，http：//www. chinaerdos. com/，2004-03-26.

② “鄂尔多斯”被评为中国羊绒行业标志性品牌［EB/OL］. 鄂尔多斯集团官网，http：//www. chinaerdos. com/，2006-07-21.

③ “鄂尔多斯”品牌再获殊荣［EB/OL］. 鄂尔多斯集团官网，http：//www. chinaerdos. com/，2009-05-27.

级战略产品升级、渠道升级、推广升级全面推开。鄂尔多斯品牌升级战略，就是在20多年积累的广泛的消费者优势和品牌优势的基础上，将鄂尔多斯品牌从单纯的羊绒品牌，扩大到以羊绒为主的、包含其他纤维原料和服装品类的、定位于高端的成熟男女装品牌。尤其法国著名奢侈品牌“香奈儿”（CHANEL）原设计总监吉尔·杜福尔（Gilles Dufour）先生担任“鄂尔多斯”品牌的艺术总监后，推出与国际一流品牌看齐的“杜福尔”系列，极大地提升了公司服装的美誉度①。通过产品设计的提升、产品类别的扩充、终端形象的改造、终端网络的拓展、推广的深度和广度的增加，切实推动了鄂尔多斯的销售增长、品牌影响增强，实现鄂尔多斯品牌在男装、女装、羊绒三个领域的立体式发展。

在以上主打品牌推出的同时，鄂尔多斯集团还推出“Underwear”“Leather”“Home”“Downwear”乐融等品牌。可以说，鄂尔多斯集团的产品覆盖精、粗纺针织、梭织类各个服装领域及家居用品领域，产品品质、市场占有率、销售收入、出口创汇方面都取得不凡业绩。

随着企业品牌建设的推进，鄂尔多斯的品牌体系逐渐丰富。然而，企业也意识到所存在的问题，如品牌的层次性、不同品牌的市场地位、主副品牌关系等这些问题限制了企业的品牌发展，也容易使消费者产生混淆。同时，中国经济进入“新常态”，特别是互联网带来了消费市场和产业领域的深刻变革，企业需要战略转型以获得更强的竞争力和创造价值的能力，品牌的重塑势在必行。

2015年，集团经过大半年的内外调研、分析、反复论证和测试，最终确立了鄂尔多斯品牌发展战略：以鄂尔多斯品牌家族四个品牌差异化服务不同的消费客群。这四个品牌分别是鄂尔多斯1980（传统）、ERDOS（主流国际）、1436（国际奢侈品牌）、BLUE ERDOS（年轻时尚）。传统、主流、高端、年轻的品牌定位，使彼此间既有差异又有协同，为各个群体客户提供最佳体验；鄂尔多斯1980，是对传统品牌的整合，定位为传统品质型客户群，其宣传口号是“专业羊绒的传承，相伴相随的温暖，历久弥新的时尚”，它承袭了鄂尔多斯集团的家训和“遗传基因”，是温暖、信赖、纯正和爱；BLUE ERDOS尤为珍贵，为企业扩大市场覆盖，储备消费群体打下基础。

鄂尔多斯品牌拆分重塑的战略性调整是其品牌的一次全面升级，得到了业

---

① 鄂尔多斯集团.2009年鄂尔多斯集团年度报告［EB/OL］．鄂尔多斯集团官网，http：//www.chinaerdos.com/，2010-04-08.

内的广泛关注和经销商的极大认可，同时也有利于企业对品牌的管理。2016 年 9 月，鄂尔多斯的新品牌全面上线，经受了市场的考验。通过这四个品牌，鄂尔多斯品牌家族实现了对中国主力消费市场既广泛又精准的覆盖。针对不同客户群构建定位更加清晰、品牌形象更加鲜明的品牌组合确保了鄂尔多斯品牌家族在全国服装行业的领军地位。

2016 年 3 月，在鄂尔多斯秋冬订货会上，企业首次将展区分为鄂尔多斯和鄂尔多斯 1980 两个品牌进行展示，并根据各自的品牌定位，营造不同的品牌氛围。“ERDOS 以国际化的时尚视野，把握当前国际流行趋势，以雅致而不失趣味的风格，释放着强大的时尚气场；鄂尔多斯 1980 传承了鄂尔多斯羊绒的卓越品质和经典风格，用不同的设计手法全新演绎经典，从 30 多年的品牌积淀中焕发新的风采，致力于传递家与生活的温情暖意。本次订货会是鄂尔多斯品牌重塑后的第一次订货，基于对羊绒材质的深刻理解，‘鄂尔多斯’利用精湛的工艺技术，大师级的时尚理念，将对大自然的热爱完美融入设计，使品牌完成了从功能到美学需求的跨越，并且针对不同客户群构建定位更加清晰、品牌形象更加鲜明，将产品风格进行了更明确的品牌划分，本次订货会是个全新的起点，鄂尔多斯羊绒将重新开始接受市场的考验，这是鄂尔多斯品牌迈向国际化的又一重要里程碑。”①

总之，鄂尔多斯经过 30 多年的不懈发展，经历了最初的技术引进、改革后的规模扩张、创立品牌的市场延伸以及产权改制后的品牌提升的不同战略时期，开创了中国羊绒业发展史上的一个又一个先河。国内首家羊绒深加工企业、世界羊绒大王、中国纺织行业首枚“中国驰名商标”、连续 19 年位列全国羊绒行业第一位、纺织行业前五位、内蒙古主席质量奖等，这些荣耀展示着鄂尔多斯羊绒集团在全国绒纺行业的龙头地位。鄂尔多斯已由一个默默无闻的小品牌发展为世界名牌，成为中国服装品牌中鲜有的网络覆盖广、年龄层次丰富、男女装兼顾的成熟品牌，成为中国羊绒行业的风向标、中国时装行业的领军品牌②。

---

① 王美秀．鄂尔多斯羊绒集团召开 2016 秋冬订货会［EB/OL］．鄂尔多斯在线，2016-03-25.

② 鄂尔多斯品牌介绍［EB/OL］．中国品牌网，https：//www.chinapp.com/gushi/48174，2013-03-18.

二、鄂尔多斯品牌培育中的主要条件

鄂尔多斯羊绒产业发展成为羊绒制品年产销能力1000万件以上，占到了中国的40%和世界的30%的市场份额，其产品包括羊绒原料（无毛绒）、羊绒纱线、以羊绒衫为代表的各类羊绒制品、鄂尔多斯品牌的四季服装，现已发展成为当今世界产销规模最大、产业体系最为完善、营销网络最为成熟、技术装备最为先进的行业领军企业。鄂尔多斯品牌在国内国际羊绒产品市场上已经积累了一大批忠诚顾客，得到了消费者的青睐和追捧。“鄂尔多斯”这一品牌已成为中高档羊绒制品的代名词，其品牌培育成功的主要条件有以下几点：

1. 资源占有

资源具有左右羊绒市场的力量。全球对羊绒的实际需求量每年高达30万吨，从全球看，绒山羊主要生活在北纬35°~55°、东经5°~120°的高寒、半荒漠区域，世界羊绒产量极其有限，全世界年产绒仅1.2万吨，其中8000吨来自中国，是实际需求的1/30。

羊绒产业的发展对资源的控制至关重要。由于羊绒原料稀缺，控制原料便控制了行业的制高点，鄂尔多斯集团目前已控制了内蒙古自治区70%的羊绒资源，若再加上国内其他地区，公司所控制的羊绒资源已达到了全球羊绒资源的40%，其行业霸主地位极为牢固。因此，形成世界羊绒看中国，中国羊绒看鄂尔多斯的局面。

由于拥有羊绒资源，内蒙古自治区是中国乃至世界山羊绒原料的主产区及山羊绒制品深加工和出口大省，羊绒产业是自治区的特色优势产业和重要的民生产业，一批像鄂尔多斯集团这样的大企业，在自身快速发展的同时，也极大地带动了中国羊绒加工业的不断成长壮大，在繁荣市场、扩大出口、吸纳就业和增加农牧民收入等方面发挥着重要作用。

然而，近年来内蒙古自治区羊绒产业出现了优良山羊品种资源减少，原料质量下降；绒价涨跌起伏大，挫伤牧民养羊积极性；加工产能过剩，结构不合理；园区建设滞后，装备水平低；羊绒加工业停滞，市场份额大幅下降等诸多问题。振兴羊绒产业已经势在必行、刻不容缓。

作为中国纺织服装行业龙头企业、中国羊绒大王的鄂尔多斯集团早在2009年就提出了振兴羊绒产业的“一揽子”计划。鄂尔多斯集团与鄂托克旗政府合作建设阿尔巴斯绒山羊保护区，保护优质白绒山羊的品质根源，维持优良基因，从根源上解决羊绒质量下降问题；企业每年拿出至少 5 亿元用于支持品牌推广、渠道建设和科技投入，建设国际名牌；投资 28 亿元进行罕台工业园区的建设和搬迁，提升羊绒产业集中度；利用集团拥有国家羊绒制品工程技术研究中心的优势，提高国际话语权。

2. 资本积累

在资本市场方面，通过 2001 年增发 A 股使企业拥有充裕的资金向其他的领域进行延伸。2001 年 4 月 26 日，鄂尔多斯继 1995 年成功发行 B 股后，又在上海证交所增发 8000 万 A 股，募集资金 13.44 亿元——为企业发展、品牌建设打下了坚实的资金基础。

截至 2015 年 12 月 31 日，鄂尔多斯集团累计发行股本总数为 103200.00 万股（含其他），注册资本为 103200.00 万元，羊绒板块资产为 9949983306.57 元①。

2016 年 7 月 13 日，鄂尔多斯发布定增预案，拟以不低于 6.95 元/股，向不超过 10 名特定对象非公开发行不超过 4.17 亿股，募集资金总额不超过 29 亿元，拟用于投资营销渠道拓展及品牌升级建设项目、研发生产体系升级建设项目及信息化系统升级建设项目②。

3. 技术创新

企业在创业伊始就认识到，由于受技术、智力、经济实力、客观条件的限制，发展一个品牌要比发达地区面临着更大的难度。因此，在羊绒生产研发及科技进步方面，平均每年投资 5000 多万元用于技术改造和新产品开发，目前拥有深厚的研发基础和强大的研发能力，以自主创新和产学研合作多种方式开展研发工作。企业现拥有国家级的技术中心，技术水平一直保持国际国内同行业先进水平。鄂尔多斯集团自主研发多项技术，如“山羊绒除土机”“粗纺羊绒包缠纱及其产品加工技术”“多功能处理剂”“山羊绒制品加工及功能研发技术”“羊绒制品数码印花技术及产业化应用”。2012 年鄂尔多斯集团 20 个产品被认定为高新技术产品，比如，抗静电羊绒衫、三防羊绒等。2008 年 9 月，

---

① 鄂尔多斯集团．内蒙古鄂尔多斯资源股份有限公司 2015 年年度报告［EB/OL］．鄂尔多斯集团官网，http：//www.chinaerdos.com/，2016-04-29.

② 鄂尔多斯定增募资 29 亿元 拓展羊绒服装业务［EB/OL］．中国证券网，http：//stock.cnstock.com，2016-07-13.

由鄂尔多斯集团单独制定的首个国家标准GB/T 21293—2007《纤维长度及其分布参数的测定方法——阿尔米特法》开始实施。2010年集团自主制定的FZ/T 24011—2010《羊绒机织围巾、披肩》、FZ/T 24012—2010《拒水、拒油、抗污羊绒针织品》和FZ/T 24013—2010《耐久型抗静电羊绒针织品》三项纺织行业标准发布，并于2010年12月1日起实施。2015年又完成国家标准发布1项，ISO国际标准制定2项，申报ISO国际标准1项，行业标准2项，获得授权发明专利1项，外观专利33项。诸多标准的制定，持续提升了企业的标准话语权①。

由于技术创新成果突出，30多年中，获得各类荣誉多项。2004年12月，鄂尔多斯集团被中国纺织工业协会授予“全国纺织科学技术贡献奖”，其“粗纺羊绒包缠纱及其产品加工技术研究”项目荣获“全国纺织科学技术进步三等奖”②。2006年“多功能处理剂”获国家发明专利。2007年12月，在内蒙古科学技术大会上鄂尔多斯集团被评为“自主创新名牌企业”和创新先导企业。同年，鄂尔多斯顶级品牌“1436”面试，“1436”品牌所使用的羊绒，精心采自内蒙古部分地区的1周岁以下的山羊，细度为14微米以下、长度为36毫米以上，是顶级的原材料，再加上极为精致的技术做工，构成“1436”产品的顶级品格，是世界顶级羊绒原料的象征。2009年，集团荣获“国家创新型企业”，成为羊绒行业第一家入选企业。2012年，鄂尔多斯集团成为中国第一家也是唯一一家加入国际羊绒驼绒制造商协会的会员企业，更加彰显了鄂尔多斯集团的行业“领头羊”地位。

4. 市场渗透

30多年来，鄂尔多斯集团紧紧抓住市场这只“无形的手”，遵循“市场—产品—资源”的法则，以市场需求为目标，针对市场开发产品，根据产品开发资源，积极开拓市场、分析市场、适应市场。在当初国内不知羊绒衫为何物的情况下，鄂尔多斯集团首先开拓国外市场，先后在41个国家和地区注册了商标，并在洛杉矶、科隆、东京、纽约、伦敦、莫斯科和中国香港创建了销售分公司和专卖店，在马达加斯加和蒙古国建立了加工厂，经过不断开拓产品已远

① 内蒙古鄂尔多斯资源股份有限公司2015年年度报告［EB/OL］. 鄂尔多斯集团官网，http://www.chinaerdos.com/，2016-04-29.

② 李彬. 鄂尔多斯集团荣获“全国纺织科学技术贡献奖”［EB/OL］. 鄂尔多斯集团官网，http://www.chinaerdos.com/，2004-12-10.

销30多个国家和地区。当国内消费水平逐步提高时，从1992年开始，鄂尔多斯集团掉头回来开拓国内市场，先从高级宾馆饭店渗透，继而开设其连锁店，截至目前已在全国各大中城市建有近千家专卖店、专卖厅或专柜。有了市场认可的品牌，加之由外到内的独特营销手段，使市场份额不断得以巩固和拓展，“鄂尔多斯”的品牌价值不断攀升，多年来一直稳居国内羊绒业市场占有率、影响力和购买力第一。

2010年“鄂尔多斯”品牌产品首个网络官方旗舰店开设在淘宝商城，淘宝商城鄂尔多斯官方旗舰店（http：//erdos. tmall. com/）作为“鄂尔多斯”品牌产品首个网络店铺于12月8日正式上线[①]。

2011年6月，内蒙古鄂尔多斯服装有限公司又在淘宝商城开设了两家网络店铺——鄂尔多斯兴东专卖店（http：//erdosxd. tmall. com/）、鄂尔多斯家纺旗舰店（http：//erdosjf. tmall. com/），销售“鄂尔多斯”系列品牌产品[②]。

5. 企业领导

鄂尔多斯集团在创业初期提出的“当一流职工，做一流工作，出一流产品，创一流效益”的企业精神集中反映了企业对创建品牌的高度重视和超前认识。30多年来，鄂尔多斯集团始终坚持以坚实的基础构建品牌，以过硬的品牌带动事业，全面重视和加强对品牌的领导工作。

2004年6月30日，鄂尔多斯集团曾面向社会进行VI、SI设计招标，在设计基本要求部分详细说明了VI、SI的具体要求：①所有参与投标单位的设计原则必须遵循各品牌的产品定位、市场定位、价格定位及目标消费群体定位，必须体现各品牌的基本文化，必须表现出鄂尔多斯作为国内纺织服装第一品牌的气质与形象。②所有设计必须在现有“Logo”（即现有标识）不改变的前提下进行，并保证各品牌的系统性与连带性。③SI（即店务装修）部分，要求由效果图、平面图、施工分解图及所选择的装修材料手册（包括品牌及颜色）等部分组成，要排除单一性；VI中的包装物设计要求有效果图、平面图及选择的材料厚度[③]。由此可以看出，鄂尔多斯集团领导对品牌建设认识的到位及对品牌

---

① 关于开展“鄂尔多斯”品牌产品互联网直销的律师声明［EB/OL］. 鄂尔多斯集团官网，http：//www. chinaerdos. com/，2010-12-10.

② 关于开展“鄂尔多斯”品牌产品互联网直销的律师声明［EB/OL］. 鄂尔多斯集团官网，http：//www. chinaerdos. com/，2011-06-08.

③ 鄂尔多斯VI、SI设计招标［EB/OL］. 鄂尔多斯集团官网，http：//www. chinaerdos. com/，2004-06-03.

建设的重视程度。

鄂尔多斯集团领导非常重视品牌工作，集团副总专门分管品牌发展方面的工作，加强对品牌创建过程的领导，同时培养了一支拥有国内一流水平的设计队伍和专业人才，加强对品牌创建的有效管理和全面监督。

目前，鄂尔多斯集团专设了品牌管理事业部形成了对品牌的完整管理体系。集团总经理亲自抓品牌建设管理，下设品牌事业部，品牌事业部内设品牌总监（按不同品牌设置）、市场总监、营销总监等，从品牌内涵、市场推广、渠道建设等方面整体推进品牌管理。品牌事业部特别推出 2016 年鄂尔多斯高管讲堂之品牌说，旨在品牌事业部内部建立分享和沟通的平台，邀请公司管理层为公司全体员工分享管理、专业方面的内容，分享品牌魅力，促进价值传播。

三、鄂尔多斯品牌持久发展的保障措施

1. 通过制度创新，为品牌的持久发展作制度上的保证

改革和创新是促使现代企业制度不断完善的动力。以发展生产力为目标改革一切不适应市场经济的体制，努力提高核心竞争力。打造世界一流品牌最实质、最根本的是与世界经济全面接轨，这是对产品、企业的挑战，也是对企业的体制、政策、规制、运行方式的全面挑战。

企业加强管理创新，不断与竞争对手抗衡，以达到实现创建世界一流品牌的愿望。鄂尔多斯集团从 20 世纪 80 年代初开始就率先在地区范围内打破了八级工资制，实行效益工资制。1988 年废除了干部终身制，1994 年开始实行全员劳动合同制。诸如此类一系列管理制度的变革乃至产权制度的改革，目的都在于建立科学有效的管理模式，完善激励约束机制，调动广大员工的主动性、创造性和潜力。

集团完成产权制度的再创新和现代公司治理结构的建设，使其具有恒久刚性利益追索力成为集团的主导力，进一步解放了生产力，使法人治理结构更具科学性和先进性，提高了企业的运作水平。目前，企业已经形成了权力机构、决策机构、监督机构和经营层之间权责明确、运作规范、相互协调、相互制衡的治理机制，建立健全了适合公司自身发展要求的并且行之有效的制度体系，保障了股东大会、董事会的决策权和监事会的监督权得到有效实施，确保了经

营班子高效开展经营管理工作。

2. 建立健全技术创新体系，不断强化品牌的核心竞争力

鄂尔多斯集团建立初始就认识到技术对于企业整个品牌核心竞争力的重要性。企业利用至今唯一的国家级羊绒科研开发基地，走“产、学、研”一体化模式，使之成为国际一流的羊绒科研开发基地；通过技术创新体系的有效运行，持续提高技术创新和产品创新能力，包括羊绒、驼绒、丝、麻等原料的开发研究应用，特别是对羊绒产品加工中的防起球、防缩水等新技术的攻关；对技术设备的改造改进；通过不断的技术创新来推进产品创新，增强了集团的市场竞争能力；以恰当的激励机制对科研开发者的发明创造和产品开发予以奖励，以调动其技术创新和产品创新的积极性。

企业的技术发展经过三个阶段[①]：

第一阶段（20 世纪 80~90 年代初），补偿贸易阶段。引进设备、加工技术进行粗纺羊绒产品的加工，结束了我们国家以往只出口羊绒或出口原料的历史。最早从粗纺羊绒产品的加工技术开始做起，然后延伸到后整理、染色、针织等方面，在技术上取得了一些方面的突破。

第二阶段（20 世纪 90 年代初至 90 年代末），引进消化吸收阶段。20 世纪 90 年代初，计算机以及其他方面技术的突飞猛进带动了羊绒产业技术的提升。设备方面以进口设备为主，进行消化吸收，原材料方面开始研究精纺产品，以提升产品附加值。

第三阶段（20 世纪 90 年代末至今），自主创新阶段。在前两个阶段的基础上，本阶段开始自主研究创新，主要有新产品、新材料、新技术。新产品如纳米三防产品、1436 产品等；新材料如针梭织材料、天丝材料等；新技术如花纱技术、数码印花技术。技术中心主任王友说，从技术角度上要达到节能、环保、减排，毕竟作为一个企业要承担一份社会责任。

3. 完善营销体系和营销机制，为品牌发展奠定现实的路径

鄂尔多斯集团树立全新的营销观念，实施大营销战略，把营销当产业来做，放到重中之重的位置上来。建设一支优秀的营销队伍，向知识化、年轻

---

① 搜狐专访．鄂尔多斯羊绒集团技术中心主任王友［EB/OL］．鄂尔多斯集团官网，http：//www.chinaerdos.com/，2016-07-21.

化、专业化方向努力，在内部选拔精兵强将充实营销队伍的同时，适量引进高级营销专家和一批高素质的营销人才，以带动整体素质的提高；进一步完善营销机制，不断满足用户现在的和潜在的需求，强化市场调研，修正企业应对市场的营销机制和策略，保证市场竞争的能力；使企业的内销系统、外销系统、营销、财务、配货系统形成合力；加强营销网络建设，加大国内专卖店的覆盖度，启动国际化战略，将现有的国外直销店继续扩大，并实施本土化战略。

1992 年底，鄂尔多斯时装表演艺术团成立，先后在北京、大连等 20 多个大中城市进行了表演，为宣传“鄂尔多斯”品牌，扩大企业知名度起了不可低估的作用。2008 年，公司在羊绒服装产业上做出了许多重大调整，包括提升内销占比、压缩外销，对内销体系实施改革，推行大服装概念，建立旗舰店，提升营销渠道档次，聘请国际知名设计师等。2013 年 11 月，鄂尔多斯集团对全系统各环节进行了全新的构建，其中，营销系统作为主要着力点进行了渠道升级、营销升级、品牌升级与服务升级。以建成 100 个旗舰店和 100 个品牌综合店、终端销售面积每年平均增长 20%为目标，给予 112 家营销公司政策性支持和全方位补贴。到 2013 年底，内销终端渠道总面积达到了 28 万平方米，厅店总数超过了 3800 家，零售额从 2008 年的 32 亿元增长到 65 亿元，销售业绩保持了每年 20%以上的高速增长①。

以北京为例，销售额已经从五年前的 8000 万元增长到 3.4 亿元，首都机场 2 个店，一年销售 4000 万元，在机场商户中排名第一。集团在北京崇光商场一楼有“1436”店，2 楼有鄂尔多斯羊绒女装店和针对年轻消费者的“鄂尔多斯蓝牌”店，3 楼有鄂尔多斯羊绒男装店，4 楼还有以功能型消费为主的传统羊绒制品店，同一个商场五个专卖店，销售份额占到整个商场羊绒品牌销售额的 80%，品牌营销呈现出极好的成长性。与此同时，集团电子商务从 2011 年投运，2012 年销售额就达到了 3000 万元，2013 年突破 6000 万元，业绩成倍增长②。

4. 完善资本运营体系，培育品牌新的经济增长点

集团已积累了较丰富的资本运营经验。在主业做精、做强、做大的基础上，强化资本运营，培育次主产业，开辟新的经济增长点，使之成为集团未来

---

①② 鄂尔多斯集团承担企业责任“振兴羊绒产业”［EB/OL］. 鄂尔多斯集团官网，http：//www.chinaesdos.com/，2013-11-21.

发展的方向和途径。企业充分运用集团中国羊绒第一品牌的无形资产和雄厚的经济实力与资本运营能力，采取“内部裂变，外部介入”的战略，成为集团加快发展的助推器。企业发展特别要强调一个观点，大不等于强，规模不等于实力；一个原则，资本运营要先同行，后相关；进入新领域，要先有创新人才后有项目。

2016 年 7 月，鄂尔多斯集团发布定增预案，公司拟定增募资 29 亿元投入羊绒服装板块，以培育品牌新的经济增长点。

“募投项目方面，营销渠道拓展及品牌升级建设项目总投资 26.03 亿元，拟投入募集资金 26 亿元。该项目建设期为 3 年，计划在线下店铺渠道、线上平台布局、物流配送系统和品牌升级推广等方面加大投入，实现品牌与市场的可持续发展。项目完成后，公司的线上线下多渠道优势将进一步巩固，实现线上与线下的融合互动，同时提升公司品牌影响力和整体盈利能力。

此外，研发生产体系升级建设项目拟投入募集资金 2 亿元，项目建设期为 3 年，实施后将进一步增强公司的研发实力和生产效率，增强公司整体的核心竞争力，为公司品牌的分立和重塑提供重要的技术支持和产品供应保障。

另外，信息化系统升级建设项目拟投入募集资金 1 亿元，项目建设期为 3 年，建成后公司整个业务流程的控制力和管理水平会显著提升，在降低业务运营成本的同时，进一步优化供应链的效率和灵活程度，增强公司新品牌体系快速响应市场的能力。”①

5. 加强企业文化建设使品牌具有丰富内涵

企业文化是现代企业生存和发展的灵魂，独特的企业文化为挖掘企业品牌核心竞争力建立了必要的内部环境和基础。集团的品牌发展战略能否实现，从某种意义上讲，取决于企业文化建设搞得怎么样和企业文化的创新有多少。基于此，企业不断学习和吸纳中外优秀企业文化的营养，提升其企业文化，全面推进以企业文化为主体的精神文明建设，成就集团百年大业。

早在 2004 年 3 月，集团就正式发行《鄂尔多斯集团企业文化》读本，并成立了集团公司企业文化讲师团。

2004 年 5 月 20 日，鄂尔多斯集团荣获“中国企业文化十大最具影响力企

---

① 鄂尔多斯定增募资 29 亿元　拓展羊绒服装业务［EB/OL］. 中国证券网，http：//stock.cnstock.com/，2016-07-13.

业”称号。2010年鄂尔多斯羊绒集团荣获“2010中国纺织十大品牌文化企业”和“2010年全国纺织劳动关系和谐企业”称号。

2010年十大品牌文化企业从具有较大影响力的行业“排头兵”、企业文化、品牌文化著名企业以及科技与品牌贡献率高、创新能力与综合竞争能力名次靠前的优良企业中推介产生，其评选条件涵盖了品牌、品德、文化、创新、科技、诚信、社会责任等多个方面，可信度高、代表性强，受表彰企业都是中国最优秀的品牌之一。通过“文化成就品牌”“文化创造品牌价值”“文化彰显品牌生命力”的理念，提升了我国纺织工业由大国到强国、由成本优势到价值创新、由中国制造到“中国创造”的华丽转身。《建设纺织强国纲要》指出，要在2020年前持续实施纺织科技、品牌、可持续发展和人才强国战略，为实现纺织强国目标，纺织行业要切实加强品牌文化建设，积极构建和谐劳动关系，为建设纺织品牌强国，推进纺织强国建设提供有力的文化支撑。企业品牌效益要注重使用价值、服务价值和社会价值的体现，加强品牌文化建设中诚信和信誉建设，努力营造和谐发展的良好氛围，不断提升行业品牌文化建设水平。

纺织作为劳动密集型行业，构建和谐企业不仅涉及纺织工业发展的先进生产力，而且对构建和谐社会具有重要意义。集团获得的“2010年全国纺织劳动关系和谐企业”称号体现了企业的和谐文化。

“经营一个品牌就是经营一种文化”理念已经成为整个毛衫产业的新共识，行业内已经把品牌文化的竞争力作为衡量和检验品牌企业的综合实力、自主发展力和创新力的重要指标，企业的文化纲领已经成为了企业的精神支柱和行动总纲，构成了企业品牌文化的价值核心和灵魂。

鄂尔多斯集团企业文化的精神纲领是“讲忠诚、讲责任、讲追求”，只有在精神纲领的引领下才能更好地实现“鄂尔多斯温暖全世界”的企业愿景，完成企业“立民族志气，创世界名牌”的经营使命。

总之，品牌的建设和管理是一项非常复杂的工作，企业在做品牌的过程中，必须从宏观上对品牌进行一系列的规划和把握，具体做工作时要环环相扣，讲究系统性，同时要以机动灵活的姿态，主动面对市场的变化。依靠品牌占有市场已经成为了一种必然的趋势，市场竞争的过程已经发展为价格战—质量战—品牌战—品牌淘汰战。面对这空前的机遇和挑战，企业能否清醒地认识品牌的重要价值，能否科学、合理、有效地进行品牌建设和品牌管理就显得尤为重要。相信“鄂尔多斯”这个内蒙古自治区最有价值品牌的成功会带给正处于市场经济大潮中的西部企业以极大的启示和激励。

“焕新·重塑·共赢”——愿企业品牌重塑再焕新机更上一层楼，为开创内蒙古自治区羊绒产业新局面，捍卫鄂尔多斯“世界羊绒大王”的荣誉承担更多的社会责任。

第十四章
民族品牌发展中的折翼

——曾经内蒙古小肥羊餐饮连锁有限公司企业社会责任思考

内蒙古小肥羊餐饮连锁有限公司（以下简称小肥羊）自成立以来，依托内蒙古自治区畜牧产业和草原绿色食品资源，一直保持稳定、高速增长的态势，为我国开启了中式餐饮特许连锁经营全球餐饮模式。然而，2011 年 11 月 7 日，商务部批准了百胜集团收购小肥羊的计划。曾经的辉煌难掩今日的苍凉！如今的小肥羊大厦有点旧了，商业网点也少了很多，网上搜寻小肥羊的资料也以商业味道及浓的菜品宣传为主。民族品牌的折翼让我们思考其发展的瓶颈。

一、小肥羊的发展过程①

1999 年 8 月，小肥羊酒店成立。小肥羊在发展过程中，其产品、市场销售区域、规模等都在发生着变化，并且在某些方面具有创新及前瞻性。

在产品方面，小肥羊经营的产品由成立之初的单一火锅系列发展到 2005 年的三个系列产品：小肥羊火锅系列产品、小肥羊家装火锅汤料系列产品（包括调味品系列产品）、小肥羊绿色食品系列（羔羊肉），如图 14-1 所示。

小肥羊食品研发中心成功地研制了小肥羊火锅调料，其堪称国内首创，世界第一条汤料自动化加工生产线是“小肥羊”品牌最重要的精髓。小肥羊的火锅调料是集几十种滋补调味品精制而成的，是在进行了充分的社会调研、反复的科学实验后，结合当代人的饮食习惯，对传统火锅汤料进行大胆革新、精心

① 王香茜，麻艳琳．企业内部调研资料（本章第一部分、第二部分）。

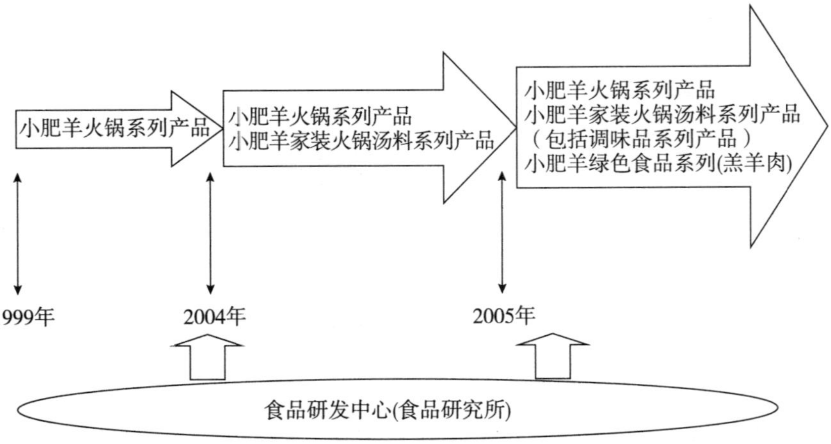

图 14-1　小肥羊系列产品

研制而成的新型火锅汤料。

在特许加盟店及销售区域方面，1999 年 10 月，小肥羊第一家连锁店开业，截至 2005 年底，连锁店有 713 家，其中直营店 136 家，加盟店 577 家。销售区域由 1999 年的包头市发展到 2005 年的除中国台湾以外覆盖全国的连锁网络。人们不敢想象的是小肥羊竟然把店开到了多伦多、洛杉矶（2003. 11），海外市场的大门也被开启了，并且在未来几年内企业将会把重点放在海外市场。

在分公司及子公司方面，2001 年 5 月，内蒙古小肥羊餐饮连锁有限公司上海分公司成立，2002 年 1 月又成立了内蒙古小肥羊餐饮连锁有限公司北京分公司和深圳分公司，随后成立了西南分公司、山东分公司，共为五个分公司；2004 年 1 月成立的小肥羊香港控股有限公司、2004 年成立的小肥羊肉业有限公司（锡林浩特经济技术开发区）和 2004 年成立的内蒙古小肥羊调味品有限公司三个全资控股子公司。

在注册资本及营业收入方面，小肥羊刚起步时，注册资本是 8 万元，从 2001 年起注册资本分别变更为 200 万元、3000 万元、5000 万元，截至 2005 年注册资本已达到了 6370 多万元；其营业收入 2004 年底为 43. 3 亿元，在 6 年发展为 1000 倍，其发展之快可谓奇迹，成为中国餐饮市场一颗耀眼的明星。

小肥羊的长足发展基于公司高层为企业作出的详尽战略规划。公司发展的总体思路是以企业价值最大化为目标，继续发展直营店，合理掌控加盟速度，以中国香港、加拿大开设直营店为契机，加快国际化发展步伐；加强经营管理，强化服务意识，提高服务质量，加快羊肉系列制品及家装调味品直接进入市场销售的步伐；适时进行多元化发展，使公司朝着国际一流的集团化企业迈进。在管理方面，健全公司经营管理制度，规范管理流程，加强审计监察工作，完善投资管理程序，完善法人治理结构等。总之，小肥羊要“做好、做强、做大、做成百年老店，使小肥羊品牌成为真正的中国民族品牌和世界名牌。实现小肥羊企业的品牌远景战略目标和全球化连锁发展战略目标”。

2008 年 6 月 12 日，小肥羊在香港成功上市。上市之前，小肥羊加盟店最高曾超过 700 家，而在随后的加盟店关闭、整改和收购完成后，上市时小肥羊共有 350 家店面，形成直营店为 103 家、加盟店为 247 家的经营格局，多数店面分布在东北、华北地区①。2010 年，小肥羊在国内市场有近 300 家餐厅，营业额接近 20 亿元。在 2010 年中国餐饮百强的排行榜上，小肥羊紧随百胜餐饮集团（以下简称百胜）之后，是位列总榜单第二位的中餐第一品牌。2011 年 11 月 7 日，商务部批准百胜集团收购小肥羊的计划。

二、小肥羊发展过程中着力解决的几个问题

快速的发展使小肥羊意识到必须在组织结构、法人治理结构、加盟店管理、品牌维护管理、企业文化执行力方面变革完善。制度的不断完善，在一定程度上解决了企业运营中存在的问题。

1. 组织结构

小肥羊的发展过程是其发展战略的具体体现，其组织结构管理方式是随着小肥羊的发展发生着变化。

组织结构是为实现企业战略而建立的，它是表现组织各部分排列顺序、空间位置、聚集状态、联系方式及各要素之间相互关系的一种模式，它是执行管理和经营任务的体制，其能使企业有效的工作。美国学者钱德勒（Alfred Dupont Chandler Jr.）在 1962 年发表的《战略与结构：美国工业企业历史的篇章》一书中指出，战略与结构关系的基本原则是使组织的结构服从组织的战略，即经营战略决定着组织结构类型的变化。钱德勒还认为，企业组织结构要服从于战略，组织结构是为战略服务的，即“结构追随战略”。当企业的战略

① 罗伦．百胜收购小肥羊尘埃未定　折射民族品牌发展瓶颈［EB/OL］．凤凰财经网，http：//finance. ifeng. com，2011-07-05.

发生转变时，原有的结构不能适应新战略，导致绩效的下降，引起对组织结构的调整①。

美国经济学家诺斯（Douglass North）认为，人们之所以要建立制度，目的是为了节约成本，而判断制度好与不好的标准是制度的运作成本，制度之所以会发生变迁，通常是由于新制度的成本比老制度更低②。在2003年之前，小肥羊的组织结构是比较简单的，初创期的高成长企业一般对组织结构的要求较简单，直线式单一职能管理即可满足其要求。

在2003年之后，由于小肥羊生产的产品种类、销售活动范围、直营及加盟店的增加，单一职能的直线式管理已不能满足企业发展的需要，也与企业的发展战略不相符合，必须根据成长的要求和生产特点建立起不同的职能单位，企业对组织结构进行了变革。图14-2、图14-3、图14-4是小肥羊2003年、2004年、2005年三年的组织结构变化图。

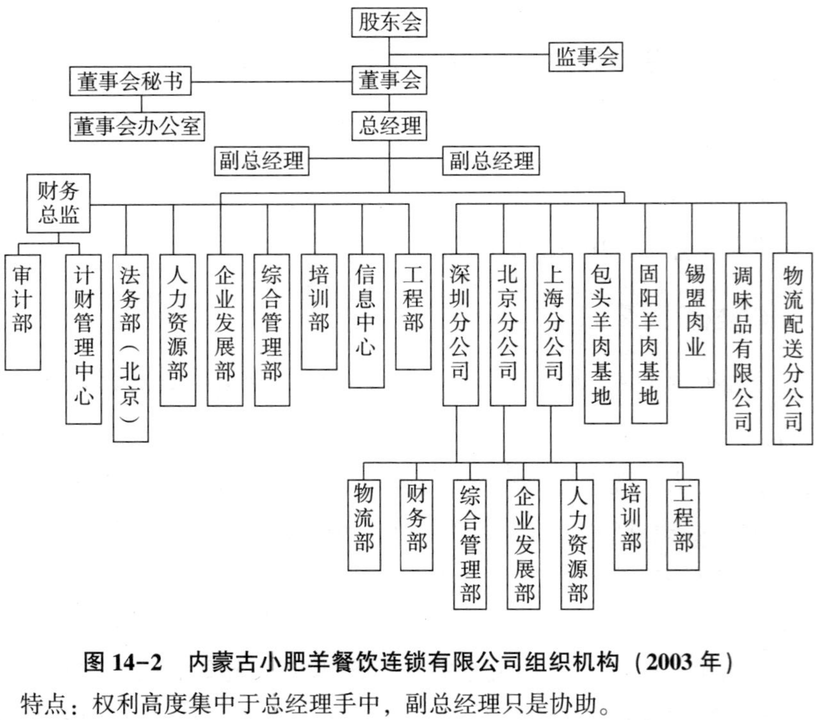

图14-2 内蒙古小肥羊餐饮连锁有限公司组织机构（2003年）

特点：权利高度集中于总经理手中，副总经理只是协助。

由图14-2、图14-3、图14-4我们看到，由于小肥羊成长较快，企业组织结构局部频繁变动。通过在不同发展阶段不同的组织结构形式，以动态差异化

①② 王香茜．论组织结构的发展［J］．内蒙古管理干部学院学报，1999（4）.

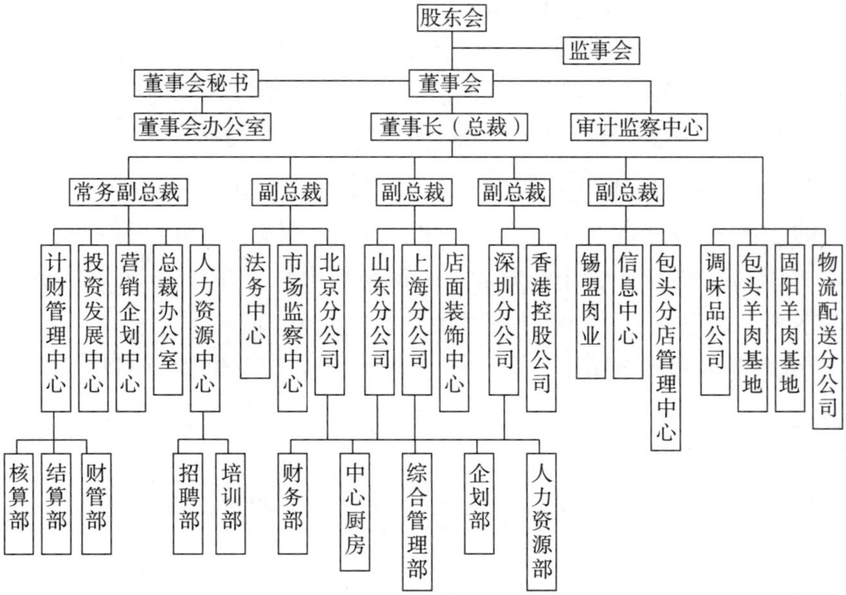

图 14-3　内蒙古小肥羊餐饮连锁有限公司组织机构（2004 年）

特点：权利下放到分公司。

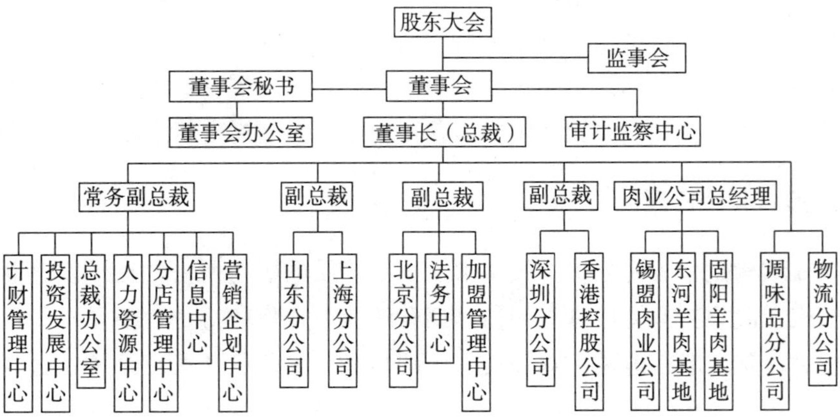

图 14-4　内蒙古小肥羊餐饮连锁有限公司组织机构（2005 年）

特点：重新整合副总的权利。

的组织结构来适应其成长的需求，保证成长的质与量。

从 2003 年开始，小肥羊已经在餐饮方面站稳脚跟，在全国已基本上构建了自己的营销网络，资金充裕，新的产品需要企业关注，以前的组织结构已不适应，这时企业及时地进行了调整，其变化的脉络特征如下：

在2003~2004年的组织结构变化中，总经理对副总经理分权；在2004~2005年的组织结构变化中，副总经理之间进行了业务调整。

小肥羊锡林浩特和包头固阳肉业加工基地分别是2004年5月、6月破土动工成立的，在2003年的组织机构图中也有显示，可见小肥羊企业的远见。

在2004年的调整中，企业增加了营销企划中心，并在2005年的机构调整中保留下来，这意味着企业对市场的关注力度加大。

在2005年的机构改革中，将2004年增设的店面装饰中心调整为加盟管理中心，这意味着对加盟店的管理力度加大，加盟店的管理是餐饮能否持续成长的关键。

肉类生产和餐饮分公司基本按大类划分，企业按产品管理的特点更加突出。

小肥羊的组织结构变化中基本遵循了劳动分工原则、统一指挥原则、部门化原则等，企业的每一次组织结构变化都紧紧围绕企业的目标和发展战略，使战略与结构紧密配合。

总之，小肥羊的组织结构变化越来越清晰、规范，信息的流通速度也越来越快，企业高层领导不断地将职权下放给各有关部门，使基层管理者的视野、理解力、责任心和自律性不断增强，为企业的长远发展在组织结构上打下了良好的基础。由此，我们看到小肥羊是善于运用组织结构变革来促进其成长的。

2. 股权稀释问题

股权结构是指股份公司总股本中，不同性质的股份所占的比例及其相互关系。股权即股票持有者所具有的与其拥有的股票比例相应的权益及承担一定责任的权力、基于股东地位而对公司主张的权利，是股权。股权结构是公司治理结构的基础，公司治理结构则是股权结构的具体运行形式。不同的股权结构决定了不同的企业组织结构，从而决定了不同的企业治理结构，最终决定了企业的行为和绩效。

小肥羊的快速发展使其在资本结构方面也发生着变化，法人张钢的股权比例在逐年下降：

2001年，注册资本为200万元，张钢占120万元，股权比例为60%。

2002年，注册资本为3000万元，张钢占990万元，股权比例为33%。

2004 年，注册资本为 5000 万元，张钢占 1525 万元，股权比例为 30. 5%。

2005 年，注册资本为 6370 万元，张钢占 1595 万元，股权比例为 25. 0392%。

随着张钢所拥有股权比例的减少，企业的其他高中层管理人员开始逐渐拥有一定数额的股权。因此，企业的组织决策管理效率提高，且对于分散风险、调动企业员工的积极性有极大的好处。但也存在一定的问题，就是企业的管理人员和持股人员是同一群体。这种企业管理者和所有者是同一群体的状况在企业发展到更大规模时，将会凸显出它的缺点。进一步完善法人治理结构，尽快实现由产品运营向资本运营的转变、变单一经营向集团化经营发展是小肥羊在未来发展必须考虑的一个问题。2005 年，公司成立了“战略发展部”，全力以赴进行资产整合，完善法人治理结构，接受专业机构的辅导，为公司股票上市做准备。

3. 连锁经营管理问题

餐饮业的连锁经营是最富有活力、发展最快的一种经营方式，也是当今世界餐饮经营发展的一种潮流和趋势。我国入选 2001 年餐饮百强企业中有 79 家企业采用了连锁经营方式，其营业额占前 100 名企业营业额的 85. 6%。

连锁经营是指在本国或世界各地直接或间接的控制或拥有两家以上的餐厅，在平等自愿、互助互利、共同发展的原则下以相同的店名、店貌、统一的经营程序和管理，统一的操作程序和服务标准，通过规范化管理，实现集中购物、分散销售，从而取得规模经济效益的联合经营的一种方式。

小肥羊在短短几年的发展中，加盟店发展到 700 多家，这个速度不能不说惊人。为了迅速扩张，小肥羊当初对加盟店的门槛要求很低，加盟费也只收每年 5 万~10 万元。这种政策虽然使小肥羊品牌得以在全国迅速扩张，但也为管理留下了后患。因此，加强对加盟店的管理就成为一个非常重要的问题，如何做到对加盟店的管理不仅形似，而且神似，需要企业加大对连锁经营管理的力度。

为此，企业专门成立了加盟店管理中心，加大对加盟店的管理力度。小肥羊对加盟店管理力度的加大主要体现在以下几方面：

首先，提高了对加盟店管理的认识。在与加盟企业合作之初便与其签订合理、严谨、对双方都有制约性的合同，以便在加盟之后对其进行监察督导。

其次，制定了一套特许加盟管理程序。从审查加盟申请书开始，到与加盟者会谈、正式签约、试营业，并到正式开业都有一套规范的加盟管理程序，以保证加盟店的质量及企业的整体形象。

最后，提高了加盟条件及标准。规定五年加盟费一次付清，具体价格如表14-1所示，店面按照小肥羊公司统一标准装修，羊肉及相关原料由小肥羊统一配送，合同期满后无任何违约情况，履行完毕终止合同相关手续后，保证金返还。

表14-1　2006年小肥羊加盟费标准

单位：万元

要求		省级市	地级市	县级市（镇）
店面积（平方米）		1000	800	500
合同期限（年）		5	5	5
一次付清费用	加盟费（万元/年）	50	20	10
	保证金	50	20	10
自身投资	开办费投入	约200	约80	约60
	广告费投入	约15	约10	约5

4. 品牌维护管理问题

小肥羊在不断开拓国内与国际市场的同时，也加强了对自己品牌的保护，经过多年的努力，2004年11月12日，小肥羊“LITTLE SHEEP”及图形被国家工商行政总局商标局认定为“中国驰名商标”，其进一步从法律上明确小肥羊对其知名服务的特有名称所享有的权益。而小肥羊的合法权益也将借驰名商标得到法律更加全面的保护。

小肥羊品牌从刚开始起步到被国家工商行政总局商标局认定为“中国驰名商标”的期间，出现了很多侵权假冒者，小肥羊为维护其品牌形象和消费者的权益做出了不懈的努力，有效保护了自身的无形资产，维护了消费者利益，使消费者能全方位享受真正的驰名商标品牌服务，同时再一次极大地提升了小肥羊品牌的知名度、认知度、美誉度和忠诚度。

除此之外，小肥羊还在美国、日本、澳大利亚等60多个国家和地区申请注册了“小肥羊”商标，并在16个国家和地区拿到注册证书。

小肥羊为我国的餐饮事业塑造国家品牌起到了旗帜作用，将小肥羊打造成中国餐饮第一品牌也是全体小肥羊股东的愿望。然而，我们认为，小肥羊的品牌宣传广度、力度还不够，其连锁经营的风格也没有通过宣传传播出去。一个企业的经营是需要创新的，并且是多方位的创新，只有不断地进行创新和传播，才会在消费者心目中提升其品牌价值。

为保护“小肥羊”的自有品牌，小肥羊公司及其子公司在存续期间做出了巨大的努力，迄今为止已在国内申请了36种、涉及17个类别的77件商标，已取得30件商标注册证；另有涉及4个类别的9种商标在26个国家和地区申请了77件商标，目前已取得46件商标注册证；有3件商标通过马德里国际注册。小肥羊已经初步形成以“小肥羊卡通羊头”和“小肥羊”文字不同组合的完善的系列商标保护体系。其已经成为小肥羊公司不可分割的一部分。

5. 企业文化的延伸问题

企业文化是在一定的时代环境中产生的企业生存规范，是企业全体员工共同认可的行为准则和信仰，是共同信奉的价值观念，是企业工作作风及管理方式的体现。

在小肥羊的企业文化中，对企业和员工的执行力有着非常明确的阐述。小肥羊企业认为，公司兴衰成败的关键是执行的力度强弱与否，所以在一开始就拟订了执行力的标准，让每一位客人都能感受企业文化的活力和企业文化的精髓。

冰凌曾提出企业文化执行力模型，认为企业文化的执行落地需要高层领导的高度重视和支持、中层干部在基层员工中的推动实施、制度化的强制力、文化传播网络的构建以及由理念内化到行动的落实。

执行力的关键在于透过企业文化影响员工的行为，拥有好的执行力文化的企业，员工一定会用心去做事，讲究速度、质量、细节和纪律。

餐饮业的一线工作人员流动性较大，企业文化要延伸、渗透到一线，就要不断地对新员工进行培训学习，尤其是具有连锁经营性质的企业。其实优秀的企业，内部都有一种强烈的执行文化，其员工对企业文化的理解应该像是复制了领导的文化思想一样，而企业的领导人也要经常到下面去听一听、看一看，在企业文化的执行上，各个层次的执行都很重要。

小肥羊企业正处在成长与逐渐成熟阶段，是一个年轻、充满活力和朝气蓬勃的企业，具有良好的发展前景和巨大的潜力。

三、小肥羊被百胜收购的思考

推广草原绿色美味，带动家乡牧业发展，弘扬中华餐饮文化，强壮人类健康体魄，正本开源，规模经营，国际连锁，百年老店这是小肥羊曾经的企业使命和发展目标，随着被百胜的收购，其飞翔之翅被折断。那么，小肥羊为什么要出售？百胜收购小肥羊的意图又是什么？

1. 小肥羊国际化的初衷

百胜是全球餐饮类最大的集团，在全球 100 多个国家拥有超过 34000 家连锁餐厅和 85 万多名员工，旗下包括肯德基、必胜客、塔可钟、A&W 及 Long John Silver's 五个世界著名餐饮品牌，分别在烹鸡、比萨、墨西哥风味食品及海鲜连锁餐饮领域名列全球第一。截至 2007 年，百胜全球营业额达 100 亿美元，其中包括直营和加盟费收入。

截至 2011 年 3 月，百胜在中国内地开出超过 3200 家肯德基、500 余家必胜客、100 余家必胜宅急送和 20 家东方既白餐厅，这些是百胜中发展最快、最有潜力的市场。

2009 年 3 月，百胜成功收购小肥羊 20%的股份，成为其第二大股东。当时百胜方面明确表示“承诺不会参与小肥羊的日常管理事务”。2009 年 10 月 21 日，百胜再次出手，以 3 亿港元收购小肥羊 7. 3%的股权，至此，百胜 27. 3%的持股比例已逼近小肥羊创始人及管理团队。2011 年 4 月 26 日一早，小肥羊公告称，百胜正式提出收购火锅连锁小肥羊其余股权，以取得其运营权。2011 年 11 月 7 日，商务部批准百胜收购小肥羊的计划。百盛预计持有小肥羊已发行股本约 93. 2%，参与创办人则持有余下的 6. 8%。百胜的收购三步走，成功涉足火锅领域。

2012 年 3 月 27 日，前小肥羊集团公司总裁卢文兵①接受《环球企业家》采访，当其被问及关于出售小肥羊有批评者称这是因为创始人张钢及你的企业家精神丧失？卢文兵回答说：“这是误解。公司上市终将回归社会，真正伟大的公司股权都很分散，股权稀释最终成为社会公司，都只是时间早晚问题。卖

① 《环球企业家》认为，作为职业经理人，卢文兵干成了两件事，首先，将默默无名的小肥羊打造成国内营收仅次于百胜的第二大餐饮巨头；其次，辅佐小肥羊董事长张钢将其沽值出售予百胜——这一高达 45 亿港元的并购交易开创了中国本土上市公司被外资收购且被私有化的先河。

或不卖，卖多少钱都不是最重要的，最重要的是能否通过一种高明的运作方式将企业做大做强。百胜是国内餐饮零售业的老大，其管理和体系化运作能力，比老二、老三都强得多。找到这样一个综合能力更强，对餐饮业见解独到且管理体系完善的好团队并非易事。小肥羊这几年发展迅速，但很多方面欠功课，如采购一直归区域管理，条线管理未能实现。为什么难做？主要是物流采购体系管理弱。上市后股价压力大，一旦发展慢，股价就受影响，一下子调整又来不及。卖给百胜后，小肥羊可以歇歇脚，再快跑。”①

其实，为加快国际化进程，自 2005 年起小肥羊便开始与欧洲最大的投资机构“3i 集团”、知名投资基金“普凯基金”两家公司洽谈合作事宜。经过近一年的努力，2006 年 7 月，小肥羊成功引进这两家公司的资金共 2500 万美元，使小肥羊公司成为我国第一家引进外资的餐饮企业，同时也是内蒙古自治区继蒙牛之后第二家民间大额引资成功的企业。

合资公司的董事会也迎来了新成员，两名来自“3i”，一名来自“普凯”，分别代表外资股东出任执行董事，在董事会的重大决议上拥有一票否决权；另外，还有两名来自“肯德基”和“汉堡王”的高管出任公司独立非执行董事。

当时小肥羊公司总裁卢文兵说，引入外资的目的就是要用国际投资者的钱为中国消费者服务，为宣传内蒙古自治区的优势资源、使草原经济融入世界经济舞台服务。

北京一品世家（中国）连锁机构总裁、品牌策划专家马巍曾说：“我不知道小肥羊融资有什么用处，餐饮业对融资需求不是很大，他们很可能要搞多元化，可能要向别的行业、领域、利润点扩展。”马巍对小肥羊融资的用途提出了疑问……还有人猜测小肥羊的出售意图是关键岗位、相关人员的利益能更大化②。

2. 百胜收购小肥羊意图

艾·里斯（Al Ries）③ 认为，2011 年百胜的收入约为 113 亿美元，税后净利润为 12 亿美元，此次百胜将对小肥羊投入的金额高达 8.62 亿美元，这表明百胜对小肥羊连锁的未来增长下了很大的赌注，显示百胜对小肥羊品牌的高度

---

① 小肥羊卢文兵．为什么卖掉小肥羊？［EB/OL］．环球企业家网站，www.gemag.com.cn，2012-03-27.

② 目漱枫．百胜集团收购小肥羊［J］．资本交易，2011（12）.

③ 艾·里斯（Al Ries）与杰克·特劳特（Jack Trout）在 20 世纪 70 年代提出定位理论。

期望。

那么，百胜又为什么收购小肥羊，能获得什么利益呢[①]？

根据罗伦“百胜收购小肥羊尘埃未定，折射民族品牌发展瓶颈分析”认为，近年来，从嫩牛五方、安心油条、法风烧饼，到盖浇饭等中式餐品的相继“面市”，肯德基在“本土”产品开发上下的功夫可谓“世人皆知”。

同时，交银国际食品、饮料行业高级分析师刘子表示：“如果收购成功，小肥羊将成为百胜一个新的利益增长点。在整个百胜集团2010年的总利润中，中国市场的营收占43%，与2009年相比上升了26%。往后几年，肯德基、必胜客在中国市场的开店速度会慢下来，如果想争取更多的市场份额，只能找其他的渠道拓展业务。”

从如上分析看，似乎百胜的愿望还是良好的。

一般而言，外资在收购国内民族品牌中所表现出的四种基本行为模式是价值型收购、斩首型收购、关系型收购和交易型收购。

价值型收购的最终目的是通过将被收购本土品牌整合到收购者的全球价值链条中，强化其在我国的经营，克服其战略缺口，最终实现收购的价值诉求。由于外资收购方在资本、管理、研发等方面的优势明显，只要被收购的品牌能融入其价值链条中，这类收购往往可以推动双方发展，实现双赢。咨询公司高级研究顾问、中南大学教授连漪一表示，后三种收购特别是斩首型收购，由于收购者追求的是目标企业的外在价值，不想对其进行经营，或根本就打算将其当作竞争对手予以消灭，因此常遭国内舆论诟病，而实际上也多以“双输”收场。[②]

基于此，更多业内分析人士还担忧：即便民族品牌对内面临成长的瓶颈，但转嫁外资后就真的毫无后患了吗？

曾经小肥羊的竞争理念“在竞争中合作，在合作中竞争”又想向我们诉说什么呢？

（以上内容根据罗伦“百胜收购小肥羊尘埃未定，折射民族品牌发展瓶颈”[③]整理）

①②③ 罗伦．百胜收购小肥羊尘埃未定　折射民族品牌发展瓶颈分析［EB/OL］．凤凰财经网，http：//finance. ifeng. com/，2011-07-05.

附　录

附录一
2014 中国铝业集团企业社会责任报告摘要（按目录顺序整理）[①]

一、编写依据

其一，《关于加强上市公司社会责任承担工作暨发布〈上海证券交易所上市公司环境信息披露指引〉的通知》。

其二，国际标准 ISO26000《社会责任指南》。

其三，《中国企业社会责任报告编制指南》（CASS—CSR2.0）。

其四，全球报告倡议组织《可持续发展报告指南》（G3.1 版）。

二、公司简介

中国铝业股份有限公司于 2001 年 9 月 10 日注册成立，总部设在北京，是纽约（ACH）、香港（2600）和上海（601600）三地上市公司。控股股东是中国铝业公司。中铝公司是集铝土矿、煤炭等资源的勘探、开采，氧化铝、原铝生产、销售、技术研发于一体的大型铝生产经营企业，是中国最大的氧化铝、原铝生产商，综合规模居全球铝工业前列，在人才、铝土矿资源、铝工业技术、运营管理、品牌和文化等方面实力雄厚，在国内占据领先的战略性地位。

截至 2014 年底，中铝公司资产总额为 1926 亿元，在职员工总数为 75749

---

① 中国铝业集团 .2014 中国铝业社会责任报告［EB/OL］. 中国铝业网站，http：//www.Chalco.com.cn，2016-07-11.

人，有47家分（子）公司，分布在国内15个省、自治区、直辖市。

2014年实现营业收入1418亿元，期末资产总额1926亿元，社会捐赠1076万元。

社会责任观为点石成金、造福人类，公司愿景为建设具有国际竞争力的世界一流企业。公司使命为回报股东、成就员工、惠泽客户、造福社会、珍爱环境。核心价值观为责任、诚信、开放、卓越。经营理念为创造价值、回报至上。文化氛围为阳光、坦诚、简单、包容。管理理念为精益求精、协同高效。从业观为廉洁从业、重德立行。

三、责任管理

公司根据ISO26000社会责任国际标准、全球契约倡议和国资委《关于中央企业履行社会责任的指导意见》，制定符合公司可持续发展要求的战略目标，并不断完善责任管理体系，有效管理在运营过程中对利益相关方的影响，追求企业、社会和环境综合价值最大化。

四、社会责任观

"点石成金，造福人类"社会责任观为核心的责任理念在公司得到普遍认同，公司员工将其当作不断进步的目标和追求，并通过自己的努力不断地创新和实践，推动公司和社会的可持续发展进程。

五、责任战略

1. 机遇

世界经济将继续保持复苏态势，中国经济总体向好；国家积极的货币和财政政策对实体经济的刺激作用正在显现；改革红利逐步释放，全面小康社会建设以及城镇化为有色金属市场提供了增长空间；国家产业结构政策效应显现，化解产能过剩相关政策收到实效，铝行业盲目扩产得以抑制。

2. 挑战

地缘政治冲突等为经济发展带来风险和不确定性；环保指标硬约束增加，资源可持续利用与绿色发展任务艰巨；行业形势日益严峻，竞争环境日趋激烈，企业经营效益下滑；大数据时代，供应链信息更加透明，对企业商业模式创新提出更高要求。

3. 可持续发展目标

本公司致力于保持国内市场领先地位，通过加快转型升级和深入开展结构调整，优化产业结构和战略布局，大幅提升资产质量和盈利能力，建设具有国际竞争力的世界一流企业。

本公司坚持以产业链前端和价值链高端为发展方向，积极开发优质铝土矿资源和煤炭资源，重点发展氧化铝核心业务，调整优化电解铝业务，以市场化改革和运营转型为抓手，以科技成果转化为支撑，努力提升公司综合竞争能力。

六、责任体系

(1) 社会责任组织管理架构。

(2) 具体责任。

七、责任推进

1. 制度体系

为保障公司社会责任的目标和要求得以落实，我们不断建立和完善企业社会责任工作长效机制。2014 年，企业在社会责任相关制度建设方面取得重大突破：按照 ISO26000 国际标准的七个议题进行内容分类和职责划分，从战略、运营、基础三个层面完善公司社会责任管理体系，以一个目标（规划目标）、五大领域（公司治理、员工权益、环境保护、公平运营、社区支持）、四个体系（理念体系、组织体系、制度体系、考评体系）为主结构，其中五大管理领域具体明确公司各部门、板块公司及实体单位的责任范围、责任主体、责任指标，使社会责任工作与经营管理实现有效融合。

2. 责任推进

2014 年，公司新增中铝宁夏能源集团有限公司为社会责任实践试点单位。公司三家社会责任实践试点单位的试点内容涵盖了公司治理、员工权益、环境保护、公平运营、消费者权益保护和社区支持六个议题。

八、责任融合

公司把社会责任融入企业管理体系，责任落实到部门，推动社会责任工作有效落实，促进公司管理水平和核心竞争力的全面提升。

九、责任沟通

为提升企业履行社会责任效果、增进公司透明度、建设和谐利益相关方关系，公司积极开展社会责任沟通工作，在沟通机制、沟通渠道、沟通方式等方面持续改进和完善，确保利益相关方的知情权、参与权、监督权得到有效保障。

十、履责绩效

1. 市场绩效
2. 社会绩效
3. 环境绩效

十一、履责实践

十二、公司治理

公司依据《中华人民共和国公司法》《中华人民共和国证券法》《上市公司治理准则》等相关法律、法规和公司上市地证券监管规则等规定，持续完善公司治理结构，规范公司运营管理流程，严格履行信息披露义务，不断提升公司治理水平，提高企业战略决策能力，为股东、员工、客户、社区等利益相关方创造更多价值。

1. 法人治理结构
2. 建立科学高效的董事会工作机制
3. 公司注重信息披露工作
4. 实行董事会对管理层的授权管理
5. 发挥董事的优势
6. 加强内部控制体系建设
7. 推进全面预算管理
8. 反腐倡廉
9. 运用互联网工具　延伸监督视角
10. 员工权益

十三、员工权益

1. 平等雇佣　保障就业
2. 不看身份　只论业绩
3. 在同一起跑线上赛跑
4. 妇女权益保障

5. 残障员工权益保障
6. 尊重关爱残疾人
7. 农民工权益保障
8. 薪酬福利
9. 发展与培训
10. 培训体系

十四、成长机制

1. 素质拓展活动
2. 沟通对话
3. 民主管理
4. 沟通交流
5. 处理申诉

十五、健康安全

1. 安全生产
2. 职业健康安全管理体系
3. 劳动保护
4. 职业病防治
5. 员工关爱
6. 环境保护

十六、环境保护

1. 环境管理体系
2. 环境事故与应急机制
3. 高效利用资源
4. 节约能源
5. 节约用水
6. 余能余热回收利用措施
7. 减少废气排放的政策、措施或技术
8. 危险化学品管理
9. 生态保护

10. 厂区及周边生态环境治理

十七、公平运营　惠泽客户

回报股东，惠泽客户是公司的企业使命；创造价值，回报至上是公司的经营理念。公司坚持打造诚信中国铝业，自觉维护企业信誉，讲信用、讲商誉、讲道德，恪守承诺，依法合规运营。诚信经营，公平运营、诚信经营的理念与制度保障公司始终坚持依法合规经营，与客户、供应商的业务往来严格遵守国家的法律法规，遵守社会公德、商业道德，诚实守信，接受政府和社会公众的监督，承担社会责任。公司研究制定了营销管理办法、采购管理办法等一系列制度，以规范业务运作，为公平经营提供制度保障。

1. 打造责任供应链
2. 供应商管理
3. “精益采购”规范透明
4. 尊重知识产权　保持持续创新
5. 客户关系管理
6. 产品及服务创新
7. 产品质量管理体系
8. 尊重和满足客户的个性化需求
9. 用户投诉的处理及改进措施
10. 公开透明的产品信息
11. 促进可持续消费
12. 保障用户健康安全
13. 用户信息保护

十八、社区参与和发展

公司秉承“点石成金、造福人类”的社会责任观和“做优秀的企业公民”的理念，积极发挥中央企业在履行社会责任方面的表率作用，在扶贫帮困、支援边疆、发展教育、抢险赈灾、新农村建设等社会公益事业方面，塑造了优秀企业公民的良好形象，实现了企业与社会、与环境的和谐发展。

1. 贯彻国家政策
2. 与社区的沟通对话
3. 支持社区文教卫

4. 选派专家卫生支农
5. 支持社区成员的文化教育
6. 尊重原住民的文化传统及习俗
7. 就业创造与技能培训
8. 定点扶贫
9. 对口支援
10. 公益捐赠
11. 慈善捐助
12. 志愿者活动

社会责任管理体系是指确保企业履行相应社会责任，实现良性发展的相关制度安排与组织建设。社会责任管理体系的内容包括组织管理体系、日常管理体系、能力建设体系、业绩考核体系四个部分。企业结合自身现实积极构建企业社会责任管理体系，对于企业进行科学规范化管理、培养全体员工的社会责任意识，进而提高企业履行社会责任的效果。企业社会责任管理体系的构建涉及将社会责任融入企业的价值观、发展战略、发展规划、业务过程、部门管理、岗位管理、品牌管理七部分，其中，社会责任融入企业价值观、融入战略和融入发展规划是整个社会责任管理的基础。

附录二
赤峰库博红烨锌业有限公司相关方环境行为要求[①]

一、目的

对相关方的环境行为施加影响，使其了解本公司的环境方针等环境事宜，促使其自觉保护环境，改进环境行为。

二、要求

1. 危险化学品的供应方

（1）砒霜、氢氧化钠供方。对砒霜、氢氧化钠供方的要求有以下几点：

1）须向我方提供拥有省或市颁发的危险化学品生产或经政府部门批准的营业执照。

2）提供的产品必须符合国家《危险化学品管理条例》要求。产品的标志、标记、标签清楚齐全。

3）运输途中要有防盗、防撒落等措施。

（2）化验药品。化验品须有经营许可证、营业执照。

2. 对供应方的运输要求

对锌精矿、燃煤等物品的供应方，在供货运输中应尽可能避免遗撒和粉尘飞扬，尽量减少对土地和大气造成污染。

3. 危险化学品硫酸的运输方

对危险化学品硫酸运输方的要求有以下两点：

（1）运输硫酸的槽车及贮罐应有主管部门签发的合格证书。

（2）汽车运输车辆须经年检合格，司机持有效驾驶证件。

4. 废渣的采购方

对采购我方废渣的要求有以下几点：

（1）市内采购方应提供其利用我公司废渣进行生产和经营的营业证书和由环保部门评定的《环境评审报告》（复印件）。

（2）外省市采购方尽可能有营业证书和环评报告。

---

① 王香茜，张国良．企业内部调研资料。

（3）运输途中尽可能避免撒落，尽量减少对路面造成污染。

5. 产品采购方（顾客）

使用本公司产品过程中应采用清洁工艺尽量避免造成环境污染。

6. 锌粉供应方

对锌粉供应有以下两点要求：

（1）进货运输途中要有防晒、防撒落措施，防止造成污染。

（2）运输车辆须通过年检合格，司机持有效驾驶证件。

附录三
赤峰库博红烨锌业有限公司重点施加影响相关方一览表[①]

相关方种类	序号	相关方名称
原料锌精矿供方	1	内蒙古兴业矿业有限公司
	2	辽宁省抚顺红透山铜矿
	3	内蒙古巴林左旗玉峰矿业公司
	4	辽宁省沈阳货顺经贸有限公司
	5	赤峰梧桐花铅锌矿
	6	白音诺尔铅锌矿
砒霜供方		内蒙古蒙原化工股份有限公司
产品锌锭顾客	1	天津制管银泽公司
	2	河北京冀联营高频焊管厂
	3	天津利达钢管厂
	4	天津友诚镀锌钢管有限公司
	5	河北沧州钢管厂
副产品硫酸顾客	1	辽宁鞍山钢铁集团公司
	2	河北保定天鹅化纤集团股份公司
	3	内蒙古守城大宇化工公司
	4	内蒙通辽发电总厂
	5	辽宁辽阳冶建硼酸厂
辅材锌粉供方	1	廊坊大正锌业有限公司
	2	清远县天宇达化工有限公司

相关方种类	序号	相关方名称
废渣采购方	1	赤峰多源矿渣有限公司
	2	赤峰宏大冶金化工研究所
	3	赤峰融金锌制品加工厂
	4	外地不确定
硫酸运输方	1	赤峰火车站
	2	运输公司
废旧物资收购方		不确定
垃圾处理方		市容垃圾处理站

① 王香茜，张国良．企业内部调研资料。

参考文献

[1] Oliver Sheldon. The Philosophy of Management [M] . London: Frist Published, 1924.

[2] Davis, Keith. Can Business Afford to Ignore Social Responsibilities? [J]. California Management Review, 1960 (2) .

[3] Frederick C. William from CSR1 to CSR2 [J]. Business and Society, 1960 (2) .

[4] Joseph W. McGuire. Business and Society [M]. New York: McGraw-Hill, 1963.

[5] Freeman Edward. Strategic Management: A Stakeholder Approach [M]. Boston: Pitman, 1984.

[6] Epstein. The Corporate Social Policy Process: Beyond Business Ethics. Corporate Social Responsibility and Corporate Social Responsiveness [J]. California Management Review, 1987.

[7] Geoffrey P. Lantos. The Boundaries of Strategic Corporate Social Responsibility [J]. Journal of Consumer Marketing, 2001 (7).

[8] Smith N. C. Corporate Social Responsibility: Not Whether, But How [J]. Center for Marketing Working Paper, 2003.

[9] Hopkins M. S. , Kruschwitz N. Sustainability and Competitive Advantage [J]. MIT Sloan Management Review, 2009.

[10] Robins F. The Future of Corporate Social Responsibility [J]. Asian Business and Management, 2005 (2).

[11] Archie B. Carroll, Ann K.. Buchholtz: Business and Society: Ethics and

Stakeholder Managdment, 4th ed. [M]. Cincinnati, Ohio: South-Western Publishing Co., 2000.

[12] Epstein, Edwin M. The Corporate Social Policy Process: Beyond Business Ethics. Corporate Social Responsibility and Corporate Social Responsiveness [J]. California Management Review, 1987 (3).

[13] Weigelt K., Camerer C. Reputation and Corporate Strategy: A Review of Recent Theory and Application [J]. Strategic Management Journal, 1988 (9).

[14] Maignan I., Ferrall O. C. Nature of Corporate Social Responsibilities Perspectives from American, French, and German Consumers [J]. Journal of Business Research, 2003 (56).

[15] Brammer S., Pavelin S. Building a Good Reputation [J]. European Management Journal, 2004, 22 (6).

[16] S. A. Waddock, S. B. Graves. The Comporate Social Performance-financial Performance Link [J]. Strategic Management Journal, 1997 (18).

[17] 霍华德·R. 鲍恩. 商人的社会责任（第一版）[M]. 北京：经济管理出版社，2015.

[18] 郑若娟. 西方企业社会责任理论研究进展——基于概念演进的视角 [J]. 国外社会科学，2006 (3).

[19] 杨爱萍. 西方企业社会责任概念综述 [J]. 现代商业，2014 (9).

[20] 菲利普·科特勒，南希·李. 企业的社会责任（第一版）[M]. 姜文波等译. 北京：机械工业出版社，2011.

[21] 孙瑜. 国外企业社会责任研究综述 [J]. 合作经济与科技，2012 (1).

[22] 朱宝宪，吴洪. 美国五次并购浪潮的回顾 [EB/OL]. 豆丁网，http://www.docin.com，2013-05-05.

[23] 乐嘉春. 企业社会责任：三大代表性理论追溯 [N]. 上海证券报，2008-05-19 (A07).

[24] 王凯，黎友焕. 国外企业社会责任理论研究综述 [J]. WTO 经济导刊，2007 (1).

[25] 约翰·洛克. 政府论（下篇）[M]. 叶启芳，瞿菊农译. 北京：商务印书馆，2005.

[26] 卢梭. 社会契约论 [M]. 何兆武译. 北京：商务印书馆，2002.

［27］于立新．基于社会契约理论的企业社会责任研究［J］．科技创新导报，2012（36）．

［28］托马斯·唐纳森，马克·O. 温克尔曼．有约束力的关系——对企业伦理学的一种社会契约论的研究［M］．上海：上海社会科学院出版社，2001.

［29］李丰团．基于契约理论的企业社会责任解析［J］．商业时代，2011（2）．

［30］李淑英．社会契约理论视野中的企业社会责任［J］．中国人民大学学报，2007（3）．

［31］刘建秋．企业社会责任契约的层次、范围与边界研究——基于可持续发展背景［J］．河北经贸大学学报，2011（11）．

［32］王香茜．试论构建和谐社会中企业的社会责任［J］．内蒙古财经学院学报，2006（1）．

［33］周三多．管理学（第一版）［M］．北京：高等教育出版社，2001.

［34］陆致英．商业利益与社会责任［M］．北京：新华出版社，2010.

［35］企业公民定义［EB/OL］．中国企业公民网，http：//www.china.cccc.org，2012-03-03.

［36］余云霞，王祎．国际劳工标准（第一版）［M］．北京：中国劳动社会保障出版社，2007.

［37］周长征．跨国公司行为守则与中国劳动标准［J］．武大国际法评论，2003（7）．

［38］GB/T 19000—2008 \ ISO9000：2005 代替 GB/T 19000—2000，质量管理体系基础和术语［S］．2009-02-01.

［39］中国标准出版社第二编辑室 GB/T 24000—ISO14000 环境管理系列标准汇编［M］．北京：中国标准出版社，2004.

［40］柯章勇．组织如何实施 SA8000 社会责任管理体系及内审员教程［M］．北京：中国标准出版社，2007.

［41］黎友焕，文志芳．国际标准 ISO26000 解读［M］．西安：西北工业大学出版社，2011.

［42］熊明华．SA8000 与 ISO26000 社会责任标准之比较分析［J］．对外经贸实务，2012（11）．

［43］柴邦衡．ISO9000 质量管理体系（第二版）［M］．北京：机械工业出版社，2010.

［44］姚根兴．如何进行 ISO9000 质量管理［M］．北京：北京大学出版

社，2004.

［45］梁健，鲁树基．环境管理体系教程［M］．北京：中国标准出版社，2016.

［46］黄乐桢．企业应承担的八大社会责任［J］．中国经济周刊（41）.

［47］成思危．中国支持“全球契约”的原则［EB/OL］．人民网，http：//www.people.com.cn/，2006-02-12.

［48］王香茜．论企业家的环境治理责任与对策分析［J］．内蒙古财经学院学报，2005（1）.

［49］岳燕，陈圻．从我国“民工荒”现象看实施 SA8000 的现实意义及措施［J］．价值工程，2006（10）.

［50］仲大军．当前中国企业的社会责任［J］．中国质量万里行，2003（1）.

［51］李伟阳，肖红军．企业社会责任概念研究［J］．经济管理，2008（11）.

［52］王丞秋．商业企业的社会责任［J］．江苏经贸职业技术学院学报，1987（2）.

［53］徐淳厚．试论商业企业的社会责任［J］．经济纵横，1987（9）.

［54］吴克烈．企业社会责任初探［J］．企业经济，1989（8）.

［55］张强．沉重的翅膀——关于企业的社会责任［J］．企业经济，2000（2）.

［56］袁家方．企业社会责任［M］．北京：海洋出版社，1990.

［57］卢代福．企业社会责任的经济学与法学分析［M］．北京：法律出版社，2002.

［58］刘俊海．公司的社会责任［M］．北京：法律出版社，1999.

［59］周祖成．企业伦理学［M］．北京：清华大学出版社，2005.

［60］陈佳等．中国企业社会责任研究报告（2009）［M］．北京：社会科学文献出版社，2009.

［61］晁昰，袁品，段文，程宇宏．企业领导者的社会责任取向、企业社会表现和组织绩效的关系研究［J］．管理学报，2008（5）.

［62］刘琪．企业社会责任与公司财务绩效的实证研究［J］．现代商业，2010（6）.

［63］梁大为．基于利益相关者的企业社会责任与企业经营绩效的实证研

究［J］. 经济师，2010（2）.

［64］赵艳荣，叶陈毅，李响．基于战略视角的企业社会责任管理研究［J］. 企业经济，2012（9）.

［65］李伟阳，肖红军．全面社会责任管理：新的企业管理模式［J］. 中国工业经济，2010（1）.

［66］高鹏．2015 中国公司治理指数发布［EB/OL］. 和讯新闻，http：//news hexun. com，2015-09-09.

［67］阿拉善生态协会［EB/OL］. 互动百科，http：//www. baike. com/wiki/，2004-06-05.

［68］赵钧，罗曙辉，刘书海．2014 年国内社会责任十大事件［J］. WTO 经济导刊，2015（1）.

［69］首届"中国企业社会责任前沿论坛"举办　第七次发表社会责任蓝皮书［EB/OL］. 新华网，http：//news. 163. com，2015-11-02.

［70］基于 ISO26000 的社会责任国际标准认证评价体系开发成功［EB/OL］. 百度文库，http：//wenktu. baidu. com/，2012-12-17.

［71］简光洲，刘鑫．从"三鹿奶粉事件"看企业社会责任与危机公关策略［J］. 今传媒，2008-11-18.

［72］肯德基苏丹红事件始末［EB/OL］. 新浪四川，http：//sc. sina. com. cn，2010-07-06.

［73］子云．肯德基危机处理的启示［EB/OL］. 中华工商时报网，http：//finance. sina. com. cn，2005-04-21.

［74］张兵．企业的使命［J］. 企业管理，2003（8）.

［75］姜启军．企业社会责任与企业绩效的关系分析［EB/OL］. 道客巴巴，http：//www. doc88. com，2012-07-26.

［76］陈超．海得鲁公司的百年之路［J］. 企业管理，2003（8）.

［77］杨瑞龙．现代契约观与利益相关者合作逻辑［J］. 山东社会科学，2003（3）.

［78］刘清峰．企业与社会责任的关系［J］. 郑州航空工业管理学院学报，2001（9）.

［79］斯蒂芬·罗宾斯．管理学（第四版）［M］. 黄卫伟等译．北京：中国人民大学出版社，1997.

［80］GE 通用电气：杰夫·伊梅尔特的道德革命［EB/OL］. 公益时报网，

http：//www. sina. com. cn，2005-07-27.

[81] 金蜜蜂．2006~2015 中国企业社会责任年度十大事件 [EB/OL]. 企业社会责任中国网，http：//www. csr-china. net，2016-01-12.

[82] 李健．社会责任成为国际企业掘金潮流 [EB/OL]. IT 时代周刊网，http：//www. enet. com. cn ，2004-11-24.

[83] RepuTex（崇德）宣布中国十佳可持续发展企业 [EB/OL]. 新华美通，http：//www. zikoo. com/news，2008-06-30.

[84] 姚江舟，李键．企业如何化社会责任为竞争力 [J]. 中国企业家，2004-05-29.

[85] 田虹．企业社会责任教程（第一版） [M]. 北京：机械工业出版社，2012.

[86] 论企业战略中的社会责任 [EB/OL]．道客巴巴，http：//www. doc88. com，2013-02-24.

[87] 刘连煜．公司治理与社会责任（第一版）[M]. 北京：中国政法大学出版社，2001.

[88] 任文举．企业社会责任：商业与道德的完美结合 [M]. 成都：西南交通大学出版社，2011.

[89] 孙学亮．公司社会责任性质分析 [EB/OL]. 道客巴巴，http：//www. doc88. com，2011-04-22.

[90] 陈超．从海德鲁公司的百年发展看企业社会责任 [J]. 中外企业家，2003（6）.

[91] 贾存斗．调查显示公众认为应强制推广企业社会责任 [EB/OL]．中国产经新闻网，http：//finance. sina. com. cn ，2006-05-11.

[92] 郭玉香．中国企业社会责任报告白皮书（2015）北京发布 [EB/OL]. 新华网，http：//xinhuanet. net. com，2015-12-22.

[93] 宋清辉．从 3·15 看中国质量：企业社会责任缺失 [EB/OL]. 新浪财经专栏，http：//finance. sina. com. cn，2015-03-16.

[94] 何世红．真正的企业家需恪守社会责任与商业道德 [J]. 21CN 周刊，2009（6）.

[95] 张太凌．落马企业家人数连续三年增长 [N]. 新京报：中国新闻·时事，2013-01-21（A22）.

[96] 北京师范大学中国企业家犯罪预防研究中心．2012 中国企业家犯罪媒

体案例分析报告［EB/OL］. 法制网，http：//www. legaldaily. com. cn，2013-01-22.

［97］北京师范大学中国企业家犯罪预防研究中心 . 2013 中国企业家犯罪报告［EB/OL］. 正义网，http：//www. law-lib. com，2014-01-09.

［98］蒋安杰 . 2014 中国企业家犯罪报告在京发布［N］. 法制日报，2014-12-24.

［99］孙莹 . 2015 年中国企业家刑事风险报告［EB/OL］. 央广网，http：//china. cnr. cn，2016-04-09.

［100］辛纪 . 2016 年度中国企业家犯罪报告发布［N］. 法制日报，2017-04-06（001）.

［101］米歇尔·詹森，威廉姆·梅克林 . 企业理论：经理行为、代理成本与所有权结构（1976）［EB/OL］. 百度文库，http：//www. chinamd. com.

［102］费方域 . 企业理论：经理行为、代理成本与所有权结构——詹森和梅克林的企业理论评价［J］. 外国经济与管理，1995（10）.

［103］丁建军，苏祖安 . 公司治理理论综述［J］. 理论界，2005（11）.

［104］张秀烨 . 公司治理：内部机制与规制政策［J］. 中央财经大学学报，2009（6）.

［105］朱长春 . 公司治理标准［M］. 北京：清华大学出版社，2014.

［106］李维安 . 公司治理学（第二版）［M］. 北京：高等教育出版社，2012.

［107］王凯，黎友焕 . 国内企业社会责任理论研究综述［J］. WTO 经济导刊，2007（1）.

［108］王阳 . 基于社会责任的公司治理模式重塑［J］. 西北师范大学学报（社会科学版），2009（1）.

［109］哈罗德·孔茨，海因茨·韦里克 . 管理学［M］. 郝国华等译 . 北京：经济科学出版社，1993.

［110］张福君 . 国有企业承担社会责任的战略价值［N］. 光明日报，2014-09-08（7）.

［111］中国铝业集团 . 2014 中国铝业社会责任报告［EB/OL］. 中国铝业网站，http：//www. chalco. com. cn.

［112］黎友焕，叶祥松 . 谈企业社会责任理论在我国的发展［J］. 商业时代，2007（7）.

[113] 王香茜．试论构建和谐社会中企业的社会责任［J］．内蒙古财经学院学报，2006（1）．

[114] 乌兰察布中联集团．乌兰中联企业简介［EB/OL］．乌兰察布中联集团官网，http：//www. volan. cn.

[115] 王连英．蒙古乌兰察布中联水泥闯出一条循环经济发展之路［EB/OL］．水泥商情网，http：//www. snsqw. com，2012-10-04.

[116] 中国人民银行察右后旗支行课题组．对乌兰察布市中联水泥有限公司去产能情况的调查［J］．北方金融，2016（7）．

[117] 工信部．大力推进水泥平板玻璃行业"去产能"［EB/OL］．中国证券网，http：//www. cnstock. com，2016-02-05.

[118] 刘峰．赤峰中色锌业公司多措并举增效益［EB/OL］．中华人民共和国国土资源部，http：//www. mlr. gov. cn，2016-03-31.

[119] 蒋菡．草原上腾飞的绿色梦想［N］．工人日报，2010-07-21（06）．

[120] 伊利集团．伊利集团简介［EB/OL］．伊利集团官网，http：//www. yili. com.

[121] 伊利集团．2006 年伊利企业公民报告［EB/OL］．伊利集团官网，http：//www. yili. com，2007-07-31.

[122] 伊利集团．2007~2008 年伊利企业公民报告［EB/OL］．伊利集团官网，http：//www. yili. com，2010-07-31.

[123] 伊利集团．2009~2010 年伊利企业公民报告［EB/OL］．伊利集团官网，http：//www. yili. com，2011-03-11.

[124] 伊利集团．2011 年伊利企业公民报告［EB/OL］．伊利集团官网，http：//www. yili. com，2012-10-08.

[125] 伊利集团．2012~2014 年伊利企业公民报告［EB/OL］．伊利集团官网，http：//www. yili. com，2015-05-21.

[126] 蒙牛集团．只为点滴幸福——中国蒙牛乳业有限公司社会责任报告（2008—2013）［EB/OL］．蒙牛官网，http：//www. mengniu. com. cn，2014-09-16.

[127] 亿利资源荣获"中国企业社会责任"两大奖项［EB/OL］．凤凰财经网，http：//finance. ifeng. com，2014-01-23.

[128] 王文彪．亿利资源集团转型 PVC 循环经济产业链［EB/OL］．新浪财经网，http：//www. sina. com. cn，2007-07-19.

[129] 陶克陶．内蒙古煤炭企业社会责任协同推进机制研究［R］．2012 内

蒙古规划办课题研究报告，2012.

［130］伊泰集团 . 2013 年内蒙古伊泰集团有限公司社会责任报告［M］. 鄂尔多斯：内蒙古伊泰集团有限公司出版社，2013.

［131］伊泰集团 . 内蒙古伊泰煤炭股份有限公司 2015 年年度报告摘要［EB/OL］. 伊泰集团官网，http：//www. yitaigroup. com/，2016-03-31.

［132］鄂尔多斯集团 . “牧星绒”开局良好［EB/OL］. 鄂尔多斯集团官网，http：//www. chinaerdos. com，2004-03-26.

［133］鄂尔多斯集团 . “鄂尔多斯”被评为中国羊绒行业标志性品牌［EB/OL］. 鄂尔多斯集团官网，http：//www. chinaerdos. com，2006-07-21.

［134］鄂尔多斯集团 . “鄂尔多斯”品牌再获殊荣［EB/OL］. 鄂尔多斯集团官网，http：//www. chinaerdos. com/，2009-05-27.

［135］鄂尔多斯集团 . 2009 年鄂尔多斯集团年度报告［EB/OL］. 鄂尔多斯集团官网，http：//www. chinaerdos. com/，2010-04-08.

［136］王美秀 . 鄂尔多斯羊绒集团召开 2016 秋冬订货会［EB/OL］. 鄂尔多斯在线，2016-03-25.

［137］鄂尔多斯集团 . 鄂尔多斯品牌介绍［EB/OL］. 鄂尔多斯集团官网，http：//www. chinaerdos. com/，2013-03-18.

［138］鄂尔多斯集团 . 内蒙古鄂尔多斯资源股份有限公司 2015 年年度报告［EB/OL］. 鄂尔多斯集团官网，http：//www. chinaerdos. com/，2016-04-19.

［139］鄂尔多斯定增募资 29 亿元　拓展羊绒服装业务［EB/OL］. 中国证券网，http：//stock. cnstock. com/，2016-07-13.

［140］李彬 . 鄂尔多斯集团荣获“全国纺织科学技术贡献奖”［EB/OL］. 鄂尔多斯集团官网，http：//www. chinaerdos. com/，2004-12-10.

［141］鄂尔多斯集团 . 关于开展“鄂尔多斯”品牌产品互联网直销的律师声明［EB/OL］. 鄂尔多斯集团官方网站，http：//www. chinaerdos. com/，2010-12-10.

［142］鄂尔多斯集团 . 鄂尔多斯 VI、SI 设计招标［EB/OL］. 鄂尔多斯集团官网，http：//www. chinaerdos. com/，2004-06-03.

［143］搜狐专访 . 鄂尔多斯羊绒集团技术中心主任王友［EB/OL］. 鄂尔多斯集团官网，http：//www. chinaerdos. com/，2016-07-21.

［144］鄂尔多斯集团承担企业责任“振兴羊绒产业”［EB/OL］. 鄂尔多斯集团官网，http：//www. chinaerdos. com/，2013-11-21.

[145] 罗伦．百胜收购小肥羊尘埃未定　折射民族品牌发展瓶颈 [EB/OL]．凤凰财经网，http：finance. ifeng. com，2011-07-05.

[146] 王香茜．论组织结构的发展 [J]．内蒙古管理干部学院学报，1999 (4).

[147] 卢文兵．为什么卖掉小肥羊？[EB/OL]．环球企业家网站，http：// www. gemag. com. cn，2012-03-27.

[148] 目漱枫．百胜集团收购小肥羊 [J]．资本交易，2011 (12) .